KB231614

왜

트렌드의 절반은
빗나가는가

FUTURE

SAVVY

정확한 트렌드를 읽어내기 위해 알아야 할 모든 것

왜 트렌드의 절반은 빛나가는가

애덤 고든 지음
안세민 옮김

흐름출판

미래 예측, 어디까지 믿을 것인가

이 책은 예측을 평가하고 이를 현실에 적용하여 미래의 가치를 이끌어내는 방법을 제시한다. 저자는 업계, 공공기관, 비영리기관의 의사결정자들뿐만 아니라 보통 사람들이 예측에 관해 현명한 판단을 내리고, 자신의 미래에 관해 적절한 계획을 세우고, 많은 수익을 올리는 데 도움을 주기 위해 이 책을 썼다.

미래를 예측하는 말들은 주변에 널려 있다. 신문, 뉴스, 세미나, 기획 보고서, 컨설팅 보고서, 연구 보고서 등에서 미래 예측을 쉽게 접할 수 있다. 모든 예측은 나름의 의미를 갖지만 진정으로 의미가 있는 것은 얼마 되지 않는다. 예측은 성공적인 의사결정에 매우 중요하지만 예측 그 자체만으로는 그다지 의미가 없다. 예측은 낟알더미에서 겨를 골라내는 작업을 거친 후에야 비로소 진정한 가치를 갖게 된다. 따라서 정말 중요한 것은 쏟아지는 정보 속에서 중요한 아이디어를 찾아내고, 이를 토대로 적절한 계획을 세우고, 이런 계획을 달성하기 위해 얼마나 투자할지를 정확히 결정하는 능력이다.

이 책은 예측 소비자가 미래에 대한 예측들을 평가하여 위협과 기회를 정확히 판단하는 데 필요한 도구와 방법을 제시한다. 또한 예측 기법을 활용한 사례들을 제시하고 그에 따르는 문제점들을 설명한다. 이 책을 통해 조직의 의사결정자들은 넘쳐나는 예측들을 비판적으로 검토해서 주목할 만한 것들을 찾아낼 안목을 갖추게 될 것이다.

예측은 믿을 수 없다?　　　　　　　Future Savvy

우즈베키스탄에는 옛날부터 이런 우화가 전해져온다. 어떤 사기꾼이 귀족에게 돈을 많이 주면 당나귀에게 말을 가르치겠다고 한다. 대신 당나귀에게 말을 가르치는 데는 20년이 걸린다는 말도 덧붙였다. 물론 20년이라는 시간이 지나는 동안 사기꾼이나 귀족이나 당나귀는 죽게 될 것이다.(1)

이와 비슷한 이유로 예측은 안전한 것이기도 하다. 예측 결과가 나올 즈음이면 "이봐! 그런 일은 일어나지 않잖아!"라고 말할 사람이 대부분 사라지기 때문이다. 설사 과거의 예측을 기억하는 사람이 있더라도 예측이 틀렸다고 벌을 주는 경우는 없다. 결국 예측은 벌칙이 없는 게임인 셈이다. 예측을 했던 사람이야 조금 당황스럽겠지만 누가 미래를 항상 맞힐 수 있겠는가?

이렇게 예측은 믿을 만한 근거가 없을 뿐만 아니라 예측을 세상에 내놓는 것도 정말 우스울 만큼 쉽다. 누구라도 논문을 몇 편 읽고 기술적인 동향과 사회적인 트렌드를 파악하여 그럴듯한 연결고리를 만들어낼 수 있다. 즉 예측 분야에는 공통된 방법론이 정립되어 있지 않다.

일반화된 분석 도구나 방법론이 없고 공공기관이나 기업의 의사결정에 적용되는, 합의된 기준이나 가이드라인도 없다.* 예측을 내놓는 기관이나 사람에 대한 최소한의 자격을 정하고 이를 감독하는 기관도 없고 예측 기법을 가르치는, 표준화된 교과 과정도 없다. 따라서 누구라도 키보드나 마이크만 있으면 디지털미디어, 나노기술, 기후 변화 등 자신이 좋아하는 분야에 관해 마음껏 떠들 수 있고 또 이를 환영하는 분위기이기도 하다. 그러다 보니 알지 못하는 사이에 아무 논리도 없는 자신만의 희망 사항, 근거 없는 헛소문, 뻔뻔스러운 자기 자랑이 난무하게 되었다. 사실 이런 것들은 우리가 전혀 주목하지 않아도 되는 것들이다.

표준화되어 있지 않다는 말은 용어에 대한 합의된 정의가 없다는 의미다. 이 책에서는 미래를 내다보고 해석하는 작업을 예측forecasting, 예견foresight, 예상prediction, 미래학future studies 등의 단어로 번갈아가면서 표현할 것이다. 한편 어떤 전문가들은 기술적이고 수학적인 접근법에는 예측이라는 단어를 사용하고 미래에 대한 인상에는 예견이라는 단어를 사용한다.

---

* 미래학 분야에서 일관성 있는 프레임워크를 종합적으로 구축하려는 시도가 없었던 것은 아니다. 벨W. Bell은 《미래 연구의 기초The Foundations of Futures Studies》를 발간했고, 슬로터 R. Slaughter는 《미래 연구를 위한 기본 지식The Knowledge Base of Futures Studies》을 발간했다. 그리고 글렌과 고든T. Gordon은 《전략적 사고를 위한 미래 예측Futures Research Methodology》을 발간했다. 한편 미래를 연구하는 단체로는 워싱턴에 위치한 세계미래학회(World Future Society, www.wfs.org)와 세계미래전문가협회(Association of Professional Futurists, www.profuturists.org)가 있다.

정확한 예측이 경쟁력이다   **Future Savvy**

우리의 생활은 급변하고 있다. 지난 세대에 우리가 이룩한 기술, 제도, 제품과 서비스 등의 변화와 발전을 되돌아보면 눈이 휘둥그레질 지경이다. 이런 변화와 발전은 미래에도 계속될 것이다. 하지만 이런 변화와 발전이 흥미롭기만 한 것은 아니다. 여기에는 항상 경쟁이 따른다.

우리가 경쟁에서 이기려면 성공적인 의사결정을 내려야 한다. 다시 말해 신제품을 생산하거나 집을 사거나 공부를 시작하거나 경량철도 시스템을 건설하는 등의 결정을 내려야 하는 것이다. 그런데 오늘 우리가 내린 의사결정은 미래를 좌우하는 중요한 요인이 된다. 따라서 우리는 미래를 제대로 알고 있어야 한다. 현재의 의사결정과 미래가 서로 조화(적절한 시기에 적절한 제품이 나오는 등)를 이루어야 성공을 기대할 수 있기 때문이다. 현재의 의사결정은 미래에 관한 전망과 떼려야 뗄 수 없는 관계다. 모든 기회와 성공과 수익은 미래에 실현된다. 마찬가지로 모든 위험과 실패와 손실도 미래에 실현된다.

빠르게 변하는 세상에서 미래는 현재와는 많이 다르다. 새로운 기술, 시장 변화, 법률 개정, 가치관의 진화는 우리 역시 발빠르게 변화해야 함을 뜻한다. 결국 미래를 더욱 빠르고 정확하게 예측할 수 있다면 변화의 트렌드를 제대로 읽어서 현재의 전략을 수정함으로써 보다 높은 수익을 창출할 수 있다. 다시 말해 의사결정자의 미래 예측이 정확할수록 의사결정 결과는 성공적일 가능성이 높다.

모든 조직은 미래를 준비하고 계획을 세우는 데 역량을 집중해야 한다. 이런 노력은 조직의 자원을 낭비하는 일이 아니다. 훌륭한 예측은 미래의 불확실성을 줄여줌으로써 예상하지 못한 상황을 피할 수 있게 하고, 새로운 기회를 활용하게 하며, 일을 '열심히'만이 아니라 '똑똑하게' 할 수 있게 하고, 약점을 보완하게 하며, 미래의 상황이 자신에게 유리하도록 영향력을 발휘하게도 한다.

지금까지의 설명이 조직에만 적용되는 것은 아니다. 개인도 마찬가지로 미래를 예측하고 대비하면서 살아간다. 때로 우리 스스로가 미래를 만들어내기도 한다. NGO가 개발도상국의 아이들을 위해 모금하거나 정부가 경량철도 시스템을 계획하거나 개인이 집을 팔려고 하거나 학생이 직업을 선택하는 일에도 같은 원리가 적용된다. 이처럼 현재의 결정으로 나타날 미래의 결과를 정확히 읽어내는 능력이 승자와 패자를 가린다. 따라서 각자의 자원과 역량을 효과적으로 활용하려면 항상 미래에 관심을 가져야 한다.

따라서 우리는 개인으로서, 그리고 조직의 구성원으로서 변화를 따라잡아야 경쟁 사회에서 살아남을 수 있다. 계속 변하는 세상에서 우리가 새로운 정보를 찾고, 다른 사람을 앞서려 하고, 앞선 사람의 통찰력을 수용하려는 것은 놀라운 일이 아니다. 경쟁력을 갖기 위해서는 미래를 정확히 예측해야 하고, 또한 이렇게 예측한 미래가 우리의 가치관과 계획에 제대로 반영되어야 한다.

우리는 주변에 널려 있는, 예측에 관한 이야기들을 무시해서는 안 된다. 이런 이야기들은 정보의 홍수 시대에 불가피하게 나타날 수밖에 없다. 전문 분야가 늘어나고 우리가 알아야 할 정보가 많아지는 것도 사실이다. 하지만 모든 것을 한눈에 보려고 하는 아마추어의 시대는 지나갔다. 우리가 보건, 교통, 교육 등 다양한 미래의 문제들에 대해 결정을 내려야 한다면 이 분야 전문가들의 자문을 구할 수 있다. 우리가 원하든 원하지 않든 다른 분야 전문가들의 자문을 구하는 순간 우리는 다른 사람의 예측을 소비하게 된다.

누가 미래를 예측하나 Future Savvy

앞서 설명한 대로 예측에 관한 수요는 엄청나다. 날마다 뉴스가 넘쳐나고 기술, 혁신, 규정, 시장 변화 등을 조언할 컨설팅 기관이 새로 생기는 것만 보더라도 충분히 알 수 있는 일이다. 미래를 알고 싶다는 욕구의 상당 부분은 예측 전문가, 미래학자, 경제학자, 사회학자, 언론인, 투자 전문가, 시장조사 전문가, 정책 전문가, 기술자, 컨설턴트, 애널리스트 등에 의해 채워지고 있다. 이들 전문가의 연구를 산업 예측industry foresight 또는 미래 연구future studies라고 부르기도 한다.

하지만 많은 경우 경제 분석, 시장조사, 기술 평가, 지식 경쟁 등 사람들에게 훨씬 익숙한 말로 표현한다. 미의회예산처CBO, 전미경제조사국NBER, 국제통화기금IMF, 세계은행World Bank 같은 기관들이 예측을 만들어낸다. 미국중앙정보국CIA을 포함한 군사 기관이나 정보 기관에서도 기술 동향과 국제 정세를 예측하고 결과물을 제공한다.

민간 부문에서도 예측을 하고 이를 의사결정에 활용한다. 대기업은 미래의 트렌드를 예측하는 부서를 따로 두고 분기별로 판매 추이, 소비자의 라이프스타일 변화, 신기술 동향 등을 예측하게 한다. 컨설팅 사도 투자 자문가나 펀드매니저 등을 통해 예측 결과를 소비자들에게 판매한다. 가트너 사와 포레스터 리서치 같이 예측 결과를 생산·판매하는 것을 전문으로 하는 기업도 많다.

미래 예측은 미디어 산업에서도 점차 중요한 위치를 차지하고 있다. 특히 텔레비전과 같은 방송 매체에 자리를 내주었던 출판미디어 산업은 이제 단순히 예측 결과를 소비자들에게 전달해주기보다는 미래의 트렌드를 분석하는 쪽으로 방향을 잡아가고 있다. 일반 잡지와 전문 잡지는 미래에 대한 독자의 궁금증을 해소해주기 위해 전문가들을 인터뷰하고 연구 결과를 검토하고 신기술 동향을 소개한다.

어떤 분야에서 일하든 우리는 '예측의 홍수 시대를 살고 있다'. 사무실 책상에 놓인 보고서에는 "앞으로 5년 동안 음반 산업이 매년 15퍼센트 성장할 것이다"라는 말이 적혀 있다. 인터넷 블로그를 보면 "앞으로 나노기술이 컴퓨터 산업을 이끌 것이다"라는 말이 나와 있다. 어떤 펀드매니저는 "국가의 채무가 통화 불안정을 가져올 것이다"라고 말한다. 환경 단체는 "다음 세대는 물과의 전쟁을 치를 것이다"라고 말하고, 언론은 "그런 상황이 닥치면 사회적인 안정은 기대하기 어려울 것이다"라는 말을 한다. 트렌드 분석가는 "앞으로 자동차가 새로운 사무실로 자리매김할 것이다"라는 말을 하고, 의사들은 "계량정보학의 발달로 노인들을 위한 진료 시스템이 개선될 것이다"라고 말한다.

앞으로도 수많은 예측이 나올 것이다. 이런 예측들은 공공 부문의 정책결정자나 민간 부문의 의사결정자가 장단기적인 예측을 하는 데 유용한 정보가 될 수 있고, 미래 트렌드를 정확하게 읽어내는 능력이 승자와 패자를 결정하는 주요 요인이 될 것이다. 그러면 다양한 예측 결과 가운데 어떤 것을 믿어야 하는가?

때로는 모든 결과물이 비슷해 보일 수도 있다. 가장 간편하게는 예측 기관의 신뢰성을 토대로 판단하기도 한다. 하지만 무조건 신뢰하는 것은 위험하다. 따라서 우리는 항상 이런 질문을 해봐야 한다. "이것은 믿을 만한 예측일까?" 신뢰할 수 있는 예측 결과는 엄청난 가치를 지닌다.

어떤 예측은 유용하지만 쓰레기에 불과한 예측도 많다. 어떤 사람은 예측 결과를 그대로 수용하려고만 하지 않고 능동적으로 여기에 영향을 미치려고 한다. 사실 예측 결과에만 의지해서는 안 되지만 그렇다고 이것을 무시해서도 안 된다. 우리는 예측 결과를 자세히 분석하고 의문을 제기해야 한다. 예측 결과를 받아들일 때 예측 기관의 무능으로 인한 잘못된 예측 또는 냉소적인 태도 등에 현혹되기도 한다. 따라서 예측 결과를 접하면서 지나치게 과장한 것은 아닌지, 의도적으로 왜곡된 것은 아닌지, 지나친 자기 과신은 없는지, 정보가 조작되지는 않았는지를 자세히 검토해야 한다.

왜 미래 예측인가   Future Savvy

경쟁 상대를 이기기 위해 미래를 예측하다 보면 안타깝게도 예측을 잘못해 패자가 되는 경우도 발생한다. 예측 결과는 오류로 넘쳐날 수 있다. '결코 건설된 적이 없는 해저 도시'부터 '발송된 적이 없는 로켓 메일'과 '현실화된 적이 없는 밀레니엄 버그Y2K'에 이르기까지 잘못된 예측들을 기록하려면 길이가 1킬로미터에 달하는 종이로도 모자랄 것이다.

전문가들조차도 바로 눈앞에서 벌어질 일을 감지하지 못하고 성급하게 예측하는 경우가 있다. 미래에 관한 분석력이 떨어지거나 현실에 영향을 주는 요인을 잘못 판단하면 잘못된 예측을 내놓게 된다. 그러다 보니 잘못된 예측 결과를 비웃는 책이나 웹사이트도 많다. 예측 전문가들이나 기업 경영자들은 미래를 예측할 때 항상 이런 사례들을 기억하고 교훈으로 삼아야 한다.

앞으로 자세히 살펴보겠지만 잘못된 예측들의 공통점은 바로 예측하는 사람이 눈앞에서 벌어지는 상황을 정확히 읽어내지 못한다는 점이다. 많은 사람들은 자기가 바라는 결과가 발생하기를, 혹은 자기가 바라지 않는 결과가 발생하지 않기를 바라면서 미래에 영향을 미치려고 한다. 또한 다른 사람들에게 예측 결과를 보여주면서 그들의 마음을 읽거나 그들의 마음을 움직이려고 한다. 예측의 정확성이 중요하지 않은 상황에서는 예측이 상대방과의 심리전에서 선제공격의 기능을 하거나 자신의 이기심을 충족시키는 수단이 되기도 한다.

잘못된 예측은 한 가지 중요한 사실을 놓치거나 과소평가한다. 그런데 그런 잘못된 예측은 그 잘못이 알려지기 전까지 많은 사람들로부터 지지를 받게 된다. 이것을 개인 탓으로 돌릴 수도 있다. 하지만 개인의 의견은 종종 다수의 공통된 의견일 때가 많다. 그러니 잘못된 예측은 개인의 잘못이라기보다는 예측 자체가 갖는 풀기 힘든 문제로 봐야 할 것 같다. 냉정한 현실은 때로 권위적인 기관에서 내놓은 중립적이고 최선인 예측조차 잘못된 것으로 판명 나게 한다. 사회 현상과 자연 현상은 근본적으로 아주 복잡하기 때문에 유능한 미래학자들이 내놓는 중장기 예측 결과도 있는 그대로 믿어서는 안 될 것이다.

또한 예측의 정확성을 보장해주는 어떤 예측 방법도 존재하지 않는다는 사실도 명심해야 한다. 예측의 정확성이 떨어지는 것은 예측 방법만의 문제는 아니다. 추세외삽법Trend Extrapolation*, 델파이 기법Delphi Technique**, 전문가 설문조사, 충격반응분석Impact Response Analysis***, 통계적인 모델링 등 전문적인 예측 방법도 반드시 정확하지는 않다. 그렇지만 이런 예측 방법들이 확실하지 않다고 해서 미래 예측을 포기한다면 우리는 미래에 대해 아주 간단한 것조차도 알 수 없게 된다.

비록 정확성은 떨어지더라도 미래 예측이 우리에게 시사하는 점이 있다면 예측 결과에 대한 분석을 번거롭게 생각해서는 안 된다. "사건이 터진 후에 고민해도 늦지 않다"며 예측 결과를 무시해버리는 회의론자들이 많은 것도 사실이다. 이런 회의론자들은 미래가 중요하지 않다는 것이 아니라 우리가 미래를 알 수 없다는 말을 하고 싶은 것이다. 하지만 우리는 '예측하기 힘든 미래가 어떻게 진행될지' 고도의 유연성을 발휘하면서 면밀하게 살펴봐야 한다. 따라서 앞으로 벌어지는 상황을 수동적으로 따라가기보다는 새로운 상황이 발생하면 즉시 필요한 조치를 취할 수 있어야 한다.****

---

* 과거의 경험을 근거로 미래의 변동 추세를 예측하는 방법 — 옮긴이.

** 전문가의 경험적 지식을 이용한 문제해결 및 미래 예측 기법으로 전문가 합의법이라고도 한다 — 옮긴이.

*** 정량적 예측 모델의 특정한 변수를 인위적으로 변화시켜서 이와 관련된 다른 변수들이 어떻게 변하는지를 살펴본다 — 옮긴이.

**** 게리 하멜과 프라할라드는 "그냥 기다리면 된다"는 시각에 대해 반대 의사를 분명하게 밝혔다. 그들은 미래의 기업이 자신의 분야에서 유리한 입지를 확보하려면 단기적인 시각만으로는 부족하다고 주장했다. 그들은 미래에도 경쟁력을 갖기 위해서는 연구 개발, 품질 향상에 힘써야 한다고 보았다. 그런데 이런 노력의 결과물은 장기간에 걸쳐 나타나므로 경영자는 미래를 보는 안목을 가져야 한다고 했다. 자세한 내용은 하멜과 프라할라드의 저서인 《미래를 위한 경쟁Competing for the Future》을 참조하라.

미래를 읽는 기업이 살아남는다

앞서 언급했던 미래에 관해 별로 도움이 되지 않는 생각들, 다시 말해 '사건이 터진 후에 고민해도 늦지 않다'는 회의적인 시각과 '미래에 대해서는 알 수 없다'는 게으른 믿음은 잠꼬대로 생각해버리자.

지금까지 성공적인 예측 결과를 내놓았던 미래학자, 기관, 개인 등을 살펴보면 그 나름의 뛰어난 면을 엿볼 수 있다. 그들은 변화를 정확히 읽어냄으로써 유용한 예측 결과를 내놓는다. 기업가의 경우 성공적인 예측은 회사의 이윤과 직결된다. 이윤을 추구하는 방법은 다양하다. 하지만 가장 중요한 것은 시장, 기술, 사회의 변화를 정확히 예지함으로써 주어진 자원을 정확한 시점에 정확한 자리에 배치하는 안목을 갖는 것이다.

어떤 미래학자나 예측 기관이 발표한 자료를 볼 것인지는 중요하지 않다. 마이크로소프트, 월마트, 사우스웨스트 항공 같은 회사가 성공한 원인은 바로 산업 트렌드를 정확히 예측하고 여기 걸맞은 제품과 서비스를 적시에 출시한 덕분이다.

반면 이렇게 하지 못한 팬암은 사우스웨스트 항공에 자리를 내주며 역사의 뒤안길로 사라졌다. 또한 컴퓨터 산업의 미래를 읽지 못한 IBM은 빌 게이츠Bill Gates가 설립한 마이크로소프트 사에 선두 자리를 내주었다. 한편 헨리 포드Henry Ford는 누구보다도 먼저 자동차가 대중화되리라는 예측을 하고 1903년에 자동차 회사를 설립했다.

이렇게 미래를 정확히 예측해 성공한 기업으로는 아마존, 캐피털

원, 나이키, 노키아 등이 있다. 사실 변화를 정확히 알고 성공한 사례는 수없이 많다. 하지만 그들의 성공 비결이 미래를 정확히 예측한 것만이라고는 할 수 없다. 그들은 미래에 나타날 변화를 예지하고, 이를 바탕으로 수십억 달러에 달하는 거대 시장에서 성공적인 전략을 도출하여 이를 추진했기 때문에 성공할 수 있었다.

공공 부문을 보면 정확한 미래 예측은 사회적 편익을 얻게 해주지만 사회적 손실을 피할 수 있게 해주기도 한다. 예를 들어 교통 정체를 해결할 교통 시스템의 구축, 전염병 예방체계의 설계, 인구증가 억제정책 등은 사회적 손실을 피하기 위한 정책들이다. 한편 1960년대 싱가포르의 리콴유(李光耀) 총리는 싱가포르가 아시아의 무역과 하이테크의 중심지가 될 것으로 예측했다. 리콴유의 이런 예지력은 식민지 시대를 겪었던 싱가포르를 세계에서 가장 높은 국민소득을 올리는 나라 중 하나로 발전시키는 힘이 되었다.

성공 사례를 보면 정확한 예측만으로는 충분하지 않음을 알 수 있다. 예측하는 사람이나 기관은 자신의 비전을 이루기 위해 미래에 영향을 미치기도 한다(미래에 영향을 미치는 예측에 대해서는 본문에서 자세히 살펴볼 것이다). 하지만 특정 기관이 아무리 막강한 권한을 가지고 있다고 해도 미래를 좌지우지할 수는 없는 노릇이다. 최선을 다해 자신이 바라는 미래를 만들 수 있도록 영향력을 발휘할 뿐이다. 결국 성공은 불확실한 상황에서 미래를 보는 안목을 갖고 앞으로의 진로를 정확히 설정하고 타이밍을 제대로 포착하는 데 있다.

잘못된 예측에도
배울 점이 있다

이 책은 예측 결과를 맹신하는 입장과 이에 대해 회의적인 입장 모두를 배격한다. 분명히 의미 없는 예측 결과는 매일 쏟아지고 있다. 하지만 우리는 예측 결과를 회의적으로 바라보아서는 안 된다. 왜냐하면 잘못된 예측은 항상 교훈을 남기기 때문이다.

AT&T가 동영상전화 서비스에 투자하려던 계획이 실패한 이유는 무엇일까? 반면 휴대전화 산업이 성장하리라는 예측은 어떻게 나온 것일까? 2000년이면 석유가 고갈될 것이라는 예측이 빗나간 이유는 무엇일까? 반면 대체 연료를 사용하는 하이브리드 자동차가 등장하리라는 예측은 어떻게 나온 것일까? 이런 예측들로부터 무엇을 배울 것인가? 잘못된 예측을 접함으로써 예측 결과를 평가하는 능력이 향상될 수 있을까? 그래서 미래 예측을 통한 수익 창출에 도움이 될 수 있을까?

잘못된 예측을 자세히 살펴보면 공통적으로 반복되는 실수를 알아차리게 되고 이런 잘못을 피할 수 있는 안목을 가지게 된다. 우리는 유용한 예측을 걸러내는 필터링 기준을 설정하기 위해 다른 사람들의 잘못된 예측으로부터 교훈을 얻어야 한다. 즉 예측의 소비자들은 다음과 같은 미래지향적인 질문을 할 수 있어야 한다.

얼마나 예측을 신뢰할 수 있는가? 예측은 얼마나 정확하며 바이어스는 없는가? 미래를 전망할 때 예측의 어떤 부분이 가치가 있는가? 기관의 계획에 도움이 되는 예측은 무엇이고 무시해도 되는 예측은 무엇인가? 기관의 목표를 달성하는 데 유용한 예측은 무엇인가? 내가 확신을 가지고 결정을 내릴 수 있는가?

하지만 가장 중요한 질문은 다음과 같은 것들이다. 예측의 유용성을 판단하는 기준은 무엇인가? 그렇다면 기준으로 삼는 근거는 무엇인가? 이런 기준을 정할 수 있다면 어떤 조건에서 어느 정도 가능한가?

예측 전문가는 예측 결과를 만들어내는 과정에서 필터링을 통해 데이터와 예측 결과의 품질을 확보하고 여러 문제점과 장애 요인을 극복해야 한다. 마지막 장에서는 예측 결과를 평가할 때 염두에 두어야 할 사항과 필터링 방법을 문답식으로 요약한다. 1장부터 10장까지는 신뢰할 만한 예측을 내놓으려면 무엇을 갖추어야 하는지, 잘못된 예측을 걸러내는 방법은 무엇인지, 정확한 예측의 조건은 무엇인지를 설명하고 예측에 대한 평가 방법도 제시한다.

1장에서는 예측을 그 의도에 따라 미래영향 예측Future-influencing Forecast과 미래대비 예측Future-aligning Forecast으로 분류하여 자세히 설명한다. 2장에서는 미래 예측을 위한 데이터의 품질에 대해 설명하고 데이터에 대한 과신이 어떤 문제점이 있는지를 보여준다. 3장과 4장에서는 해석과 바이어스의 문제, 인식여과장치, 그리고 우리의 올바른 사고와 정확한 예측을 방해하는 주관적 가치관에 대해 살펴본다.

5장부터는 변화를 유도하거나 방해하는 요인들을 찾아내고, 미래를 예측할 때 이런 요인들을 어떻게 다룰 것인지에 대해 자세히 논의할 것이다. 5장에서는 변화의 방향과 타이밍을 결정하는 데 변화가 어떤 가치와 효용이 있는지 자세히 설명할 것이다. 6장에서는 미래에도 과거의 트렌드가 지속되리라는 가정하에 이루어진 미래 예측이 어떤 문제점이 있는지 살펴볼 것이다. 7장에서는 복잡성에 대해 살펴보면서 모든 요소가 서로 연계되어 움직이는 현상에 대해 자세히 설명할 것이다. 즉 특정 요소의 예상하지 못한 변화가 다른 모든 요소를 변화시키는 현상을 살펴볼 것이다. 8장에서는 7장까지의 내용들을 종합하고 정량적인 예측 모델의 용도와 한계에 대해 설명할 것이다. 9장에서는 대안적 미래와 시나리오 계획법에 대해 자세히 설명할 것이다. 10장에서는 간단한 사례 보고서를 통해 예측 결과에 대한 분석을 시도했다. 11장은 이 책의 주요 내용을 주제별로 분류해 질의응답 식으로 설명했다. 따라서 미래 예측의 핵심이 정리된 요약본으로 유용하게 활용할 수 있을 것이다.

여러분은 이 책을 읽고 나면 소비자로서 눈앞의 예측 결과를 비판적인 시각으로 올바르게 해석할 수 있을 것이다. 또한 수많은 사람들이 깜짝 놀랄 만한 뉴스를 접하고 혼란에 빠지더라도 전혀 놀라지 않고 냉철한 판단을 내릴 수 있는 도구를 갖게 될 것이다.

Contents

FUTURE SAVVY

1장

예측이란 무엇인가

예측 모델을 구성하는 첫 단계는 바로 예측 유형을 파악하는 것이다. 예측 유형을 분류하는 방법은 다양하지만 그중 가장 유용한 것은 예측을 명시적이거나 암묵적인 목적에 따라 나누는 것이다. 예측은 기간에 따라 단기 예측과 장기 예측으로 나눌 수 있고, 제시되는 결과의 수에 따라 단일 예측과 대안적 예측으로도 나눌 수 있다. 또한 미래 예측가의 입장에 따라 낙관주의적 예측과 비관주의적 예측으로 나눌 수도 있고, 예측 목적에 따라 미래대비 예측, 미래영향 예측 등으로 나눌 수도 있다.

단기 예측부터
초장기 예측까지

합의된 정의가 있는 것은 아니지만 기간에 따른 분류는 대략 다섯 가지로 나눌 수 있다.

단기 예측

1년 이내에 나타날 현상을 예측하는 것이다. 바로 눈앞에서 벌어지는 현상에 대한 예측으로 주간 계획표, 공급 체인 관리Supply Chain Management*, 재고관리, 분기별 판매 계획, 예산 계획 등에 활용된다. 인플레이션율, GNP, 무역수지 등 대부분의 경제지표도 단기 예측에 속한다.

중단기 예측

1년에서 3년 이내에 발생할 현상을 예측하는 것이다. 기업이나 공공기관이 필요에 따라 예측 기간을 길게 잡으면 중단기 예측이 된다. 6개월이나 1년 단위의 예측에 사용했던 가정이나 방법을 적용할 수 있다.

중장기 예측

향후 3년에서 10년 이내에 나타날 현상을 예측하는 것이다. 중장기 예측은 폭넓은 전략과 거시적인 안목을 갖는 데 도움이 된다. 기업은 업계의 전략 변화, 새로운 경쟁자의 등장, 신기술의 출현, 시장

---

* 원재료 구매에서부터 최종 고객까지의 전체 물류 흐름을 계획하고 통제하는 통합적인 관리 방법이다 — 옮긴이.

변화 등을 예측하는 데 중장기 예측을 활용한다. 기업이 연구개발 방향을 설정하고, 자본 투자를 결정하고, 합병이나 전략적 제휴를 모색하고, 차세대 제품을 개발하기 위해서는 중장기 예측이 필요하다. 한편 공공기관에서는 기술 동향이나 사회 의식의 변화, 새로운 인프라에 대한 수요를 파악하기 위해 중장기 예측을 한다.

장기 예측

향후 10년에서 25년 후를 예측하는 것이다. 이런 예측은 조직의 계획과 의사결정에는 큰 도움이 되지 않는다. 사실 장기 예측은 경영자가 눈앞의 현실적인 문제에서 어느 정도 벗어나서 얼핏 보기에는 불가능해 보이는 기술적·사회적 변화를 그려보게 해준다. 경영자들은 장기 예측을 통해 틀에 박힌 사고에서 벗어나서 미래의 큰 그림을 펼쳐보는 마음의 여유를 갖는다.

초장기 예측

향후 25년에서 10,000년 후를 내다보는 예측이다. 초장기 예측은 기업의 일상적인 업무, 공공정책, 제도를 벗어나서 현실을 더욱 철학적으로 바라보게 도와준다. 예를 들어 미래의 이상적인 인간형은 어떻게 변모할 것인가를 생각해보는 것도 초장기 예측에 해당된다. 또한 이상 사회와 완전한 조직에 관한 성찰, 세계 평화, 로봇 산업의 발달로 인한 신인류의 등장 등을 생각해보는 것도 여기 포함된다. 초장기 예측은 몽상가의 영역으로 여겨지지만 SF소설처럼 시대의 주류가 되는 사상을 이끌기도 한다. 또한 사회가 발전함에 따라 유토피아와 디스토피아를 설명하는 가이드라인이 되기도 한다.

이런 구분은 예측의 분류 기준이 된다. 단기 예측과 장기 예측에서 중요한 것은 예측 대상의 변화 속도다. 예를 들어 전자 산업은 광산업보다 빠르게 변하고 있다. 따라서 3년 후의 무선랜wi-fi을 예측하는 것은 너무 길게 내다보는 것이고, 3년 후의 캐나다 광산업을 예측하는 것은 지나치게 짧게 내다보는 것이다. 중요한 것은 전술 수립을 위한 예측과 전략 설정을 위한 예측이 '어느 정도의 기간을 잡고 이루어져야 하는가'다. 빠르게 변화하는 분야의 경우 전술 수립을 위해서는 3개월 정도만 내다보면 되지만 전략 설정을 위해서는 3년 앞을 내다보는 것이 합리적이다. 하지만 더디게 변하는 분야의 경우 3년 앞을 내다보고 전술을 세우는 것이 바람직하다.

단기 예측의 경우 현재의 구조, 시장, 경쟁자, 규정을 비롯한 각종 변수들이 이미 정해져 변하지 않는다는 가정하에 통계적 방법으로 예측한다. 예를 들어 1년 앞을 예측하는 회사라면 정보 채널, 시장 세분화market segmentation*, 가격 포인트price point**, 가치사슬value chain*** 등을 예측하는 것이 중요하다. 이때 산업의 향후 전망, 경쟁 요소 등은 변하지 않는 것으로 가정한다. 예측의 목적은 바로 산업과 시장을 단기간 동안 전망하고 회사의 전략을 미세하게 수정하는 것이다.

중단기 예측과 중장기 예측은 현재의 의사결정에 영향을 주지만 근본적으로는 변화하는 환경에 대비하기 위한 예측이다. 해당 기간(1년에서 10년)을 대비하기 위한 예측은 다음과 같이 조금은 막연한 질문에 대한 대답이 토대가 되어야 한다. 현재의 생산 결정에 영향을 주는 신기술은 어떤 것일까? 제품을 다변화할 것인가? 아니면 한 가지 제품에 집

---

* 소비자의 욕구, 특징, 행동 등의 특성에 따라 시장을 분류하는 것 — 옮긴이.
** 수요가 상대적으로 많은 시장의 가격 — 옮긴이.
*** 고객에게 가치를 제공할 때 부가가치 창출에 직·간접적으로 공헌한 일련의 활동, 기능, 프로세스 — 옮긴이.

중할 것인가? 해외로 진출하는 것이 좋을까? 경쟁 여건은 어떻게 변할까? 인구 변화, 시장 여건, 이민 정책 등을 고려했을 때 정부 정책은 어떻게 바뀔까? 앞으로 1년에서 10년 후의 미래는 불확실성이 더욱 크다. 따라서 보다 광범위하고 열린 시각을 갖는 것이 중요하고, 변화의 원인에 대해 항상 고민하고, 다양한 가능성을 따져봐야 할 것이다.

다음 장에서 살펴보겠지만 예측 기간이 단기를 넘어서면 예측을 위한 추세외삽법은 쓸모없는 경우가 많다. 예측 기간이 길어지면 예측 당시의 많은 가정들이 변하게 된다. 이렇게 되면 예측의 불확실성이 커지고 미래는 복잡하게 전개되면서 추세외삽법의 한계가 분명하게 드러난다. 추세외삽법이나 정량적인 예측의 유용성이 떨어지는 것이다. 따라서 예측 기간은 어떤 예측 방법을 적용할지를 결정해주는 기준이 되기도 한다.

단일 예측 VS 대안적 예측

Future Savvy

과거의 예측 목표는 복잡하지 않았다. 다시 말해 미래 예측의 목표는 어떤 일이 발생할 것인지, 언제 발생할 것인지, 언제 불확실성에 직면할 것인지, 주어진 예측 결과가 다른 예측 결과에 비해 더 높은 신뢰를 주는 이유는 무엇인지 등을 조사하는 것이었다. 그런데 예측 기간이 길어지면서 불확실성이 커지면 단일 예측point forecast도 쉬운 일이 아니다. 예측 기간이 길어지면 단일 예측의 신뢰성은 떨어진다.

단일 예측이 갖는 이런 한계를 극복하기 위해 다른 예측 방법이 등장하게 되었다. 이 예측 방법은 하나가 아니라 여러 개의 예측 결과를 내놓는 것으로 대안적 예측alternative forecast이라 불린다. 인간의 행동과 자연의 움직임은 원래 복잡하기 때문에 아무리 다양한 변수를 고려한다 해도 정확한 미래 예측은 거의 불가능하다. 그래서 다수의 예측 결과를 내놓게 된 것이다. 그러나 다수의 예측 결과 가운데 어느 한 가지를 특별히 지지하지는 않는다.

앞에서 성공적인 예측이란 예측 기간이 길더라도 어느 개인이나 기관에 수익이 되는 시점을 제시하고 유용하면서도 정확한 결과를 내놓는 것이라고 설명했다. 이 정도라면 확실할 정도로 정확한 예측 결과를 기대할 필요는 없다. 정확한 가정을 통해 적절한 타이밍에 올바른 방향으로 안내할 수 있는 예측이라면 경쟁력이 있는 셈이다. 사람들은 미래에 대해 유연하고 다양한 예측을 제시하는 것이 한 가지 예측만 내놓는 것보다는 유용하다고 생각한다.

대안적 예측은 보다 현실적인 예측 방법으로 개인이나 조직이 미래를 뒤흔들 만한 다양한 시나리오, 새롭거나 잠재적인 이슈들을 살펴보고 이에 대비를 할 수 있게 도와준다. 대안적 예측이라는 관점에서 보면 단일 예측이 내세우는 가정에서 벗어나서 사람들이 미처 깨닫지 못했던 것을 제시함으로써 명료한 사고를 도와주는 예측이 가치 있다. 다시 말해 가치 있는 예측이란 미래를 정확하게 예측하는 것이 아니라 다양하게 토론을 이끌어내는 것이어야 하며, 미래의 변화에 적응하고 이를 관리하기 위해 다양한 시나리오를 제시하고 이에 대비시켜주는 것을 말한다.

대안적 예측은 미래를 확실히 알고 싶어 하는 사람의 기대를 채워주지 못한다. 어쩌면 대안적 예측은 미래 예측가가 저지를 수밖에 없는 실수를 회피하기 위한 도피처로 보일 수도 있다. 대안적 예측과 시나리오 계획법에 대해서는 9장에서 자세히 설명한다.

미래에 대비하는 예측 VS 미래를 바꾸는 예측

사람들이 미래 트렌드를 판단하고 변화의 원인을 분석해서 미래를 예측하는 데는 분명한 이유가 있다. 예측이란 연구, 모델링, 저술 같은 과정을 거쳐야 하는 힘든 작업이다. 이런 작업은 예측하는 사람이나 그 결과물을 소비하는 사람에게 도움이 되지 않는다면 쓸모가 없다.

단지 마음의 위안을 얻으려고 미래를 바라보는 사람은 없다. 미래 예측은 수익의 기회를 제공하며, 미래의 결과에 나쁜 영향을 미칠 위협을 제거하는 데 도움을 준다. 여기서 수익은 자기 자신, 가족, 집단, 기관, 국가 또는 전 세계를 위한 것일 수도 있다. 예를 들어 투자 수익에 관한 예측 결과를 알고 있다면 다른 사람들보다 정확한 판단을 내릴 수 있을 것이다.

넓은 의미에서 보면 제대로 된 예측은 두 가지 이점이 있다. 첫째, 개인이나 조직이 미래에 대비해 기회를 활용하고, 신속하고 우아하게 위협을 피할 수 있게 해준다. 둘째, 개인이나 조직이 바람직하지 못한 결과를 피하고 유리한 상황을 만들기 위해 미래에 영향을 미칠 수 있게 한다. 첫 번째 유형의 예측은 '미래대비 예측'이라 불리고 두 번째 유형의 예측은 '미래영향 예측'이라 불린다. 때로 예측을 하는 개인이나 조직은 미래를 대비할 뿐만 아니라 미래에 영향을 미치기 위해 두 가지 예측을 동시에 한다. 하지만 미래대비 예측은 미래를 준비하기 위한 것이고, 미래영향 예측은 미래의 결과에 영향력을 발휘하려는 것이다.

힘 있는 조직이 미래의 거시적인 결과에 어느 정도 영향력을 미치는 경우, 가령 어떤 거대 기업이 해당 산업에 영향력을 발휘할 정도의 힘이 있다면(로비를 통해 시장가격, 산업 기준, 규정에 영향력을 미친다면) 대다수의 힘없는 기업들은 미래에 대비하기 위한 예측을 할 것이다. 이때 힘없는 기업들은 시장과 기술 동향을 자신들의 통제 범위 밖에 있는 것으로 인식하고 미래에 대한 자신들의 영향력은 제한적이라 판단할 것이다. 더불어 미래의 결과가 자신들에게 많은 영향을 미칠 것이라 생각할 것이다.

미래에 대비하기 위해 예측을 하는 조직은 경쟁자들보다 먼저 미래의 결과를 예측하여 신속하고 정확하게 대비하는 것이 전략 목표다. 경쟁자들보다 먼저 신제품을 개발하고 주어진 자원을 활용하여 새로운 기회를 모색하는 것이다. 이렇게 미래를 위한 의사결정을 신속하고도 정확하게 해내는 조직은 성공 가능성이 매우 높아진다.

반면 미래영향 예측을 하는 사람들은 다른 가정을 세운다. 자신이 미래를 변화시킬 수 있다는 가정이다. 환경주의자 르네 뒤보Rene Dubos는 "트렌드는 우리가 피할 수 없는 운명이 아니다"라는 말을 했다. 그리고 혁명의 역사를 되돌아보면 많은 사람들이 변화를 바랄 때 권력자가 이런 변화의 물결을 거스를 수는 없었음을 알 수 있다.

미래영향 예측의 관점에서 보면 분명 미래에는 인간이 영향을 미칠 수 있는 부분이 있다. 인간은 능동적으로 변화를 일으키는 자로서 무엇을 할지 결정할 수 있고, 이런 인간의 집단적인 행동 혹은 개별적인 행동이 바로 미래를 움직인다. 내일 시험을 봐야 할 수험생이라면 시험에 합격할지나 예측하고 있어서는 안 된다. 이런 상황에서는 열심히 공부해서 미래에 영향을 미치는 것이 최선이다. 열심히 공부해서 교과 내용을 정확히 이해한다면 시험에 합격할 수 있을 테니까.

많은 예측은 미래의 결과를 변화시킬 수 없다. 일기예보가 내일의 날씨를 결정해주지 않는다. 월식일에 대한 예측, 핼리혜성의 출현에 관한 예측은 미래의 결과에 영향을 미칠 수 없다. 핼리혜성을 보고 싶다면 핼리혜성이 언제 어디에 출현할지를 예측해야 한다. 이런 예측은 미래에 대비하기 위한 예측이지 미래에 영향을 주는 예측은 아니다.

하지만 인간이 지배력을 가진 자연 현상이나 사회 현상은 핼리혜성의 경우와는 다르다. 이 경우 예측은 미래의 결과와 상호작용한다. 이런 예측은 미래의 결과에 영향을 줄 수 있다. 예측이 미래에 영향을 미치는 시스템의 일부가 되는 것이다. 미래에 어떤 일이 일어나리라는 예상과 바람, 또는 어떤 일이 일어나지 않았으면 하는 바람이 미래에 직접적으로 영향을 미친다. 즉 예측에 따르는 기대, 바람, 두려움이 미래의 결과에 영향을 주는 것이다.

컴퓨터가 20세기와 21세기를 구별하지 못해 금융 시장, 교통 시스템 등이 혼돈에 빠지는 것을 예측한다면 이는 미래영향 예측이 된다. 밀레니엄버그는 이런 상황에 제대로 대처하지 못한 경우 예상되는 것이다. 하지만 기업과 정부가 프로그래머를 고용해서 21세기 이전에 주요 시스템을 손본다면 이런 재앙을 막을 수 있다. 따라서 밀레니엄버그에 대한 예측은 미래영향 예측이 된다.

한편 예측 결과를 어떻게 받아들이는가에 따라 미래대비 예측이 될 수도 있고 미래영향 예측이 될 수도 있다. 미국의 대다수 시민들이 영어를 못하게 될 것이라는 예측이 나왔다고 하자. 이런 예측은 미국 인구의 변화를 알려주기도 하지만 미국 기업들의 제품과 마케팅에도 변화를 가져온다. 이런 예측은 사람들에게 다음과 같은 메시지를 전한다.

"미래에 이런 일이 일어날 것이다. 기회를 활용하고 위협을 피하기 위해서는 무엇을 해야 할지 생각해봐야 한다."

또한 대다수의 미국인이 영어를 못할 것이라는 예측은 미래에 영향을 미치는 예측이기도 하다. 정부는 영어를 못하는 사람들이 겪게 될 사회적인 어려움을 홍보하면서 영어 교육을 위한 보조금이나 프로그램을 도입할 수 있다. 이민국에서는 이민자를 받아들일 때 영어 자격 기준을 엄격하게 할 수 있으며, 아예 이민 쿼터를 줄일 수도 있다. 따라서 이런 예측은 사람들에게 다음과 같은 메시지를 전한다.

"미래에 이런 일이 일어날 것이다. 이런 일이 일어나지 않게 하려면 우리가 해야 할 일은 분명하다. 각자 맡은 일을 열심히 하면 된다."

누가 미래를 바꾸려 하는가

미래에 영향을 미치려는 조직은 사회적, 정치적, 환경적 목표를 갖는다. 이런 조직은 트렌드를 분석하고, 조직 구성원뿐 아니라 더 나아가 사회와 인류를 위해 미래를 예측하고, 이들의 이익을 위해 미래에 영향을 미친다. 따라서 예측의 목표는 사람들의 사고에 영향을 미치고, 그들에게 보다 나은 미래를 위해 영향력을 발휘하려는 동기를 불어넣고, 실천과제를 실행에 옮기게 하는 것이다.

세금을 회피하려는 로비, 세계은행 앞에서의 시위, 불매 운동, 공장에서의 피켓 시위, 아동 노동에 반대하는 온라인 청원 운동 등은 미래를 변화시키기 위해 영향력을 발휘하는 것이다. 미래 예측가도 집단의 대의와 이해를 위해 이런 운동에 참여한다. 이때 예측의 목표는 정확성이 아니라 미래에 영향력을 발휘하는 것이다.

기업에서 미래영향 예측은 일상사가 되어가고 있다. 기업의 경우 미래 시장을 위해 제품을 예측하는 것은 아주 중요한 일이다. 기업은 "앞으로 모든 사람이 무선 디지털 전화를 사용할 것"이라는 말을 하거나 "앞으로 멀리 떨어져 있는 사람들이 실시간 회의를 할 수 있는 때가 올 것"이라는 말을 한다. 이런 말들은 결코 중립적인 입장에서 미래를 설명하는 것이 아니다. 그저 자기가 원하는 미래가 실현되기를 바라면서 하는 말이다.

기업은 사원들에게 동기를 부여하기 위해서도 미래영향 예측을 한다. 최고경영자 등은 회사가 잘되어 많은 이윤이 발생하고 직원 모두가 높은 임금을 받는, 이상적인 미래를 제시한다. 이것은 정확성을 목표로 실현 가능성이 높은 미래를 예측한 것이 아니라 이상적인 미래를 실현하기 위해 직원들에게 비전을 제시하고 동기를 부여한 것이다.

세계적인 기관은 원하는 미래를 실현하기 위해 종종 영향력을 발휘한다. 그리고 이런 행동의 근거를 제시하고 대중들을 설득하기 위해 예측 결과를 내놓기도 한다. 이런 사례로는 이라크의 대량 살상 무기에 대한 미국 정부의 예측을 들 수 있다. 이 예측은 미국 정부가 국민들에게 군비 조달과 인력 동원의 필요성을 역설하고 국민들을 설득하기 위한 것이었다. 역사를 돌이켜보면 이런 선전 선동을 위한 예측은 상당히 많았고, 이런 예측 모두가 미래영향 예측에 속했다.

미래에 영향을 미치려면 힘이 있어야 한다. 사실 미래영향 예측을 한 기관의 영향력이 반드시 큰 것은 아니다. 여기서 영향력이란 여론을 동원할 수 있는 능력이다. 아무리 작은 조직이라도 미래에 영향을 미칠 잠재력은 충분히 있다. 미래에 영향력을 발휘하는 기관은 예측을 내놓은 다음 이것이 갖는 이미지를 생성해서 유포한다. 이렇게 기관의 인지도를 높이고 여론에 영향을 미치는 데서 더 나아가 여론을 형성함으로써 대중에게 동기를 부여한다.

한편 미래영향 예측은 어떤 행동을 예방하기 위한 동기를 부여하기도 한다. 전기로 부화시킨 병아리나 연료 소비량이 많은 대형 자동차에 대한 불매 운동 등을 예로 들 수 있다. 3장에서는 미래영향 예측의 이런 특징들 때문에 미래영향 예측의 바이어스가 커질 수 있음을 설명할 것이다.

미래영향 예측과 미래대비 예측의 특징

미래대비 예측과 미래영향 예측은 서로 다른 용도로 쓰이기 때문에 어느 것이 더 좋은지는 설명할 필요가 없다. 중요한 것은 특정 예측이 둘 중 어디에 속하는지를 알아내는 일이다. 그런데 이 일이 항상 쉬운 것은 아니다. 두 가지 예측 모두 불확실성을 인정하며, 추세외삽법, 델파이 기법, 시나리오 분석 같은 예측 방법을 사용한다. 그래서 언론이 인용한 예측이 미래대비 예측인지 미래영향 예측인지를 파악하기가 쉽지 않다.

예측의 원래 목적이 무엇인지도 헷갈리는 경우가 많다. 물론 미래영향 예측은 주관적인 견해를 좀처럼 드러내지 않는 대신 과학적이고 기술적이며 가치중립적인 토대 위에서 정당성을 얻으려고 한다.

미래영향 예측의 주요 특징은 다음과 같다.

첫째, 예측 결과가 미디어를 통해 대중에게 알려졌나? 앞서 설명했 듯이 미래영향 예측은 대중의 참여와 동의를 얻는 것이 목적이다. 따라 서 미래영향 예측의 주요 목표 중 하나는 이를 대중에게 알리는 것이다. 미래에 영향력을 행사하기 위해 미래영향 예측을 하는 조직은 조직 외 부의 권력이나 대중의 힘을 활용하려고 한다. 변화를 일으키려면 특히 우호적인 여론을 조성하는 것이 중요하다. 이를 위해 미래영향 예측은 많은 사람들에게 널리 알려져야 한다. 미래의 비전을 가진 조직이나 사 람은 자기가 원하는 미래를 창조하고 원하지 않는 미래를 피하기 위해 자신의 예측을 널리 알려야 한다. 그래야 사회적으로나 정치적으로 자 신에게 힘이 되어줄 우호 세력을 더 많이 확보하게 된다.

반면 미래대비 예측의 결과를 널리 알리려는 조직은 별로 없다. 미래 대비 예측은 개인적 연구든 조직 차원의 연구든 사적인 소유물이 된다. 미래대비 예측은 개인이나 조직이 기회를 활용하기 위한 전략으로서 가 치가 있다. 어떤 사람이나 조직은 경쟁자와 정보를 공유하려 하지 않는 다. 미래대비 예측의 결과물이 쓸모가 없어질 때까지 비밀 문서로 분류 되어 널리 알려지지 않는 것은 그 때문이다.

둘째, 외부 요인의 변화에 대해 어떻게 말하나? 미래대비 예측을 하 는 사람이나 조직은 자신이 무엇을 선호하는가에 대해 구체적으로 언급 하지 않고 다양한 대안을 제시한다. 때로는 다가오는 미래의 변화로부 터 수익을 올리기 위해 어떤 제품을 생산하고 어떻게 시장을 개척할지 에 대해 최선의 대안을 제시하기도 한다. 하지만 이런 대안은 미래에 대 비하기 위해 내부에서 취할 수 있는 선택이지 외부에 영향을 미치려는 선택은 아니다. 예를 들어 기업의 재무 규정(외부 요인)이 바뀐다면 미래를 예측하는 기업은 지금과는 다른 회계 보고 시스템을 검토해야 한다.

반면 미래영향 예측을 하는 기업은 외부 요인을 변화시키기 위해 어떻게 행동할지를 제시한다. 이런 예측의 목적은 권총 소지를 금지하거나 이산화탄소 배출량을 규제하거나 새로운 기업 규제를 도입하는 등 바람직한 미래를 위해 필요한 과제를 실천하는 것이다.

셋째, 극단적인 경우를 예측하고 있는가? 세상은 아주 복잡하고 혼란스러운 곳이라서 다양한 일들이 일어난다. 다들 지난 일을 돌이켜보면 좋은 일도 많고 나쁜 일도 많았음을 알 수 있다. 앞으로도 좋은 일이 있으면 나쁜 일도 있을 것이다. 하지만 최선의 상황이나 최악의 상황이 발생할 가능성은 희박하다. 그럼에도 미래영향 예측은 최선의 상황을 실현하기 위한 동기부여나 최악의 상황에 대한 경각심을 일깨우기 위해 이루어질 가능성이 높다.

낙관주의적인 예측 VS 비관주의적인 예측

Future Savvy

예측은 어떤 현상에 대해 낙관적인 입장을 취하는지 비관적인 입장을 취하는지에 따라 구분될 수도 있다(예를 들어 기술 변화에 낙관적인 입장인가 비관적인 입장인가). 미래 예측가들은 같은 방법으로, 같은 데이터를 사용해 같은 시대를 예측하더라도 어떤 현상에 대해 낙관적인 입장을 취하는지 비관적인 입장을 취하는지에 따라 서로 다른 예측 결과를 내놓는다.

우선 어떤 현상에 대해 낙관적으로 예측하는 사람들은 기술 낙관주의자techno-optimist라고 불린다. 그들은 미래의 기술과 사회는 우리의 생활 수준을 향상시켜줄 것이고 산업 사회는 행복을 보장해줄 것이라 기대한다. 그리고 신기술, 의료, 교육 등이 삶을 편안하고, 부유하게 해줄 것이라 생각한다. 따라서 미래는 현재보다 더 좋을 것이고 변화는 바람직한 것이니 우리는 당연히 이런 변화를 추구해야 한다고 생각한다. 변화는 옳고 그름을 떠나서 바람직한 세상으로 가기 위한 길이라는 것이다.

변화는 사람들의 방향 감각을 빼앗고, 사람들은 지속적으로 이런 변화에 적응해야 한다는 문제가 있다. 하지만 기술 낙관주의자들은 '변화란 성장과 발전을 이룩하고, 풍요롭고 건강한 사회를 만들기 위해 반드시 치러야 하는 대가'라 생각한다. 사실 성장과 변화는 현재의 문제를 해결할 방법으로 많이 거론되어왔다.

기술 낙관주의자들은 변화를 회피하기보다 변화를 일으키고 받아들이고 여기 적응하는 것이 사람들의 의무라고 생각한다. 그들은 변화와 발전이 가져다주는 이점이 너무나 명백하다고 생각한다. 그래서 공공 부문과 민간 부문 모두 기술 발전을 위해 적극적으로 연구 개발비를 지원할 뿐만 아니라 연구 개발의 결과물인 지적재산권도 보호해주는 것이다. 또한 경쟁에서 이기기 위해서뿐만 아니라 현재 상황을 유지하기 위해서도 기술 개발이 필수적이라는 생각을 한다.

하지만 모든 사회구성원이 이렇게 생각하는 것은 아니다. 기계적으로 움직이는 사람들이 가득한, 반유토피아적인 공상과학소설을 보면 기술 변화가 혼란만 일으키는 것으로 묘사되어 있다. 근본주의자들은 세상이 이렇게 변하는 것을 막아야 한다고 생각한다. 환경주의자들은 변화와 발전을 위해 치러야 할 비용 문제를 제기한다.

먼 옛날부터 모든 문명은 파멸을 예측해왔다. 성경에 따르면 우리가 마음을 고쳐먹지 않으면 천벌을 받을 것이라고 한다. 이런 형태의 예언은 오늘날까지 이어져오고 있다. 비관적인 입장에서 예측하는 사람들을 맬서스주의자Malthusian라고 하는데(토머스 맬서스Thomas Malthus는 1798년 인구 성장 및 한정된 자원과 관련해서 인류의 운명을 비관적으로 예언하는 논문을 썼다) 그들은 변화에 대해 회의적이고, 변화에 따르는 문제점들을 지적하려는 성향을 갖고 있다.(1) 우리 주위에는 이런 반유토피아적인 생각도 널리 퍼져 있다. 영화 속에 등장하는, 폭탄이 떨어져 연기가 자욱한 도시, 핵무기를 사용한 대량 살상, 폐허가 되어버린 땅, 괴상하게 생긴 악당, 지구 전체를 집어삼킬 것 같은 바이러스의 출현 등이 모두 반유토피아적인 생각을 드러낸다.

맬서스주의자들은 성장과 발전이 해결책은 아니라는 생각을 한다. 오히려 이것을 직접적인 문제라고 본다. 신맬서스주의자인 《인구 폭탄 *The Population Bomb*》의 저자 폴 에를리히Paul Erlich 등 많은 사람들이 지나친 상업주의와 무분별한 개발 때문에 인류는 환경 재앙을 맞을 것이라고 예측했다. 맬서스주의자들은 자신들을 현실적인 사람들로 생각하는 반면 낙관주의자들을 아주 순진한 사람들로 여긴다. 맬서스주의자들과 낙관주의자들의 논쟁은 지금도 사그라지지 않았다.

1980년 경제학자인 줄리언 사이먼Julian Simon은 미래 자원에 대해 비관적인 생각을 갖고 있던 에를리히 및 스탠퍼드 대학교의 두 학자와 내기를 했다. 사이먼은 1980년 당시 1,000달러로 몇 가지 원자재를 구입한 다음 1990년에는 1,000달러를 들이지 않고도 같은 원자재를 같은 양만큼 구입할 수 있을 것이라고 주장했다. 그러면서 내기에서 진 사람이 승자에게 같은 원자재를 같은 양만큼 사는 데 들어간 돈의 차액을 주자고 했다. 흔쾌히 내기에 뛰어든 에를리히와 두 명의 파트너는 크로미움, 구리, 니켈, 주석, 텅스텐을 사들였다. 그리고 1990년이 되자 그들은 576달러를 사이먼에게 돌려주어야 했다.(2)

낙관주의자들이나 비관주의자들의 생각이 전적으로 옳은 것은 아니다. 농업 부문에서 기계화된 농법을 도입하고 품종 개량을 하면서부터 식량 문제는 어느 정도 해결된 것으로 보인다. 하지만 지금도 여전히 굶주림에 시달리는 사람이 많은 것은 식량 생산의 문제라기보다는 정치적 또는 경제적인 문제에 기인한 것이다. 석유 매장량도 예상보다 많은 것으로 드러났다. 하지만 발굴 가능한 양이 어느 정도인지는 정확히 밝혀지지 않았다. 또한 핵무기, 테러, 바이러스가 전 인류를 살상하는 것도 아니다.

기술 낙관주의자들이 주장하듯이 기술 진보가 우리 인류에게 행복을 가져다준다는 생각에 문제점이 없는 것은 아니지만 타당성도 얼마든지 있다. 기후 변화나 생물 다양성 파괴 등 인류에게 재앙을 몰고 올지도 모를 문제들을 우리 스스로 관리하고 해결할 가능성도 얼마든지 있다.

반면 인위적이거나 자연적인 재해는 언제든 일어날 수 있다. 전쟁부터 질병과 환경 재앙에 이르기까지 우리는 지금껏 온갖 재난을 겪어왔으며, 앞으로도 이런 재난들은 일어날 것이다. 비관주의적인 예측은 인류에게 부정적인 영향을 미칠 재앙의 원인을 살펴보고, 늦기 전에 예방 조치를 마련하는 데 중요한 역할을 한다.

1962년 레이첼 카슨Rachel Carson은 환경 파괴를 경고하는 《침묵의 봄The Silent Spring》을 저술하면서 다국적 석유 회사가 침묵하는 지구와 도박을 벌이지 않도록 규제를 마련할 것을 정치권에 주문했다. 당시 기술 낙관주의자들은 새로운 석유화학 산업이 인간의 미래를 풍요롭게 해줄 것이라 생각했다. 그들은 지금의 기술 낙관주의자들과 마찬가지로 석유화학 산업이 미래의 환경에 미칠 영향을 과소평가했던 것이다.

유토피아 VS 반유토피아 : 미래영향 예측의 극단적인 사례

낙관주의적인 예측과 비관주의적인 예측은 미래를 대비하기 위한 예측이 될 수 있다. 하지만 이런 예측들은 긍정적인 입장과 부정적인 입장이 뚜렷하기 때문에 미래에 영향을 미치는 예측이 될 가능성이 더 많다. 앞에서 살펴봤듯이 바람직한 결과를 예측하고 이것을 어떻게 성취할지를 판단하거나 바람직하지 못한 결과를 예측하고 이것을 어떻게 회피할지를 판단하는 가운데 미래에 영향을 미칠 수 있다.

극단적인 예측의 실례는 유토피아나 반유토피아를 그려보는 것이다. 반유토피아를 그린 고전으로는 1932년 헉슬리Aldous Huxley가 쓴《멋진 신세계Brave New World》와 1948년 오웰George Orwell이 쓴《1984》가 있다. 이들 두 고전은 다른 미래영향 예측과 마찬가지로 다가오는 미래를 비슷하게 묘사하는 데만 치중했던 작품은 아니다.

실제 1984년은 오웰이 생각했던 1984년과는 판이하게 달랐다. 오웰 역시 자신의 예측이 정확하기를 기대한 것은 아니었다. 오웰은 전체주의가 변하지 않으면 어떤 일이 발생할지를 상상해본 것뿐이었다. 이 책은 유럽에서 공산주의가 유행할 때 인간의 양심을 일깨워주기 위해서 반유토피아적인 예측을 한 것이다. 마찬가지로 대부분의 반유토피아적인 미래영향 예측은 예측 결과가 그대로 실현될 것을 기대하지는 않는다. 이런 예측의 목적은 바람직하지 못한 상황이 발생하지 않도록 사람들을 일깨워주는 데 있다.

지금은 지구온난화, 기후 변화, 유전자조작 식품, 생물 다양성 파괴 등이 반유토피아적 예측의 중심에 있다. 미래를 예측하는 사람들은 매우 부정적인 결과를 내놓으면서 대중과 정책 담당자의 적극적인 개입을 촉구하고 있다.

유토피아적인 미래 예측은 이와 비슷하지만 반대의 입장을 취한다. 여기서 미래를 예측하는 사람들은 지금보다 더 나은 이상 사회를 제시하면서 자신의 이상향과는 상반되는 현재의 사회상과 비교한다. 이상향에 대한 비전을 분명히 하고 더 나은 미래를 꿈꾸는 것은 이런 미래가 실현되기를 바라는 사람들에게 동기를 부여할 수 있다. 반유토피아적인 미래 예측과 마찬가지로 유토피아적인 미래 예측을 하는 사람은 예측 결과가 그대로 실현될 것이라 생각하지 않고, 그저 자신이 희망하는 바를 사람들에게 제시하려고 한다.

정치와 권력 : 비전이 서로 충돌할 때

미래에 영향을 미칠 수 있는 비전을 가짐으로써 신선한 공기와 깨끗한 물을 얻고 식량 문제를 해결하자는 말에 반대할 사람은 없을 것이다. 사실 이런 비전은 모두가 공감할 수 있는 것이다. 하지만 서로 다른 이익집단, 하위문화 집단, 인종 집단, 계급 집단, 국가 등이 항상 같은 비전을 가지고 있는 것은 아니다.

특정 집단의 비전은 다른 집단의 반유토피아가 되기도 한다. 히틀러는 자신의 저서 《나의 투쟁*Mein Kampf*》에서 천년제국을 예측했다. 이런 예측은 미래영향 예측으로 대중의 지지를 얻어 자신이 꿈꾸는 이상 사회를 실현하기 위한 것이다. 히틀러의 유토피아적 예측은 다른 사람들에게는 반유토피아적 예측이 된다.

서로 다른 이해를 가진 집단은 서로 다른 미래를 원한다. 따라서 각각의 집단은 다른 집단을 희생시키더라도 자신이 원하는 미래를 이루려고 한다. 미국이 원하는 미래가 알카에다에게는 반유토피아적인 미래라는 사실을 생각하면 이해가 쉬울 것이다.

역사는 서로 다른 비전들이 충돌하면서 흘러간다. 미래도 마찬가지다. 예측이 미래에 영향을 주고, 미래는 서로 다른 집단 간의 경쟁으로 만들어진다. 서로 다른 두 비전이 충돌할 때 우리는 미래 예측이 미래를 전망하는 유용한 모델을 제시하는 동시에 여러 비전 중 하나를 지지하는 데 일정한 역할을 해주기를 바라게 된다. 이때 미래 예측은 미래를 개괄적으로 전망하는 기능보다는 미래를 위한 투쟁에서 무기의 역할을 할 때가 많다. 따라서 미래 예측은 미래의 영향력이나 자원을 얻기 위한 끝없는 싸움에서 중요한 역할을 하는 뜨거운 논쟁의 장이 되고 있다.

FUTURE

SAVVY

2장

데이터는 얼마나 신뢰할 수 있는가

예측이란 미래를 예측하는 사람과 예측 결과를 이용하는 사람이 서로 정보를 주고받는 것이다. 이를 위해서는 정확성, 진실성, 바이어스 처리 등의 기준에 따라 정보를 판단해야 한다.

앞서 살펴봤듯이 모든 예측은 객관적인 진실이라고 주장되지만 그 결과는 방법과 목표에 따라 아주 다르게 나타난다. 미래대비 예측은 결과의 타당성을 제시하기 위해 데이터를 인용한다. 미래영향 예측은 원하는 미래를 만드는 데 필요한 대중의 지지를 이끌어내기 위해 데이터를 인용한다. 낙관주의적 예측과 비관주의적 예측 모두 예측가의 견해를 정당화하기 위해 데이터를 인용한다.

따라서 예측 결과를 평가할 때는 데이터의 품질과 해석이 중요하다. 누군가 자신의 견해와 결론을 뒷받침하기 위해 데이터를 제시하면 우리는 데이터의 진실성, 적절성, 적합성, 대표성, 공정성 등을 따져봐야 한다. 잘못된 예측은 잘못된 데이터 혹은 잘못된 데이터 해석에서 비롯된다. 훌륭한 예측은 현재 상태를 파악하고 이것으로부터 정확하게 트렌드를 읽어낸다. 현재 우리가 어디에 있고, 우리를 미래로 이끌어가는 힘은 무엇이며, 이 힘이 어떻게 작용하는지를 알지 못하면 정확한 예측을 기대할 수 없다.

이 장에서는 우리가 아무리 성실하게 조사했더라도 수량 데이터가 생각만큼 정확하지 않은 경우가 많음을 설명하고, 이런 경우에 적용할 수 있는 다양한 해석 방법을 설명한다. 그리고 3장에서는 데이터를 이해하고 선별하고 통합하는 데 유용한 데이터 처리 방법을 설명할 것이다. 또한 의도적으로 왜곡된 데이터를 확보하고 데이터에 대해 잘못된 해석을 하고 고의적으로 데이터를 조작하는 경우에 대해서도 살펴볼 것이다.

숫자는
거짓말을 하지 않는다?

우리는 숫자와 통계를 높이 평가하는 세상을 살아가고 있다. 우리는 세상에서 벌어지는 일을 보여주기 위해 숫자를 사용한다. 숫자는 구체적인 사고를 가능하게 하고 사람들의 행위를 측정할 수 있게 한다. 중요한 정책 결정(이를테면 지구온난화 대응방안, 교육과정 개선 등)에는 항상 그 타당성을 입증하듯이 숫자가 등장한다. 사회복지를 이해하기 위해 유아 사망률을 참고하고, 지구온난화를 판단하기 위해 북극의 얼음이 얼마나 녹고 있는지를 계산한다. 특정 정책의 성공 여부는 수량 데이터의 변화를 보고 판단한다.

우리는 데이터를 만들어내기 위해 재고 세고 계산한다. 그리고 다음과 같은 질문을 한다. 데이터를 통해 무엇을 알 수 있는가? 바람직한 결과를 의미하는 숫자는 무엇인가? 이런 숫자를 만들어내려면 어떻게 해야 하는가? 마찬가지로 기업도 투자 수익률, 생산 주기, 자본 회전율 등을 측정한다. 그리고 이런 숫자들을 보면서 경영을 평가한다. 기업의 성공 여부는 숫자로만 평가하기 힘든데도 불구하고 굳이 숫자로 평가하려 한다. 균형 성과 관리표BSC는 기업 경영에서 재무 이외의 영역까지 수치로 평가하려고 한다.

하지만 숫자가 전적으로 객관적인 것은 아니다. 어느 시장조사 전문가는 설문지의 단어 선택이나 문항 배치가 응답에 영향을 줄 수 있다고 말한다. 이는 빙산의 일각이다. 데이터를 생성하는 과정이 통계적으로 아무리 타당하더라도 여기에는 사람들의 주관적인 선택이 반영될 수밖에 없다. 다시 말해 표본 선택, 카운팅, 관련성, 해석 등의 과정에서 주관적인 선택을 하게 된다. 통계 분석가들 사이에도 표본, 적용 사례, 측정 방법, 카운팅 방법, 계산 방법 등이 달라지면 서로 다른 결론이 나오기도 한다.

더구나 순수한 의도로 데이터를 만드는 경우는 좀처럼 찾기 어렵다. 마치 전쟁터로 나갈 때 아군을 선발하듯이 자신에게 불리한 것은 버리고 유리한 것은 취하는 경향이 있다. 이는 대중의 관심을 이끌어냄으로써 궁극적으로는 자신의 의도대로 미래를 개척하기 위해서다.

조엘 베스트Joel Best의 《통계라는 이름의 거짓말》은 통계 연구에서 데이터가 갖는 문제점을 잘 설명하고 있다.[1] 이 책에는 "통계학은 총알"이라는 말이 나온다. 이 말은 데이터에 대한 정치적 해석과 조작이 얼마든지 가능하며, 데이터 해석 과정은 '숫자는 정확하다'는 일반적인 편견을 이용하고 있다는 뜻이다.

데이터, 얼마나 믿을 수 있나

Future Savvy

데이터의 품질이나 신뢰성과 관련된 문제들은 다음과 같다.

원시 데이터 대신 2차 데이터 사용

과거 데이터 사용

과거 데이터에 대한 트렌드 분석을 통해 미래 데이터 도출

대표성이 없는 표본
불분명한 정의에 입각한 데이터
왜곡된 설문 조사
예측 결과를 뒤바꿀 변수의 존재
조사자의 수학 및 계산 능력

여기서는 이런 문제점들을 자세히 검토한다. 우선 2차 데이터의 문제점부터 살펴보자.

2차 데이터

미래 예측가가 원하는 최선의 데이터는 바로 원시 데이터primary data다. 예를 들어 10대 여성의 임신을 연구하고 싶다면 10대 청소년들을 직접 만나서 데이터를 얻는 것이 가장 이상적이다. 왜냐하면 연구자가 데이터를 만드는 과정에 직접 관여해야 숫자로 표시된 데이터가 갖는 미묘한 문제를 정확히 인식하고 한쪽으로 치우치지 않게 결과를 해석할 수 있기 때문이다.

하지만 현실을 보면 원시 데이터로 예측하는 경우는 거의 찾아보기 힘들다. 여기에는 두 가지 이유가 있다. 첫째, 원시 데이터에 들어가는 시간과 노력과 예산 문제를 들 수 있다. 원시 데이터의 장점은 이런 비용보다 크지 않다. 특히 미래 예측가가 다른 사람의 연구 결과를 활용할 수 있는 경우에는 더욱 그렇다. 둘째, 미래 예측가 대부분은 예측의 목적을 미래에 관한 큰 그림을 그리는 것으로 생각한다. 미래가 어떤 방향으로 갈지를 추론하기 위해 다양한 출처로부터 데이터를 모으고 맞춰본다. 그리고 미래에 대한 예측가의 관심은 수시로 바뀔 수도 있다. 어제는 10대들의 임신에 관심을 가졌지만 내일이 되면 미사일 방어 체제에 관심을 갖는 식이다.

결과적으로 미래 예측가 대부분은 다양한 출처에서 2차 데이터를 얻으려 할 수밖에 없고, 이렇게 되면 예측 소비자들이 데이터 조사 방법이나 의도에 대해 올바른 평가를 하기는 어렵다.

2차 데이터로 훌륭한 예측을 하려면 이런 간극을 줄여야 한다. 숫자로 표시된 데이터 외에 관련된 다른 정보(정의, 측정 방법, 표본의 크기와 구성, 신뢰 구간, 유의 수준)를 얻을 수 있다면 데이터를 정확하게 활용할 수 있다. 데이터를 활용하는 사람들이 이런 식의 데이터 조사법을 알게 된다면 데이터를 수집해서 통계적으로 처리하는 과정에 대해 정확한 판단을 내릴 수 있다. 하지만 대부분의 예측가는 이렇게까지 하기 어렵다. 그래서 예측가들은 원시 데이터를 제공하는 기관의 평판에만 의존하려고 한다. 이는 그들의 소비자들에게도 그런 평판에 의존하라고 강요하는 셈이다.

이것이 바로 2차 데이터를 사용할 때의 문제점이다.

: 통계적인 경고를 인식하라

통계학자들은 신중해야 한다. 분석 결과로 나온 값들은 신뢰 구간*과 유의 수준을 제공한다. 하지만 2차 데이터를 이용하면 신뢰 구간이 누락되면서 결국 잘못된 해석을 할 수도 있다.

예를 들어 개인 파산율이 5.8퍼센트에서 6.2퍼센트로 상승하고 이 수치의 오차 범위가 ±5퍼센트라고 한다면 이는 별 의미가 없다. 그러

---

* 모집단을 대표하는 값이 들어갈 수 있는 확률 값의 범위 — 옮긴이.

나 오차 범위 이상으로 수치가 변했다면 이야기는 달라진다. 이때는 실제로 파산율이 변했다는 의미일 수도 있기 때문이다. 하지만 이런 변화조차 데이터의 문제 또는 통계학자의 과다 추정에 따른 결과일 수도 있다. 미래를 제대로 예측하려면 미래를 추론하기 전에 데이터가 갖는 통계적인 위험을 반드시 알아차려야 한다.

: 다른 데이터와의 관계를 생각하라

데이터는 다른 데이터와의 관계 속에서 의미를 가진다. 전후 관계를 살피지 않고 데이터만 따로 살펴본다면 잘못 해석할 가능성이 많아진다. 가령 미국인들이 1년 동안 소비하는 와인은 6억 6,800만 갤런으로 1970년의 2억 6,700만 갤런에 비해 증가했다고 한다.(2) 얼핏 보기에 엄청나게 증가한 것으로 보인다. 술을 많이 마시는 나라 미국의 앞날이 걱정될 정도다.

하지만 그동안의 인구 증가를 감안하면 와인 소비량은 다르게 해석된다. 1970년 미국 인구는 지금의 3분의 2 정도였고, 현재의 위스키나 맥주 소비량은 1970년과 비교해서 변화가 없거나 오히려 줄어들었다. 인구 증가를 감안하면 와인 소비량의 증가는 건강에 대한 사람들의 인식이 바뀌면서 주류 소비 패턴이 변했음을 보여주는 것이지 미국인의 주류 소비량이 늘어났음을 보여주는 것은 아니다. 이런 식으로 다른 변수와의 관계를 생각하지 않을 때 데이터를 잘못 해석하게 된다.

: 헛소문은 아닌가

어떤 데이터는 처음 내용과는 무관하게 각색에 각색이 거듭되면서 사람들 사이에서 이야깃거리로 회자되기도 한다.

　　1992년 〈유에스 뉴스 앤드 월드 리포트US News and World Report〉는 "연구 결과 최대 20만 명 정도가 스토커 기질을 가지고 있다"는 기사를 썼다. 이렇게 숫자까지 제시된 기사는 사실처럼 보인다. 하지만 별 영양가는 없는 기사다. 최대 20만 명이라는 말이 어떻게 나오게 되었는가? 스토커 기질이라는 것이 정확히 무엇을 의미하는가? 이런 기사가 나온 후 20만 명 정도가 스토킹을 당하고 있다는 말도 나왔다. 어떤 쇼 프로그램 진행자는 "미국에 20만 명에 달하는 스토커가 있다"는 말도 했다. 이런 식으로 근거 없는 헛소문은 점점 확대되어간다. 〈코스모폴리탄 Cosmopolitan〉 지의 기사를 살펴보자.

　　"미국의 경우 20만 명에 달하는 사람들이 유명 인사를 쫓아다닌다는 말이 있다. 미국에 얼마나 많은 스토커가 있는지는 아무도 모른다. 아마 20만 명은 훨씬 넘을 것이다."(3)

: 계속 반복하면 진실처럼 여겨진다

　　많은 사람들이 어떤 이야기를 반복해서 하다 보면 모두가 그 이야기를 알게 된다. 그래서 이런 이야기는 진실이 아닌 것이 많음에도 불구하고 끊임없는 생명력을 갖는다. 우리가 "중국 어린이들은 40퍼센트가 비만이다"라는 말을 계속한다면 40퍼센트라는 데이터는 진실처럼 여겨진다. 미래를 예측하는 사람들은 누군가 이 데이터를 검증했을 것이라 생각하고 이를 인용하려고 한다. 40퍼센트라는 숫자가 사람들 사이에 계속 퍼지면서 널리 인용되고 여기에 반론을 제기하는 사람은 없어진다. 하지만 이런 데이터 중에는 틀린 것들이 의외로 많다.

: 언론의 역할

이런 예측 결과를 언론이 인용하게 되면 앞서 설명한 문제점들은 더욱 커져만 간다. 기본적으로 언론 시장은 자유 경쟁 시장이다. 언론은 신문, 출판, 전자출판, 온라인 등을 매개로 독자의 관심을 끌어야 한다. 많은 독자를 확보할수록 광고는 늘어나고 광고료도 올라가며 광고 수입도 많아진다.

상황이 이렇다 보니 편집자들은 뉴스가 될 만한 데이터를 찾는다. 편집자들은 사람들을 놀라게 하고 혼란을 일으키는 숫자를 원한다. 특히 많은 사람들이 관심을 가질 만한 이슈에 대해서는 더욱더 그렇다. 독자의 관심을 끌려면 기사는 간결해야 한다. 그래서 기자들은 전후 관계 등을 무시하고 관심을 끌 만한 숫자를 내놓는다. 결국 자기 입맛에 맞는 내용만 발췌한 채 데이터가 나온 과정을 정확히 이해하고 이를 신중하게 해석·활용해야 한다는 권고는 내동댕이쳐버린다. 설상가상으로 기자가 발췌한 내용은 이를 더욱 요약하고 축약하려는 다른 편집자들 혹은 다른 미디어를 거치면서 원래 내용과는 더욱 멀어진다.

어떤 연구 기관이 "의학 발달로 인간의 수명이 늘어날 것"이라는 예측 결과를 내놓았다면 이는 언론의 손을 거쳐서 "인간의 평균 수명 120세"라는 말로 포장된다. 이때 사람들의 관심을 끌지 못하는 예측 결과에 대한 자세한 설명이나 경고는 무시되고, 전체적인 문맥은 사라지며, 예측 결과는 과대 포장되면서 진실에서 멀어진다.

과거 데이터

시간이 지나면 데이터는 옛것이 된다. 이렇게 되면 빠르게 변하는 산업 사회에서 신선한 맛은 사라지게 된다. 인구 데이터는 30년 정도 지속되지만 집값 데이터는 1년도 지속되지 못한다. 세상이 빠르게 변해가므로 비즈니스나 정책 관련 데이터는 몇 년만 지나도 곰팡내가 난다. 원시 데이터는 수집이 어렵고 비용도 많이 들기 때문에 사람들의 관심 분야가 아닐 경우 과거 데이터만 있는 경우가 많다.

데이터를 수집·판매하는 민간 기관도 있지만 이런 기관의 데이터를 활용할 경우에는 비용을 지불해야 한다. 따라서 예측을 하려는 사람이나 기관은 여러 이유 때문에 과거 데이터를 최신 데이터로 속이기도 한다. 훌륭한 예측을 위해서는 데이터가 언제 생성된 것인지를 확인한 후 추론해야 할 것이다.

투영 데이터

통계적인 정의에 의하면 미래의 데이터는 현재에는 없는 것이다. 하지만 미래 예측을 통해 미래 데이터를 만들 수 있다. 이때 과거의 데이터에 근거한 미래 데이터인가(이때 미래 데이터는 실질 데이터에 근거하게 된다) 혹은 투영 데이터projected data에 근거한 미래 데이터인가(과거 데이터에 추세외삽법을 적용하여 생성한다)를 알아두는 것이 중요하다. 이것은 미묘하지만 중요한 차이다.

데이터와 관련하여 이 장에서 설명하는 많은 문제점에도 불구하고 투영 데이터보다는 과거 데이터에 근거한 미래 데이터가 신뢰성이 높다. 왜냐하면 투영 데이터는 어떤 투영법을 썼는지, 어떤 가정들이 깔려 있는지를 정확히 알아야 하기 때문이다.

현명한 소비자라면 데이터의 품질뿐만 아니라 어떤 데이터에 근거해서 미래 데이터가 생성되었는지를 따져봐야 한다. 투영 데이터에 근거한 미래 데이터는 두 단계에 걸친 인간의 주관적인 선택을 거쳐야 하고, 이 과정에서 바이어스가 생길 가능성이 높기 때문에 세심한 주의가 필요하다.

그런데 한 가지 예외가 있다. 인구 데이터의 경우 투영 데이터에 근거하여 미래 데이터를 생성하는 것이 더 타당하다. 이에 따라 올해 태어난 아이가 몇 명인지를 안다면 10년 뒤에 열 살이 되는 아이가 몇 명인지를 쉽게 알 수 있다. 이런 특수한 경우에는 투영 데이터를 사용해야 오차의 범위를 줄일 수 있다.

표본의 문제

통계학에서 가장 중심이 되는 것은 바로 '표본 추출'이다. 통계학은 모집단에서 임의로 추출한 표본이 모집단을 정확히 설명해준다는 가정을 한다. 따라서 표본만으로 테스트를 하는 것이 쉽고 비용도 적게 든다.

여기서 문제가 되는 것은 바로 표본으로 추정한 결과가 모집단에도 적용된다고 보는 표본의 대표성이다. 표본이 대표성을 띠려면 표본의 수가 충분히 커야 한다. 이는 표본을 많이 선택하면 간단히 해결되는 문제다. 표본을 완전히 임의로 추출해야 한다는 점이 문제가 되는 경우도 많다. 사실 완전한 임의성을 지닌 표본은 드물다.

미래 예측가들이 표본을 편하게 자의적으로 선택하다 보면 바이어스가 생길 가능성이 높다. 가장 전형적인 예로는 우편으로 설문 조사를 실시하고 "67.81퍼센트의 사람들이 안락사를 지지한다"고 결과를 발표하는 경우다. 이때 안락사를 지지한다는 의사를 표시한 67.81퍼센트의 응답자들은 자신들의 생각을 적극적으로 말하려는 시간과 동기를 가지고 있고, 이런 사람들의 응답률은 다른 사람들에 비해 상당히 높다. 이렇게 분명한 오류를 갖는 숫자도 마치 진실인 것처럼 슬며시 모습을 드러낸다.

정의의 타당성

절대적인 정의란 있을 수 없다. 세상에는 논란의 여지가 많은 정의도 있고 쓸모없는 정의도 있다. 이제 미래를 예측할 때 부딪히게 되는 데이터의 정의를 살펴보자.

: 느슨한 정의

사물을 구분할 때 정의와 관련된 문제가 많이 발생한다. 관찰 대상을 데이터에 포함시켜야 할지 말지를 결정할 때 주로 이런 문제를 겪게 된다. 부주의에 따른 사고 건수를 측정할 때 '부주의에 따른 사고'를 분명하고 일관성 있게 정의하는 방법은 무엇일까? 모두가 같은 방식으로 부주의에 따른 사고 건수를 계산할까? 주의를 얼마나 기울이지 않을 때 부주의에 따른 사고가 발생하는가? 여기에 대한 합의된 기준이 있는가? 문맹률, 식욕 감퇴도 마찬가지다. 분명하고도 일관성 있는 정의를 내리기 어려운 단어들이 의외로 많다.

이런 상황은 가설을 검증할 때 발생하는 1종의 오류나 2종의 오류와 관련해서 설명할 수 있다. 데이터를 만드는 사람들은 관찰 대상을 측정할 때 오류를 범할 수 있다. 여기서 1종의 오류란 부정의 사례를 긍정의

58

사례로 잘못 세는 경우를 말하고, 2종의 오류는 긍정의 사례를 부정의 사례로 잘못 판단하고 세지 않은 경우를 말한다.

데이터에 대해 느슨하게 정의하면 1종의 오류를 범하기 쉽다. 즉 더 많은 사례를 포함시키게 된다. 반면 데이터에 대해 보다 엄격하게 정의하면 2종의 오류를 범하기 쉽다. 이때는 타당한 사례를 제외시키게 된다. 예를 들어, 북한의 인권 탄압 사례를 조사하는 사람은 인권 탄압이 무엇인지를 생각하게 된다. 이를 느슨하게 정의하면 인권 탄압의 사례는 더 많이 조사될 것이다. 따라서 인권 탄압의 사례를 좀 더 많이 찾고 싶은 사람이라면 느슨한 정의를 선호할 것이다. 인권 탄압에 대해 인권 운동가들은 느슨한 정의를 선호하는 반면 북한 관리들은 엄격한 정의를 좋아할 것이다.

인간의 언어는 사물을 정확하게 표현하지 못하므로 어떤 대상에 대해 정확한 정의가 내려지는 경우는 드물다. 따라서 예측 결과를 필터링하려면 미래 예측가가 데이터에 관해 얼마나 엄격하게 정의를 내리고 있는지를 살피고 그가 어떤 입장을 취하는지도 고려해야 한다. 그리고 이런 정의가 합리적이어서 데이터를 측정할 때 일관성을 가질 수 있는지도 생각해야 한다.

: 시간이 흘러도 일관성 있는 정의

어떤 현상을 예측할 때 예측가들은 적어도 두 시점에 나타난 결과를 비교하며 트렌드를 분석한다. 1970년 3퍼센트였던 청소년 범죄율이 2000년 6퍼센트로 증가했다고 치자. 이는 범죄율이 증가하는 트렌드를 보여주는 것으로, 이런 식이라면 2030년에는 범죄율이 두 자릿수로 치솟으리라는 예측을 하고 싶을 것이다.

하지만 두 시점 간의 데이터를 비교하는 데는 많은 위험이 따른다. 우리는 미래의 데이터에 대해 이를 정의하는 방식, 측정하는 방식, 생성하는 정황이 지금과 같다는 가정을 한다. 청소년 범죄 데이터의 경우 30년 전과 현재의 측정 방식이 다를 가능성이 높다. 청소년 범죄에 대한 관심이 달라지면 더 많은 사례를 데이터에 포함할 수도 있고 그렇지 않을 수도 있다. 따라서 생성되는 데이터가 트렌드를 보여주는 것 같지만 사실은 그렇지 않을 수도 있다.

사람들이 어떤 문제를 인식하고 이를 연구할 가치가 있다고 생각하는 순간 변화가 나타난다. 여기서 변화란 특정 문제에 대한 관심이 커지면서 이런 문제가 더 많이 보이는 것을 말한다. 사회적 관심은 과거에는 없던 법안을 제정하게도 한다. 기업 회계 스캔들인 엔론 사건이 터지자 사베인스 옥슬리 법Sarbanes-Oxley Act이 제정되었다. 이 법안은 기업에 예전보다 더 많은 회계 자료를 제출하게 한다. 이렇게 사회적 관심이 커져서 더 많은 자료를 제출하게 하면 회계 부정 사건은 더 많이 적발되게 마련이다.

1960년대 중반이라면 스카치 위스키 사건*이 애주가들을 불쾌하게 하리라고 생각할 사람은 별로 없었을 것이다. 하지만 이런 사건이 지금 일어난다면 기업 윤리 기준을 위배하는 동시에 애주가들의 심기도 건드릴 것이다.

보다 엄격한 기업 윤리 기준을 마련하고 이를 위반하는 행위를 대대적으로 조사한다면 지난 1960년대보다 더 많은 위반 건수가 드러날지

---

* 스카치 위스키는 원료 산지가 어디든 증류는 반드시 스코틀랜드에서 해야 한다. 스코틀랜드산 이탄으로 맥아를 훈증해야 하기 때문이다. 하지만 이를 지키지 않고 타 지역에서 생산된 위스키에 스코틀랜드 상표를 붙여 소비자들이 해당 위스키를 스코틀랜드산으로 착각하게 하는 사례가 자주 발생했다 — 옮긴이.

도 모른다. 이렇게 되면 기업들의 윤리 의식은 과거보다 더 높아졌는데도 불구하고 기업 윤리가 땅에 떨어졌다는 결론이 나올 수 있다. 그러니서로 다른 시점의 데이터를 토대로 사회적 혹은 자연적 현상이 변했다는 결론을 내려서는 안 된다. 이런 데이터는 측정 방법과 측정량의 변화뿐만 아니라 해당 사례에 대한 변화된 정의도 반영하기 때문이다.

시간이 흘렀어도 이런 요소들이 전혀 변하지 않았다는 확신이 들 때만 과거와 현재의 숫자를 토대로 한 트렌드를 인정할 수 있을 것이다.

한편 시간이 흘러도 측정 방법이 바뀌지 않는 경우에도 문제가 생긴다. 소비자 물가지수의 경우 일반 소비자들이 구매하는 대표적인 상품의 가격 변화를 조사하여 측정한다. 그런데 어떤 상품이 전체 상품을 대표하는 표본인가? 지난 10년 동안 의류 등 유형의 상품 가격은 많이 떨어졌지만 무형의 상품 가격인 의료비와 교육비는 많이 올랐다. 소비자물가지수에는 어떤 상품이 들어가는가? 소비자 물가지수는 어떻게 업데이트되는가? 많은 사람들이 궁금해하는 질문들이다. 여기서 한 가지분명한 사실은 주요 상품이 포함되지 않은 물가지수를 토대로 인플레이션을 연구하다 보면 잘못된 결론이 도출되기 쉽다는 것이다.

: 상황과 장소에 따라 달라지는 정의

어떤 상황(법률과 도덕 체계, 연구와 보고 체계 등)이나 장소(도시, 국가)에도 통용되는 표준적인 정의가 없다는 사실도 데이터를 왜곡한다. 종교 교육에 관해 설문 조사를 할 때 캔자스 주나 오리건 주에서 설문지의단어들에 대해 같은 정의를 내리고 같은 방식으로 설문을 진행하기는쉽지 않다. 종교 교육에 관한 정의가 서로 다른 상황에서 나온 데이터를비교해서 용감하게 결론을 내린다면 잘못된 추론을 하기 쉽다.

문화적 차이나 국가적 차이가 있다면 문제는 더욱 심각해진다. 미국 중·고등학교의 교육 위기를 이야기하면서 다른 나라와 비교한다고 하자. 위기가 있고 없고를 떠나서 어떤 경우 중·고등학교 교육이 성공을 거두었다고 정의 내릴지 나라마다 다를 것이다. 어떤 학생을 표본으로 삼고 이 학생들의 성적을 어떻게 측정할 것인가? 우선 성적이 떨어지는 학생들에게는 직업 교육을 실시하고 성적과 관련된 데이터를 산출할 때 이들을 제외시키는 나라도 많을 것이다.

장소는 데이터에 관한 관심에 영향을 주기도 한다. 예를 들어 남아프리카공화국은 사회와 자연에 관한 연구에 많은 지원을 한다. 이 나라에는 에이즈, 유아 사망, 폭행 같은 사회 현상에 관한 데이터가 많이 축적되어 있다. 남아프리카공화국에는 에이즈 환자가 많기 때문에 관련 데이터에 관한 조사가 활발하다. 연구에 필요한 인적 자원, 연구 능력, 정치적 의지가 충분한 덕분에 많은 연구 기관에서 수많은 보고서를 작성하고 이런 데이터로만 판단한다면 남아프리카공화국의 미래는 상당히 어둡다. 하지만 이런 어두운 데이터를 보여주는 국가가 더 밝은 미래를 맞이하는 경우도 많다. 이렇게 특정 데이터에 대한 관심이 서로 다른 나라들끼리 비교하면 편향되고 쓸모없는 결과가 도출되기도 한다.

설문 데이터와 델파이 기법

질문 자체가 응답에 영향을 미칠 수 있기 때문에 설문조사는 상당히 어려운 조사 방법이다. 특히 조사 기관이 유도질문leading question을 통해 편향된 응답을 이끌어내는 경우가 많다. 또한 나중에 설문조사에 반영되지 않은 상황이 발생할 경우 정보에 구멍이 생기기도 한다.

설문지를 올바르게 설계하면 설문 문항에서 발생할 수 있는 바이어스를 줄일 수 있지만 특별히 따라야 할 설문지 설계 방식이 있는 것은 아니다. 이렇게 설문조사에는 전문성이 필요하므로 기관 내부보다는 신뢰성 있는 여론 조사 기관에 의뢰하는 편이 좋다. 여론 조사 기관은 예측 결과를 발표할 때 설문지를 부록에 싣는다. 하지만 기관의 명예를 실추시키지 않으려면 설문지는 싣지 않는 편이 나을지도 모른다.

델파이 기법은 특히 미래를 예측할 때 사용하는 방법이다. 이 방법을 적용하려면 우선 설문 대상자들(주로 관련 분야의 전문가들로 구성된다)에게 예측된 사건이 발생할 가능성과 시점을 평가해줄 것을 요구한다. 이때 설문 대상자들에게 다양한 질문(개별적으로 질문을 던짐으로써 그들의 의견이 집단의 의견에 좌우되지 않게 한다)을 던져서 예측의 범위와 시점을 좁힌다. 다음에는 예측된 사건이 발생할 가능성과 시점의 평균 데이터를 구한다.

델파이 기법은 예측된 사건이 발생할 가능성이 얼마나 되는지 평균치를 보여주기 때문에 정확성이 높은 것으로 알려져 있다. 하지만 이 방법 역시 다른 설문조사 기법과 같은 문제점을 갖는다. 즉 어떤 질문을 선택하고 어떤 방법으로 설문지를 설계하느냐에 따라 예측 결과가 달라지는 것이다. 그리고 델파이 기법으로 나오는 결과는 설문 대상자들의 의견을 평균해서 나온 것이지 어떤 현상을 연구해서 나온 결과는 아니다.

숨겨진 숫자와 정치 관계

쟁점이 되고 있는 모든 사건이나 사례가 데이터에 포함되는 것은 아니다. 실제로는 부주의 때문에, 또는 정치적인 알력 때문에 많은 사례가 버려지거나 숨겨지면서 데이터에 반영되지 않는다. 모든 성폭행 사건이 데이터에 포함되지 않는다는 사실을 생각하면 이해하기 쉬울 것이다. 또한 공해를 유발하는 행위를 보고하지 않는 공장들도 많다. 이렇게 숨겨지는 사례, 즉 '숨겨진 숫자dark figure' 때문에 공식적으로 발표되는 수치와 실제 수치는 달라진다.

이런 숨겨진 숫자에 관한 연구를 진행하면서 어느 정도 신뢰할 만한 숫자를 추정하기도 한다(미국 법무부는 성폭행 및 성희롱 사건의 61퍼센트 정도가 은폐되는 것으로 추정했다).[4]

하지만 새로운 사회적 문제나 기술적 문제의 경우 숨겨진 숫자에 대해서는 짐작밖에 할 수 없다. 실질적인 증거가 없을수록 더더욱 그렇다. 이렇게 되면 정치적인 숫자만 양산된다. 사람들은 각자의 정치적인 관점에 따라 숨겨진 숫자가 클 것이라 주장하기도 하고 작을 것이라 주장하기도 한다. 참치배의 선장이라면 잘못 잡은 돌고래나 거북의 수를 줄여서 보고할 것이다. 해양 생물 보호를 위해 국제법을 제정해야 한다고 주장하는 사람이라면 이런 숨겨진 숫자가 매우 크리라고 주장할 것이다. 반면 대만의 원양어업협회는 이 숫자가 매우 작으리라고 추정할 것이다.

수학에 대한 이해 부족

예측 데이터의 또 다른 문제점은 수학에 대한 초보적인 이해가 부족해서 나타난다. 존 앨런 파울로스John Allen Paulos는 수학을 모르는 사람들이 모여 사는 사회를 그린 책에서 확률을 모르는 사람들이 저지르는 잘못에 관해 이야기했다.

거의 모든 사람들이 동전을 던지면 앞면이 나올 확률이 50퍼센트라는 사실을 알고 있다. 하지만 세 사람이 동전 하나를 던졌을 때 앞면이 한 번 나올 확률이 얼마인지 아는 사람은 별로 없다. 또한 처음 동전을 던졌을 때 앞면이 나왔다면 두 번째로 동전을 던졌을 때 앞면이 나올 조건부 확률에 대해서도 아는 사람이 별로 없다.[5]

그것이 뭐가 중요하냐고 생각하는 사람도 있을 것이다. 하지만 미래를 예측할 때는 아주 복잡한 수학 모델은 아니더라도 기본적인 수학에 대한 이해는 반드시 필요하다. 수학 지식이 부족한 사람이 저지르는 사소한 잘못 때문에 예측에 심각한 오류가 발생하는 경우도 가끔 있다. 이런 잘못은 통계적인 가공을 거치는 동안 묻혀버려 미래 예측가가 쉽게 간파하지 못하는 경우도 많다. 가끔은 상식을 토대로 이런 실수를 찾아낼 수도 있다. 가령 조엘 베스트는 미국통계청의 자료를 다음과 같이 꼬집었다.

"1950년 이후 총에 맞아 죽는 아이가 2배씩 늘어났다. 이런 식이라면 1980년 총에 맞아 죽은 아이는 10억 명이 넘을 것이다."[6]

데이터의 부적절한 사용

데이터 자체는 타당하지만 데이터 간의 관련성을 제대로 이해하지 못해 데이터를 부적절하게 사용하거나 해석상의 바이어스(3장에서 자세히 설명할 것이다)가 발생할 수도 있다. 데이터를 부적절하게 사용하는 예로는 다음과 같은 것들이 있다.

: 데이터와 추론 간의 연관성

어떤 데이터로 추론한 진술이 정작 그 데이터와 연관성이 없거나 특정한 가정하에서만 연관성이 있는 경우가 있다. 이런 경우 데이터가 미래 예측가의 주장을 반드시 뒷받침해주는 것은 아니다.

유럽 경제가 하락 국면에 접어들 것이라는 예측을 하면서 이를 뒷받침하기 위해 이자율이 상승하고 있다는 사실을 지적한다고 하자. 이자율의 상승과 유럽 경제의 하락은 서로 연관성이 있을까? 유럽 경제가 하락하리라는 추론을 하려면 이자율 외에 다른 지표가 필요하지 않을까? 혹은 반대의 추론이 가능한 것은 아닐까?

한편 데이터 수집에 소요되는 비용과 노력 때문에 가장 적절한 데이터보다는 쉽게 얻을 수 있는 데이터를 사용하는 경우도 있다. 이는 가로등 밑에서 열쇠를 찾으려는 것과 마찬가지다. 가장 가까이 있어서 접근이 쉬운 데이터는 미래를 예측하는 데 충분한 근거가 되지 못한다.

: 인과관계와 상관관계의 혼동

한 변수가 또 다른 변수의 원인이 되지 않는데 두 변수의 상관관계가 높게 나타나는 경우가 있다. 그런데도 이런 상관관계가 미래를 말해준다고 주장하는 것은 오류가 된다. 예를 들어 흡연은 암을 유발한다. 그리고 흡연은 운동 부족과 상관관계가 있다. 하지만 운동 부족이 암을 유발하는 것은 아니다. 따라서 흡연에 관한 데이터가 없다고 운동 부족에 근거하여 암을 예측하는 것은 명백한 오류다.

마찬가지로 결혼과 주택 소유 사이에는 믿을 만한 상관관계가 있다. 그렇지만 결혼을 한다고 해서 집을 갖게 되는 것은 아니고 집을 갖는다고 해서 결혼을 하게 되는 것도 아니다. 따라서 이런 상관관계를 토대로 미래의 인과관계를 예측하는 것은 근거가 부족한 것이다(주택 보유율이 증가한다고 해서 혼인율이 높아지는 것은 아니다).

: 비례에 대한 오류

데이터를 해석할 때 발생하는 또 다른 전형적인 오류로는 예측 결과가 비례에 맞게 늘어나거나 줄어든다는 가정이 있다. 이런 가정은 타당하지 않은 경우가 대부분이다.

중국 경제가 10퍼센트 성장하고 기업가가 1억 명 증가했다는 사실을 토대로 중국 경제가 15퍼센트 성장하면 기업가가 1억 5,000명 증가하리라고 예측하는 것은 타당성이 없다. 아동 매춘을 뿌리 뽑기 위해 예산을 2배로 증액한다고 해서 어린이 창녀가 반으로 줄지는 않는다. 비례에 맞춰 어떤 요인을 증감시키면 변화를 이끄는 새로운 요인이 나타난다. 그리고 이 새로운 요인은 비례에 따른 증감을 방해하는 요인으로 작용할 가능성이 많다.

데이터를 의심하라 Future Savvy

분명히 숫자는 중요한 도구다. 숫자가 없는 예측은 거의 불가능한 것이 현실이다. 수량 데이터를 토대로 연구하는 분야에서 가장 문제가 되는 것은 바로 숫자가 순수하지도 않고 진실하지도 않다는 점이다.

많은 사람들의 머릿속에는 '숫자는 거짓말을 하지 않는다'는 생각이 박혀 있다. 그런데 현실을 보면 모든 숫자는 인간의 자의적인 해석에 따라 만들어진다. 모든 숫자는 거짓말을 하고 있고 일부는 아주 심한 거짓말을 하고 있다. 숫자를 사용하면 신뢰성과 중립성이 있어 보인다. 또한 숫자는 사회적이고 도덕적인 선택보다 우위에 있는 것처럼 보이기도 한다. 하지만 이렇게 고상한 자태를 뽐내는 숫자도 인간의 기대, 설득, 의지가 개입되면서 이 어지러운 세상에서 이리저리 흩날리는 모래와도 같은 모습을 갖게 된다. 결국 숫자는 다른 지식과 마찬가지로 인간이 만들어낸 사회적 산물인 것이다.

수량 데이터를 연구하다 보면 복잡한 방정식, 멋진 그래프, 3차원 입체도형 등 화려한 외관으로 사람들에게 신뢰감을 주는 예측 방법론을 공부하게 된다. 이것들을 보면 타당한 과정을 거쳐서 데이터가 만들어지는 것처럼 여겨진다. 그런데 사실은 이런 화려한 방법론이 문제다.

데이터가 아무리 과학적으로 보이더라도 우리가 관찰하고, 세고, 측정하고, 보고하는 방식에는 주관적인 선택이 개입될 수밖에 없다. 이런 선택 과정을 통해 데이터가 생성된다. 이때 선택을 달리하면 다른 데이터가 생성되는 것이다. 잘 만들어진 데이터는 미래 트렌드를 파악하는 데 많은 도움이 된다. 하지만 숫자를 지나치게 믿지는 말아야 한다.

분명하고 합리적인 정의, 무난한 표본(표본을 선택하는 이유가 타당해야 한다), 그리고 지금까지 언급된 문제가 적절히 해결된 데이터도 많다. 따라서 데이터도 예측 결과물과 마찬가지로 신뢰성과 품질에서 차이가 많이 난다. 또한 데이터의 품질이 좋은지 나쁜지 구분하기도 쉽지 않다. 즉 현명한 예측을 위해서는 데이터의 이런 특징을 인식하고, 데이터 가공 과정에서 어떤 선택을 했는지를 이해하고, 이런 선택이 합리적인가를 판단해야 한다. 또한 다음과 같이 다양한 질문들을 해봐야 한다.

"숫자의 출처는 어디인가?"

"어떤 과정을 거쳐 이런 숫자를 만들어냈나?"

"현상을 어떻게 측정했나? 그리고 측정을 할 때 어떤 선택을 했나?"

"어떤 표본을 선택했나? 그리고 이렇게 선택한 표본은 결과에 어떤 영향을 미치나?"

"통계적인 결과에 대한 해석은 적절한가?"

"통계적인 비교가 적절한가?"

"다른 적절한 통계치는 없는가? 만약 있다면 이것을 사용하지 않은 이유는 무엇인가?"(7)

미래 예측가들은 데이터 조사 방법이나 통계 분석 방법을 알려주지 않기 때문에 원시 데이터 혹은 통계 분석 결과를 평가하는 것은 쉬운 일이 아니다. 하지만 데이터의 신뢰성을 평가할 방법은 있다. 데이터를 그래프로 그리고 트렌드를 살폈을 때 우리가 상식적으로 알고 있는 내용과 다르다면 다른 곳에서 데이터를 확인할 수 있는지 살펴보자. 만약 다른 곳에서 확인할 수 없다면 이 데이터는 의심스러운 것이다. 또한 데이터가 중립적으로 사용되고 있는지를 판단하는 것도 중요하다.

예측 기관의 입장이 중립적이라면 데이터를 왜곡하지는 않았을 것이다. 예측 기관이 데이터에 대해 이해관계가 없다면(즉 숫자가 크든 작든, 숫자를 바꾸든 바꾸지 않든 상관없다는 뜻이다) 데이터에 영향을 미칠 하등의 이유가 없다. 만약 특정 데이터(총기로 인한 사망자 수, 산업 폐수로 인한 수질 오염, 낙태율, 인종 차별 건수 등)가 어느 한쪽에 유리하게 사용된다면 데이터의 신뢰성을 의심해봐야 한다.

3장

데이터 해석,
어떤 문제가
발생하는가

2장에서는 미래 예측에 사용되는 데이터의 품질과 타당성에 대해 살펴보았다. 이 장에서는 데이터의 품질과 타당성을 떠나 데이터가 어떻게 해석되고 이때 어떤 오류가 저질러지는지를 살펴보기로 한다.

지금까지 설명했듯이 우리는 개인, 기관, 집단, 국가 또는 전체 인류의 발전을 위해 미래를 예측한다. 우리가 예측을 하는 이유는 미래에 대비해서 변화를 전망하거나 미래에 영향을 주거나 또는 이 두 가지 모두를 위해서다. 데이터를 해석할 때는 우선 미래 예측의 정치적인 측면을 고려해야 한다.

예측 결과를 필터링할 때는 예측가들이 오로지 정보만을 전해주는 친절한 사람이라는 허상을 버리고 냉철한 안목을 가져야 한다. 가치관이 개입되지 않은 역사관이 없듯이 가치관이 개입되지 않은 미래관도 없다. 따라서 우리는 미래에 관해 이야기하는 사람이 누구이고 왜 그런 이야기를 하는지 살펴봐야 한다. 예측 결과가 나오면 지금 언급했던 사항들을 염두에 두고 해석해야 할 것이다.

바이어스는
데이터 해석의 열쇠

Future Savvy

데이터 해석에서 주로 쟁점이 되는 것은 '바이어스bias'다. 바이어스는 개인 또는 기관이 데이터를 선별하거나 해석하는 과정에서 자신의 의지를 의식적으로든 무의식적으로든 개입시키면서 나타난다.

모든 바이어스가 고의적인 것은 아니다. 예측가가 아무리 타당하고 정확한 정보를 사용하더라도 분석 과정에서 개인의 가치관이 개입될 수밖에 없다. 같은 정보라도 모두가 같은 방식으로 해석하고 같은 예측을 내놓는 것은 아니다. 개인의 가치관을 개입시키지 않고 100퍼센트 객관성을 유지하는 것은 불가능하다. 또한 현재의 트렌드와 불확실성으로부터 미래의 가능성을 해석하는 것 자체가 객관적일 수가 없다.

하지만 객관성을 유지하려는 노력은 헛된 망상을 방지해준다. 자연적인 바이어스가 반드시 나쁜 것은 아니며 바로잡을 수 있는 것도 아니다. 사실 이것은 피할 수 없는 문제다.

사람들은 누구나 자신만의 가치관이 있다. 예측가들은 때로 자신도 깨닫지 못하는 사이에 정보를 만들어내서 이를 보기 좋게 포장하고 약점을 얼버무린다. 하지만 예측가가 아무리 정확한 정보를 만들어낸다고 해도 가치관의 문제는 여전히 남아 있다. 왜냐하면 사람들의 생각은 어쩔 수 없이 자신의 배경, 교육, 경험, 동기 등에 의해 영향을 받기 때문이다. 결국 데이터 해석에는 예측가의 가치관, 믿음, 선호가 반영될 수밖에 없다.

그런데 자연적인 바이어스는 고의적이고 계산된 바이어스와 결합하는 경우도 있다. 데이터 해석이 미리 의도된 것이라면 대중에게 고의적으로 잘못된 정보를 제시하여 편향되게 설명하고, 예측가나 예측 기관에 유리한 예측 결과를 믿게 한다.

예측가가 예측 결과에 특별한 이해관계를 갖지 않는 미래대비 예측이라면 여기서 발생하는 바이어스는 자연적인 것일 가능성이 높다. 반면 미래영향 예측에서 나타나는 바이어스는 의도적일 가능성이 훨씬 높다. 미래에 발생할 일이 자신이나 기관에 이익이 되고 손해가 되지 않기를 바라는 사람은 미래에 영향을 미치려는 분명한 동기를 가지고 미래를 예측하게 된다. 이런 동기가 부여된 사람은 목적이 수단을 정당화한다는 생각을 품고 자신이 원하는 대안을 찾는 데 몰두하게 된다.

미래를 예측할 때 의도적인 바이어스가 발생하는 경우는 다음과 같다.

원하는 데이터의 선별 또는 원하지 않는 데이터의 생략

미래를 예측할 때 정확한 데이터를 이용하는 것이 원칙이지만 자신에게 불리한 데이터를 생략하는 경우도 많다. 지금껏 많은 사람들이 보고서를 쓸 때 이런 편법을 사용해왔다. 하지만 특정 분야의 전문가가 아니라면 이런 사실을 간파하기가 아주 어렵다. 이해관계가 다른 개인이나 조직이 비슷한 주제로 예측한 결과를 찾아보면 의외로 쉽게 이런 사실을 알아낼 수도 있다.

보고서의 편파적인 구성 및 강조

예측 보고서를 쓸 때 서로 대립되는 의견이 있다면 어느 한쪽에 유리한 증거만을 편파적으로 선별해낼 수도 있다. 한 개인이나 조직을 지지하는 데이터를 더 많이 제시하게 되면 다른 쪽의 의견을 경시하게 된다.

감성적인 단어와 자극적인 이미지

미래를 예측하는 사람은 감성적인 언어, 자극적인 이미지 등을 통해 데이터를 편향되게 해석할 수 있다. 예를 들어 "무료 급식소를 지원하는 새로운 프로그램은 범죄율을 낮춰줄 것이다"라는 표현을 쓴다면 바이어스가 생길 가능성이 높다.

최악의 사례가 전체를 상징하는 것으로 표현한다

미래 예측 보고서를 보면 극단적인 사례가 일반적인 사례로 둔갑되는 경우가 있다. 즉 보고서를 쓰는 사람이 한두 가지의 극단적인 사례를 표준적인 사례처럼 일반화하는 것이다. 축구장에 광란의 훌리건들이 나타나면 마치 이들이 모든 축구팬을 대표하는 것으로 여기고 아주 심각한 문제가 생길 것으로 예측하는 식이다.

주요 용어에 대한 편견이 느껴지는 정의

2장에서 설명했듯이 용어 정의에는 항상 해석의 여지가 남는다. 예측가들 중에는 용어를 최대한 공정하게 정의하는 사람도 있지만 그렇지 않은 사람도 많다. 즉 용어를 편향되게 정의하거나 자신에게 유리하게 정의하는 것이다. 폭탄 테러범이 어떤 사람에게는 테러리스트로 기억되지만 다른 사람에게는 평화를 위한 전사로 남기도 한다. 미래를 예측할 때 이런 일이 자주 발생한다.

바이어스,
언제 어떻게 발생하나

앞에서 살펴봤듯이 미래영향 예측은 미래대비 예측에 비해 의도적인 바이어스가 생길 가능성이 훨씬 높다. 우리는 이런 사실을 인식하고 미래영향 예측에 나타나는 바이어스의 유형을 살펴보아야 한다. 이런 바이어스는 대개 이해관계가 개입되어 예측가가 중립성을 잃으면서 발생한다.

바이어스가 발생하는 상황을 살펴보면 공통점이 하나 눈에 띈다. 잘못된 예측으로 인한 피해가 그다지 크지 않다는 점이다. 어떤 업계가 매출 성장을 예측하고, 정치인들이 지극히 행복한 상황을 예측하고, NGO가 최악의 상황을 예측하고, 언론이 3차 세계대전을 예측한다. 이 예측들이 빗나간다고 해서 큰 피해를 보는 것은 아니다.

하지만 예측이 틀렸을 때 큰 피해가 발생하는 경우라면 예측의 신뢰도를 높이려는 노력이 치열해진다. 예측 결과에 이해관계가 얼마나 강하게 얽혀 있는가? 누구든지 미래에 대해 열정을 가지고 말할 수 있다. 하지만 예측 결과에 금전 등 이해관계가 얽혀 있다면 예측하는 사람은 보다 신중해질 수밖에 없다.*

수많은 벤처캐피털 회사가 "기업주는 자본금의 일부를 새로운 사업에 투자해야 한다"는 말을 한다. 이는 성공한 기업들이 그렇게 한다는

---

* 새로운 '예측 시장' 기법은 예측가들에게 옳은 예측을 할 인센티브를 줌으로써 이 문제를 해결하려 한다. 예측 시장 기법에 따르면 참가자들은 자신이 판단하기에 발생 가능성이 높은 일들에 기초하여 플레이 머니로 서로 다른 예측과 연관된 주식을 사고팔고, 그가 옳은 예측과 관련된 주식을 보유했을 경우 실제로도 보상을 해준다.

믿음에서 하는 말이다. 이 말에 따라 실제로 자기 자본을 투자하는 사람은 사실 벤처캐피털 회사보다 더욱 신중하다. 말하는 사람보다는 행동하는 사람이 더욱 신중한 법이다. 이제 바이어스가 발생하는 원인을 유형별로 자세히 살펴보자.

자기 충족적인 예측

기업가들은 미래를 전망할 때 결코 중립적일 수 없다. 그들은 가능성만 있다면 가장 큰 성공을 예측하려고 한다. 미래의 성공을 예측하면 실제로도 성공할 가능성이 높아진다. "매출액이 증가할 것이다", "올해 생산량은 더욱 늘어날 것이다", "시장 규모가 50억 달러에 달할 것이다"라는 말은 자기 충족적인 예언이다. 이런 예측을 내놓으면 많은 사람들이 관심을 갖고 생산을 늘려야 한다고 생각하며, 실제로 생산이 늘어날 가능성이 높아진다. 마찬가지로 기업가는 기대 매출액과 시장 점유율을 높게 잡음으로써 분석가와 은행의 결정에 영향을 미쳐 더 많은 자본을 유치하거나 더 많은 인수 합병의 기회를 가질 수 있게 된다.

미래를 부정적으로 바라봄으로써 실패를 방지하고 시장 여건에 대비할 수 있다. 덕분에 기업은 갑작스러운 실패를 극복할 수도 있다. 분석가들의 지나친 기대를 경계해서 일부로 기대 매출액과 수익을 낮게 예측하기도 한다. 또한 반트러스트(독점금지) 운동과 노동조합의 요구에 대응하기 위해 기업의 경영지표를 낮게 추정하기도 한다.

산업 전문가들은 기업 경영지표가 지나치게 낮거나 높게 예측되면 이에 대해 문제를 제기한다. 하지만 신기술을 이용한 신산업 부문 등 불확실성이 큰 경우에는 예측 결과가 높은 것인지 낮은 것인지를 판단하기가 무척 어렵다. 예측 결과물의 소비자들은 신제품 혹은 신기술과 관련된 예측 결과를 받아들일 때 특히 주의해야 한다. 새로운 분야에 대해서는 신뢰할 만한 기준 예측치가 알려져 있지 않기 때문에 기업은 예측 결과에 대해 구체적으로 설명하지 않고 엄청난 예측치를 내놓을 가능성이 높다.

동기를 부여하기 위한 예측

기업이 직원들에게 제시하는 예측 결과에는 의도적인 바이어스가 많이 나타난다. 이렇게 지나칠 정도로 낙관적인 예측 결과를 내놓는 것은 관리자, 직원, 거래처에 동기를 부여하기 위해서다. 또한 직원들이 임금 인상을 요구하지 않고 열심히 일하도록 경각심을 불러일으키기 위해 새로운 경쟁사의 등장, 외부 여건의 악화, 강화되는 규제 등 비관적인 예측을 내놓기도 한다.

많은 사람들이 낙관적이고 긍정적인 사고를 한다. 예를 들어 "내년에는 매출액이 증가할 거야"라는 식의 긍정적인 사고를 하고 이를 반드시 이루겠다는 각오를 하면 긍정적인 결과가 나오는 경우가 많다. 우리는 이것을 승부 근성winning mentality이라고 부른다. 승부 근성은 동기부여에는 도움이 된다. 하지만 정확한 예측을 하는 데는 도움이 되지 않는다. 한편 승부 근성이 전혀 없으면 부정적인 사고를 할 수도 있다. 이럴 경우 비관적인 예측을 하거나 아예 예측을 하지 않으려 한다. 그래서 부정적인 예측을 하는 직원들을 해고하거나 강등하는 등 징계를 내림으로써 이런 예측을 방지하기도 한다. 따라서 회사가 미래의 성공을 위해 내놓는 예측은 신뢰성이 떨어진다고 봐야 한다.

미래에 대한 낙관적인 예측을 경영 관리의 기본으로 삼은 기업들도 많다. 기대 매출액을 높게 잡아 이를 기준으로 인센티브를 지급하는 식이다. 만약 기대 매출액을 낮게 잡으면 목표를 달성한 직원들이 늘어나면서 인건비가 증가하게 된다. 기업주로서는 예측치를 높게 잡아 상여금을 지급하지 않는 쪽이 유리하다. 반대로 직원들은 예측치를 의도적으로 낮게 잡아 목표를 쉽게 달성하려고 할 것이다. 이때 직원들의 예측치에는 의도적인 바이어스가 나타나게 된다.

기업이 내놓는 비용, 매출, 수익, 시장 점유율 등에 관한 예측들은 서로 대립되는 입장에 놓인 사람들의 이해관계에 의해 바이어스가 나타날 가능성이 높다. 기업주와 직원 간에 주종관계를 유지하거나 대등한 관계를 발전시키기 위해, 또는 개인(또는 집단)의 이해관계를 반영하기 위해, 또는 직원의 승진이나 부서 통합(또는 분리)이나 신제품 개발(또는 개발 중단) 등을 위해 이런 예측 결과물에는 의도적인 바이어스가 나타날 수 있다.

결국 기업이 내놓는 예측 결과물들은 조직을 둘러싼 끊임없는 밥그릇 싸움의 산물이기 때문에 신뢰성은 거의 없다고 봐야 한다. 물론 비영리 기관도 마찬가지다. 예측 결과는 개인과 집단의 이해관계에 좌우되는 경우가 많다. 더 많은 예산을 따내기 위해 부서의 직원을 늘리기도 하고, 기관 전체의 목표에 영향을 주기 위해 편향된 예측 결과를 내놓기도 한다.

모금을 위한 예측

사회단체의 운영비는 각종 보조비와 기부금으로 충당된다. 또한 이런 단체들은 사업 영역을 넓히려고 노력한다. 이런 단체의 자금 담당은 단체가 현재 추진하는 사업과 미래에 추진할 사업의 타당성을 제시하기 위해 예측 결과물을 활용한다. 이런 단체가 해결해야 할 문제들이 매우 심각하고, 이를 방치하면 더욱 심각한 사회 문제가 발생한다는 점을 부각시키기 위해서다. 결국 이런 단체들은 심각성을 드러내줄 데이터를 수집하며, 데이터를 해석할 때도 심각성을 드러내는 데 치중할 수밖에 없다.

양어장이 안전하다고 예측하면 모금이 불가능해진다. 반면 양식된 어패류의 안전성이 심각하다고 부각시킬수록 모금이 쉬워진다. 사회 문제에 관심이 많은 사람일수록 철저히 원리원칙을 지키지만 그들도 살아갈 집이 필요하고 부양할 아이들이 있다. 자기 활동의 정당성을 설명하고 기부자들의 주머니에서 돈을 끌어내려면 그들도 어쩔 수 없이 미래에 발생할 문제를 심각하게 묘사해야 한다.

미래 예측가가 이런 식으로 항상 바이어스가 있는 결과물을 내놓는다고 생각하는 것은 지나치게 냉소적으로 보일 수도 있다. 하지만 분명히 이해관계는 있을 수밖에 없다. 언제나 사회단체는 문제점이 없다고 예측하게 될까? 이런 단체가 내놓은 에이즈, 이산화탄소 배출, 아동학대에 관한 미래 예측은 사람들의 관심을 끌려는 목적을 가질 수밖에 없다(단체가 추진하는 사업이 공익에 부합하는지를 판단하고, 이 사업을 추진하지 않을 때 어떤 문제가 발생할지를 고려해서 사업의 타당성을 인정하더라도 마찬가지다).

이해 당사자의 지원을 받은 예측

많은 기관들이 자기 이익을 위해 예측을 내놓는다. 그리고 이런 결과물을 널리 알리는 것도 기관에는 중요한 일이다. 때로는 특정 조직의 지원을 받아 예측 결과물을 만들어내는 경우도 있다. 흔히들 "돈 내는 사람 마음대로"라는 말을 한다.

사람들에게서 우호적인 반응을 끌어내기 위해 예측 결과물을 편파적으로 해석하는 경우도 많다. 또한 연구비를 지원한 기관의 입장을 대변하기 위해 사실을 왜곡하고 심지어는 예측 결과를 교묘하게 조작하기도 한다. 명목상으로는 독립적인 연구소 혹은 싱크탱크가 타 기관으로부터 연구비를 지원받은 경우 이런 사례가 빈번하게 발생한다.

정치와 연관된 예측

선거 후보자와 운동원들은 지키지도 못할 공약을 남발하는 것으로 유명하다. 후보자들은 자신의 이익을 위해 잘못된 예측 결과를 제시하고 유권자들은 이를 곧이곧대로 받아들인다. 또한 후보자들은 자신이 당선되면 추진할 것이라면서 장밋빛 공약을 제시하는 한편 다른 후보자가 당선되면 엄청난 혼란이 일어날 것이라고 주장한다. 후보자들은 미래에 대한 정확한 예측 결과를 제시하지 않고 오로지 자신의 당선을 위한 예측 결과를 제시하게 된다. 결국 이런 예측 결과물은 허풍에 지나지 않는 경우가 대부분이다.

마찬가지로 정부, 대통령, 관료들은 예측 목표를 달성하기 전에 분노한 국민들부터 설득해야 하는 경우가 많다. 그들은 "장밋빛 미래를 달성하려면 좀 더 시간이 필요하다"는 말을 한다. 시간은 좀 더 걸릴지 모르지만 큰 문제없이 처음 목표를 달성할 수 있다는 뜻이다. 한편 새로운 정책을 추진하기 위해 미래 예측을 하는 경우도 있다. 미국 정부와

관료들의 "바그다드에 미군이 입성하면 많은 주민들이 환영할 것"이라
던 예측이 여기 해당된다.

극단적인 예측

앞에서 '미래영향 예측을 하는 기관은 미래의 목표를 달성할 수 있
도록 사람들에게 동기를 부여하기 위해 예측 결과물이 더 많은 사람에
게 알려지기를 원한다'는 사실을 확인했다. 보다 많은 사람에게 알리기
위해 경쟁을 하다 보면 점점 더 극단적인 예측 결과를 원하게 된다. 이
렇게 극단적인 예측 결과를 만들어내려는 경쟁은 바이어스의 원인이 될
수 있다.

이런 현상은 집단뿐만 아니라 개인 차원에서도 문제가 된다. 예측
전문가들은 모두 자신의 고유한 프로필을 가지고 있다. 그의 명성이 높
을수록 신뢰성이 높은 예측 결과를 제공하며, 더 높은 강연료를 받게 된
다. 그런데 개인 차원에서도 이해관계에 따른 갈등이 있을 수 있다. 온
건한 예측 결과는 사람들의 관심을 끌 수 없다. 극단적이고 개혁적인 결
과를 내놓아야 많은 사람들이 관심을 갖게 된다. 이렇게 많은 사람들의
관심을 끌 만한 극단적인 예측 결과를 내놓으려다 보면 중립적이지 못
하고 편향된 예측 결과가 나올 수 있다.

내부자 예측

조직 내에서 기반을 잡은 사람들(내부자들)은 대개 변화를 싫어한다.
그래서 그들이 내놓는 예측 결과는 편향되기가 쉽다. 내부자들은 주어

진 여건에서 자신의 전문성을 쌓아온 사람들로 어디까지나 현상 유지를 원한다. 그들은 현재 시스템을 정확히 이해하고 있고 이런 지식을 바탕으로 수입을 올리거나 명예를 얻기를 원한다. 그들의 지식이나 기술은 현재의 시스템이나 기술에 한해 적용될 수 있다. 그들이 미래의 여러 대안들에 대해 합리적이고 중립적인 자세를 취하리라는 기대는 버리는 것이 좋다.

지난 15년 동안 방사선 기사로 일했던 사람은 의료 진단 장비의 95퍼센트 이상이 전산화되고 자동화되리라는 예측 결과에 상당한 거부감을 가질 것이다. 따라서 그는 "첨단 의료 진단 장비가 병원 예산의 상당 부분을 차지할 것"이라는 주장을 할 수도 있다. 조직 내부의 정치적 역학 관계도 한몫을 한다. 변화를 두려워하는 사람은 변화를 갈망하는 새로운 세력의 이목을 끌 만한 예측 결과 대신 현재의 위치에서 자신의 입지를 굳히고 기존 질서를 유지하는 데 도움이 되는 예측 결과를 원하게 된다.

내부자 예측insider forecast의 이런 단점 때문에 변화로 잃을 것이 별로 없고 현상 유지에 별 관심도 없는 외부자들의 예측 결과가 보다 정확할 가능성이 높다. 외부자들은 변화를 받아들일 준비가 되어 있으므로 이런 변화를 예측하는 데 아무런 거리낌이 없다. 또한 외부자들은 여러 분야에서 일하면서 다양한 경험을 축적하고, 다른 산업에서 일어나는 변화를 정확히 인식하며, 이런 변화를 해당 산업에 적용할 준비까지 되어 있다.

조직 차원에서 보더라도 내부자 예측의 약점이 확연하게 드러난다. 많은 사람들은 GM이 자동차 산업의 미래를 가장 잘 알 것이라고 생각한다. 또한 〈워싱턴 포스트Washington Post〉 지가 미디어 산업의 미래를 가장 정확히 예측할 것이라고 본다. 물론 이런 기업이나 관련 단체는 변화를 연구하고 예측하는 데 많은 시간과 노력을 투자한다. 하지만 밥 사이덴스티커가 지적했듯이 시계 회사가 디지털시계를 발명하지 않았고, 주판 회사가 전자계산기를 개발하지 않았으며, 장기판이나 바둑판 회사가 비디오게임기를 생산하지 않았고, 만년필 회사가 볼펜이라는 신제품을 내놓지도 않았다. 또한 옐로우페이지에서 구글이 탄생한 것도 아니다.(1) 이렇게 해당 산업 외부에서 신제품이 출시되는 사례는 얼마든지 있다. 현상 유지를 바라는 기업이 미래의 신제품을 개발하는 경우는 드물다.

저명한 경영학자인 게리 하멜과 프라할라드는 경영자들이 자신이 속한 산업 구조(수익 실현, 경쟁 기업, 목표 고객, 고객 니즈, 기술 수요 등)에 대해 갖는 편견, 가정, 전제를 설명하기 위해 '관리 프레임managerial frame'과 '기업 유전자corporate genetics'라는 용어를 사용했다.

그들은 임직원들이 서로 비슷한 학연, 지연, 혈연 관계를 가진 기업 혹은 직원들이 공동체 의식을 갖고 일사불란하게 움직이는 기업일수록 관리 프레임은 강한 결속력을 갖는다는 점을 지적했다. 관리 프레임의 결속력이 강한 기업일수록 경영자는 변화를 달가워하지 않으며, 특히 외부로부터의 변화에 대해서는 강한 거부감을 갖고 상당히 민감하게 반응한다.(2) 다음 장에서는 경영자들의 심적 모델mental model과 패러다임에 대해 자세히 논의하기로 한다.

언론의 개입

2장에서 설명했듯이 언론은 데이터의 신뢰성에 많은 영향을 미친다. 예측에 있어서도 마찬가지로 언론은 예측 결과를 선별하여 해석하는 데 자신의 이해관계를 개입시킨다. 다시 말해 언론은 예측 결과를 자신의 목적에 맞게 가공해서 편향된 예측 결과를 제시한다. 어떤 언론 기관은 특별한 대의를 위해 존재할 수도 있다. 이런 대의를 위해 예측 결과를 선별하는 과정에서 바이어스가 발생할 수 있다.

대개 언론은 광고 시장을 목표로 예측 결과를 만들어낸다. 언론은 광고주가 될 사람에게 "우리 신문의 독자층은 누구일 것이다"라는 말로 애매하게 설명하고 넘어가서는 안 된다. 신문이나 잡지는 광고면을 장식해줄 광고주들에게 정확한 정보를 주어야 한다. 즉 "우리 잡지는 20대 초반에서 30대 중반의 젊은 여성 20만 명을 독자층으로 확보하고 있습니다"라는 구체적인 정보를 광고주에게 제시해야 한다.

또한 언론은 독자들의 이해관계와 가치관에 영합하는 예측 결과를 제공해야 한다. 따라서 언론의 예측 결과는 미래에 대한 전망과 독자들의 요구가 뒤엉키게 되고, 이때 언론은 독자들의 요구에 반하는 예측 결과 대신 독자들의 요구에 영합하거나 최소한 반하지 않는 예측 결과를 제시하게 된다. 바로 이런 과정에서 편향된 예측이 나오는 것이다.

물론 이런 부작용에 그다지 취약하지 않은 언론 기관도 많다. 하지만 많은 언론 기관은 판매 부수를 늘림으로써 보다 많은 광고를 유치하고 많은 이윤을 남기려는 목표를 가지고 있다.

좋든 싫든 독자들은 보다 자극적이고 극단적인 이야기를 원한다. 균형 잡힌 중립적인 예측 결과를 제시하는 신문은 잘 팔리지 않을 것이 분명하다. 화젯거리가 풍부해야 잘 팔리는 법이다. 따라서 편집자들은 온갖 억측과 논쟁을 불러일으킬 만한 극단적인 예측 결과를 제시하려고 한다. 그들은 예측 결과를 신중하게 해석하고 완곡하게 표현하려 하지

않는다. 오히려 논쟁을 불러일으킬 만큼 극단적인 예측 결과를 만들어
내고 이를 부각시키려 한다.

언론의 검토 과정을 거친 예측

언론 자체가 편향된 예측 결과를 제시하려는 동기를 가지고 있을 뿐
만 아니라 언론의 편집 과정 혹은 절차상의 문제도 편향된 예측을 낳는
다. 언론 매체들은 물질적 혹은 경제적 여건에 맞게 인력을 투입해 예
측 결과물을 검토한 후 예측 기사를 제공한다. 많은 자원을 투입해야 예
측의 객관성이 보장되는 것은 아니지만 극단적인 예측을 방지해줄 수는
있다. 이런 과정이 바로 예측 필터링의 한 예가 된다. 인터넷 시대가 도
래하면서 익명성을 지닌 표현의 자유가 강화되는 동시에 필터링의 기능
은 축소되었다.

블로그, 위키피디아, 팟캐스트 등은 예측 결과를 유포하는 새로운
수단들로, 예측 결과를 공급하거나 소비하는 사람들의 범위를 넓혀주고
멀티미디어를 최대한 이용할 수 있게 해준다. 물론 모든 사람이나 기관
이 예측 결과를 제공할 수 있게 된다는 의미는 아니다. 또한 이런 예측
결과가 신뢰할 수 없다는 의미도 아니다. 다만 이런 예측 결과가 편집자
의 검토를 거친 신문이나 잡지의 예측 결과에 비해 신뢰성이 떨어지는
것은 분명하다. 예측 결과물의 소비자들은 아무래도 신문이나 잡지같이
검토 과정을 거친 예측 결과물을 더욱 신뢰하기 마련이다.

신문이나 잡지의 검토 과정은 다양하다. 신문을 예로 들면 뉴스 편집
자, 원고 편집자 등이 기사를 검토한다. (생각보다 엄격하지 않은 검토 과정
을 거친다. 특히 유명인의 기고문을 고치는 예는 거의 찾아볼 수 없다.) 잡지를

예로 들면 편집진들이 기사 제목을 검토하고 기사 내용의 사실 관계를 확인한다. 학술 잡지에 실리는 논문의 경우 동료 연구자들의 검토를 거쳐 발표하는 것을 원칙으로 한다. 정부 기관, 언론사, 컨설팅 회사는 예측 결과물들이 신뢰성을 갖고 극단으로 치우치지 않도록 해당 분야 전문가들의 검토를 거친다. 만약 그들이 제공하는 예측 결과물의 신뢰성이 떨어진다면 해당 기관의 권위도 함께 떨어질 것이다.

미래학자들의 편향된 예측

미래학자들은 실제로 아무 변화가 없는데도 변화를 읽어내려는 경향이 있다. 이때 해석상의 바이어스가 생길 가능성이 높다. 미래학자나 예측 전문가가 미래의 커다란 변화를 읽어내지 못할 경우 전문성을 의심받을 수 있다. 급격한 구조적 변화를 예측해야만 자신의 존재 가치를 인정받을 수 있고 자신의 주장에 대한 근거를 제시할 수 있다. 어느 정도 납득할 수 있는 일이다.

만약 미래학자들이 미래의 큰 그림을 그리지 않는다면 이런 일을 하려는 사람은 아무도 없을 것이다. 미래학을 연구하는 즐거움은 가끔 전통주의자들의 주장에 의해 반감되기도 한다. 하지만 미래학자들이 커다란 변화를 예측하는 데 많은 관심을 갖고 있는 것은 부정할 수 없는 사실이다.

직업적으로 미래에 대해 생각하는 사람들은 전체 인구의 대표적인 표본이 아니라는 점이 문제가 되기도 한다. 미래학자들은 아무리 공정한 자세를 가지더라도 하나같이 변화를 좋아하고 새로운 아이디어를 받아들이는 사람들이다. 또한 대다수의 미래학자들은 기업의 기술 개발부서에서 일한 경험이 있으며, 신기술을 쉽게 접할 수도 있다. 이런 점 때문에 미래학자는 사회의 각 부분에서 새로운 변화가 빠르게 퍼져갈 것이라는 편향된 예측을 하게 되며, 실제 변화와는 상관없이 변화를 전도하려는 자세를 갖게 된다.

신기술을 좋아하는 사람들의 예측

미래학자뿐만 아니라 많은 사람들이 자기계발을 위해 혹은 즐거움을 위해 새로운 기술에 관심을 갖는다. 그들은 기술 관련 잡지나 미디어를 통해 미래의 신제품에 관한 정보를 얻으려고 하며, 이런 잡지의 편집자들은 신제품이 밀물처럼 몰려온다는 느낌을 독자들에게 주어야 한다. 이런 상황에서는 기술 변화의 속도와 중요성, 신제품의 범위 등이 지나치게 강조되면서 편향된 예측 결과를 제공할 가능성이 많아진다. 새로운 기술 개발의 가능성만으로도 모든 것이 변하리라는 생각을 갖게 하는 것이다. 이런 경우 다른 편향된 예측과 마찬가지로 잘못된 예측 때문에 발생하는 비용은 아주 작거나 거의 없는 반면 변화가 가져다주는 편익은 아주 크다.

신기술을 좋아하는 사람들은 신기술이 적용된 신제품에 쉽게 현혹되어 이것을 남들보다 빨리 사들이려는 욕구가 아주 강하다. 그들은 제품 시장이 신기술에 아주 민감하고 이런 기술이 시장에 미치는 파급 효과는 매우 클 것이라고 예측한다. 신기술에 심취하다 보면 미래 시장에 대해 정확한 판단을 내리지 못하는 수가 있다. 신기술 개발 속도가 실제보다 빠르다고 착각하기 쉬우며, 이런 신기술을 적용한 제품이 더욱 빨리 출시되리라는 편향된 예측을 하기 쉽다.

예측의 숨은 변수,
정치적인 입장

편향된 예측을 초래하는 여러 상황들을 자세히 살펴보는 것은 매우 중요하다. 예측 결과물의 소비자들은 예측 결과와 관련된 여러 주변 상황들을 제대로 인식하고 데이터를 정확히 해석한 다음 미래를 바라보아야 한다. 예측 결과물의 생성과 배포의 배후에 있는 상황을 살펴봐야 한다는 말이다. 즉 누가 이런 결과물을 작성하고, 작성자는 어떤 이해관계가 있으며, 배포처는 어디이고, 누구를 위한 예측인가를 판단해야 하는 것이다.

인터넷에서 멀티모바일 플랫폼으로의 시장 변화, 통신 비밀 보장을 위한 모바일 플랫폼의 기능 등에 대해 예측하는 상황을 생각해보자. 국가 보안을 이유로 통신 기술의 발전을 제한하려는 정부 정책에 반대하는 시민 단체가 예측 결과물을 내놓을 수 있다. 시민 단체는 이해관계가 비슷한 관련 통신 기술 연구소와 협력하여 예측 결과를 내놓으려 할 것이다.

이런 예측 결과물의 바이어스를 검증하려면 무엇이 신제품에 영향을 미치는지, 이런 제품의 개발자는 누구이고 주요 소비자는 누구인지, 이런 제품이 어디서 처음 출시되었는지, 일반인을 위해 출시되었는지 아니면 국방을 위해 개발되었는지, 이런 제품이 전문 학술지에 소개되었는지 등을 살펴봐야 한다. 또한 왜 이런 제품을 개발하게 되었는지, 이런 제품이 미래에 어떤 영향을 미칠지, 제품 개발의 타당성은 무엇인지, 제품 개발을 위해 누가 어떤 로비를 했는지, 제품 개발을 위한 인센티브는 무엇이고 예측 결과를 어떻게 달성할 것인지, 그리고 누구를 위해 개발되었는지 등도 살펴봐야 한다.

때로는 예측 결과의 배후에 있는 단서들이 누락되기도 한다. 특히 언론 매체에 예측 결과물이 보도될 때 그런 경우가 많다. 또한 특정한 예측 결과물에 대해서는 겉으로 드러나지 않는 지원 기관이나 지원자가 있는 경우도 있다. 한편 예측 결과물이 기술적으로 대단히 복잡해서 일반인들이 정확한 판단을 내리기가 어려운 경우도 있다. 이런 경우 예측 결과를 제공하는 전문가 혹은 기관의 권위가 중요한 판단 요소가 된다.

예측가의 권위는 신뢰성의 척도

Future Savvy

예측 결과에 대한 신뢰성은 어느 기관이나 전문가가 이런 결과물을 제공했는가에 따라 달라질 수 있다. 기관 혹은 전문가의 명성이 떨어지는 경우 예측 결과물의 신뢰성도 떨어지게 된다. 그렇다고 권위 있는 기관 혹은 전문가의 예측 결과물이 반드시 옳다고 생각해서는 안 된다. 다른 분야와 마찬가지로 예측 기관 혹은 전문가의 브랜드 가치는 예측 결과물의 품질을 판단하는 중요한 요인임이 틀림없다. 우리가 토스터기를 살 때 모든 토스터기를 살펴볼 시간이 없는 것과 마찬가지로 예측 결과물을 접할 때도 모든 사실을 살펴볼 시간이 없는 경우가 많다. 이런 때는 예측 기관 혹은 예측 전문가의 권위에 의존할 수밖에 없다.

미래에 관한 장기적인 예측 결과물을 작성하고 이를 유포하는 권위 있는 기관으로는 주로 유명 연구 기관과 정부투자 기관을 들 수 있다. 이런 기관에서는 신뢰할 수 있을 만한 균형 잡힌 예측 결과를 만들어낸다. 정부가 제공하는 자료는 데이터의 품질을 보증하는 기준이 된다. (하지만 경우에 따라서는 그렇지 않은 사례도 많다. 예를 들어 GNP나 실업률 같은 자료를 작성할 때는 기득권층의 이해관계에 따라 편향된 자료를 제시하기도 한다. 특히 실업률 자료를 작성할 때는 실업을 어떻게 정의하는가에 따라 데이터의 값이 크게 달라질 수 있다. 일을 할 의지가 없는 사람을 실업자에서 제외시키면 실업률은 크게 떨어진다. 그런데 일을 할 의지가 없는 사람을 어떻게 정의할 것인가?)

바이어스는 예측 기관이나 전문가의 이력을 반영한다. 즉 균형 잡힌 예측 결과를 제시하는 것으로 알려진 예측 기관이나 전문가의 권위는 오랜 기간에 걸쳐 누적된 것이다. 경우에 따라 권위 있는 예측 전문가가 예측 기관의 명성을 높이거나 유지하는 데 도움을 주기도 한다. 만약 예측 전문가가 이런 기관에 근무하거나 예측 기관이 이런 전문가를 두고 있는 경우 많은 사람들이 예측 결과물을 아무 비판 없이 그대로 인용하려 든다.

업종별 단체에서는 데이터를 작성하는 동시에 예측 결과물을 제공하기도 한다. 이런 예측 결과물은 관련 산업의 이해관계자들이 보기에 신뢰성이 있는 것으로 여겨질 수도 있다. 하지만 업종별 단체는 자신의 이해관계를 증진시키려는 분명한 목적을 가진 집단이다. 따라서 이런 이해관계를 바탕으로 예측 결과물의 타당성을 입증하려는 경향도 있다.

가트너 사나 포레스터 리서치 같은 민간 컨설팅 회사들은 산업별 동향을 관련 기관이나 단체에 판매한다. 그런데 판매를 목적으로 만들어지는 예측 결과는 다른 예측 결과에 비해 바이어스가 큰 편이다. 연구 기관이 영리를 목적으로 데이터나 예측 결과물을 만들어낼 경우 비용은 줄이고 효율성은 증진시켜야 한다. 따라서 비용을 절약하기 위해 손쉬운 방법으로 데이터나 예측 결과물을 생성하려고 할 것이다.

비영리기관, 공공기관, 각종 이익집단은 정기적으로 미래에 관한 예측 결과물을 작성한다. 일반적으로 이런 예측 결과는 조작된 것은 아니지만, 방대한 데이터를 단순히 집계한 것에 불과하여 정확성이 떨어지는 경우가 많다. 때로는 특정 집단의 이해관계나 로비 활동에 의해 예측 결과가 조작되기도 한다.

또한 비주류 집단이 항상 신뢰성이 떨어지는 예측 결과를 내놓는다고 생각하는 것도 잘못된 판단이다. 이런 단체들은 특정 주제에 대해 깊은 통찰이 가능하거나 다른 집단이 얻지 못하는 특별한 소식통을 두었을 가능성이 높다. 가령 이슬람 단체는 서방 세계의 지상군이 카불을 공격할 시점에 관해 미국 국방부보다 더 정확한 정보를 제공할 수 있다.

지금까지 데이터의 신뢰성과 예측 결과물의 바이어스에 관해 살펴보았다. 4장에서는 우리의 인식과 지각이 예측에 미치는 영향과 그 문제점을 살펴보기로 한다.

FUTURE SAVVY

4장

시대정신과 인식으로 인한 잘못된 예측

지금까지 잘못된 예측을 하게 되는 원인을 살펴보면서 데이터의 품질과 신뢰성과 해석상의 문제점들을 설명했다. 미래대비 예측에 비해 미래영향 예측은 데이터의 품질과 해석상의 문제점 때문에 바이어스가 발생할 가능성이 더욱 높다는 사실도 알게 되었다. 하지만 두 가지 예측 모두 예측가들이 지닌 사상적 패러다임, 당시의 시대정신에 따른 해석상의 바이어스를 피하기는 어렵다. 4장에서는 예측가들이 이런 사상적 패러다임과 시대정신을 극복하지 못해 잘못된 예측을 하는 상황을 자세히 살펴보기로 한다.

왜 진리는 주관적인가 Future Savvy

이마누엘 칸트Immanuel Kant는 자신의 저서 《순수이성비판Critique of Pure Reason》에서 "인간의 정신은 지식을 수동적으로 흡수하는 빈 그릇이 아니라 경험을 창조하는 능동적인 참여자"라고 설명했다.

우리 인간은 지식을 만들어낼 때 능동적인 역할을 하지만 사실 순수하게 외적인 진실external truth에 접근할 때 인간의 한계를 초월하는 것은 불가능한 일이다. 다만 이런 외적인 진실을 존재하는 그대로 가정할 뿐이다. 모든 지식은 인간의 정신 속에서 만들어지며 인간의 인식 범위를 넘어서지 못한다. 즉 모든 지식은 인간의 인식을 통해 여과된 후 인간이 접근할 수 있는 형태로 드러나게 된다는 뜻이다. 인간의 지식은 필연적으로 인간의 인식 여과 장치와 관련될 수밖에 없다.

이런 생각은 기존의 철학적 세계관을 뒤흔드는 것이었다. 이때부터 인문학은 인간의 인식과 경험을 중심으로 연구되었다. 그리고 이런 연구 방법론은 순수 과학의 근간을 다시 한 번 재조명하게 했다.

칸트 혁명을 직접적으로 계승한 프랑스 철학자 미셸 푸코Michel Foucault는 《사물의 질서The Order of Things》에서 인식episteme의 개념을 제시했다. 그는 인간이 지식을 평가하고 질서를 부여하는 방법에 내재해 있는, 눈에 보이지 않는 조건이 인식이라고 설명했다. 인식은 탐구를 통해 지식이 형성되게 한다. 정리하면 인식은 세계를 바라보고 생각하게 하는 내재된 체계로서 지식의 범위를 정하고 질서를 부여한다는 것이다.

가스통 바슐라르Gaston Bachelard가 제시한 '과학에서 인식의 붕괴

Episteme breaks'라는 개념에 근거를 둔 푸코는 "지식 스펙트럼의 인식 조건은 시대에 따라 변하고 이에 따라 타당성 있는 지식조차도 변하며 이런 변화는 비교적 순식간에 일어난다"는 사실을 깨닫게 되었다. 푸코에 따르면 지난 500년간 서구 사상은 많은 구조적인 변화를 겪어왔다. 이런 변화들은 인간의 인식과 사상의 근간에 근본적으로 내재한 뼈대를 뒤흔드는 것으로 완전히 새로운 세계관을 탄생시켰다. 진리의 역사에 관한 푸코의 분석을 보면 인류는 눈으로 볼 수 있는 개념적 정체성을 중시하는 르네상스 시대, 합리성을 중시하는 고전주의 시대, 휴머니즘과 구조적인 인식(칸트 혁명과 인문학의 등장)을 중시하는 근대로의 변화를 겪어왔다.(1)

푸코와 비슷한 시대를 살면서 《과학 혁명의 구조*The Structure of Scientific Revolutions*》를 저술했던 버클리 대학교의 토머스 쿤Thomas Kuhn은 각 시대의 과학 지식은 패러다임(모든 전문가의 인지 여부와는 상관없이 인식과 가정을 형성해나가는 조건)으로 설명할 수 있다고 말했다. 쿤은 바슐라르와 마찬가지로 "과학이 새로운 지식을 점진적이고 선형적으로 축적해가는 대신 혁명적으로 발전해간다"는 사실이야말로 지식의 틀을 이루는 패러다임이 존재함을 입증한다고 설명했다.

잘 정비된 이론은 오랜 기간에 걸쳐 다양한 현상을 설명해준다. 그러다가 이 이론이 제대로 설명하지 못하는 현상이 나타나면서부터 불협화음이 일기 시작한다. 이때 패러다임의 변화를 의미하는 과학 혁명이 일어나게 된다. 즉 기존 이론이 설명하지 못하는 현상을 설명하기 위해 기존의 세계관이 붕괴되고 새로운 세계관이 등장하는 것이다. 프톨레마이오스의 세계관Ptolemaic Universe이 갑자기 무너지고 코페르니쿠스의 세계관Copernican Universe이 등장했던 일과 뉴턴의 물리학이 아인슈타인의 물리학으로 대체되었던 일이 바로 이런 예에 해당된다. 대륙 이동을 비롯한 지질학적 변화를 설명하기 위해 판구조론plate tectonics이 등장했던 것과 마찬가지로 질병을 정복하기 위해 세균학이 등장했던 것 역시 패러다임의 변화에 해당한다.

쿤의 패러다임은 푸코가 말하는 인식에 비해서는 범위가 좁다. 하지만 세계관의 갑작스러운 변화를 설명한다는 점에서 둘은 공통점을 갖는다. 현상을 인식하고 데이터와 문제를 이해하던 기존의 연구 방법은 새로운 방법론에 자리를 내주게 된다. 과거에 진리로 여겨졌던 이론은 이제 부분적으로 혹은 전체적으로 옳지 않은 것으로 여겨진다. 쿤이 지적했듯이 사상의 흐름은 일정한 패러다임을 가지며 이런 패러다임은 필연적인 것이다. 쿤은 다음과 같은 말을 남겼다.

"자연의 역사는 선택, 평가, 비판에 관한 이론적이고 방법론적인 믿음이 갖는 암묵적인 실체 없이 이해되기 힘들다."(2)

패러다임이 사상을 만들어내면서 적합하지 않거나 설명할 수 없는 것들을 여과하는 기능도 한다. 혁명이 일어나기 전에 유행하던 정상 과학normal science은 현재의 패러다임에 순응하지 못하는 발견을 무시하거나 보지 못하는 경향이 있다. 때로는 패러다임에 따르지 않는 데이터를 보지 못하는 경우도 있다. 이런 현상을 패러다임 마비paradigm paralysis라고 부른다.

뇌, 과거의 눈으로 미래를 보는 장치

인지심리학자들과 뇌과학자들은 인간의 정신이 인식하거나 인식하지 못하거나 잘못 인식하는 것을 실험하고 지식을 만들어내는 기능을 연구한다. 2005년 〈사이언티픽 아메리칸Scientific American〉 지에는 캘리포니아 대학교 뇌인지 연구 센터가 발표한 〈인간은 얼마나 무지한가How Blind Are We?〉라는 논문이 실렸다. 현재 이 논문은 고릴라에 관한 실험으로 널리 알려져 있다.(3)

실험 참가자들은 농구 경기 비디오를 보다가 매우 흥미진진한 순간에 패스 횟수를 세라는 요구를 받았다. 그런데 이때 고릴라 분장을 한 사람이 선수들 사이를 어슬렁거리면서 돌아다닌다. 고릴라 분장을 한 사람은 카메라를 쳐다보다가 자기 가슴을 툭툭 치고는 농구 코트를 떠났다. 그런데 비디오를 본 사람 중 절반가량이 그 고릴라를 보지 못했다고 대답했다.

사실 이와 비슷한 실험 결과들은 많다. 실험 참가자들은 정신이 분산된 상태일 때 뚜렷한 변화를 알아채지 못했다. 이런 실험은 부주의의 맹목성inattentional blindness을 여실히 보여준다. 인간의 눈은 비디오카메라처럼 외부에서 일어나는 사건을 정확하게 기록할 능력이 없는 것이다. 이런 맹목성은 인간이 만들어놓은 사상에도 마찬가지로 적용된다.

인간이 다양한 현상을 인식하면서 산더미같이 많은 복잡한 현상에 압도되지 않으려면 경험했던 현상을 여과해야 한다. 하지만 이 과정에서 현재 인간의 감각을 지배하고 있는 현상과는 아무 관련이 없어 보이는 현상은 파악하지 못하게 된다(특히 인간의 두뇌에 과부하가 걸려 있을 경우 더욱 그렇다). 여과되지 못한 현상들이 관심을 끌지 못한 채 사라지면서 사건을 놓치거나 잘못 인식하게 되는 것이다.

형상과 이미지를 다루는 분야에서는 정보를 접한 후 이를 여과하고 질서를 부여하는 일이 흔히 이루어진다. 이때 관찰자의 시선에 따라 이미지는 아주 다르게 비쳐질 수 있다. 그 대표적인 사례가 '꽃병과 두 얼굴의 이미지'와 '못생긴 노파와 아리따운 아가씨의 이미지'다. 어떤 사람은 아무리 애를 써도 이런 이미지를 찾지 못한다. 세계를 인지하기 위해 인간이 만들어내는 정신 구조가 때로 한계가 되는 셈이다.

인간의 뇌가 정보를 여과하고 의미를 부여하는 방법은 과거에 인식했던 지식을 유기적으로 구성하는 시스템에 달려 있다. 인간의 인식에 질서를 부여하는 후천적이고 학습된 인지 구조는 끊임없이 업데이트된다. 그런데 우리 인간은 과거부터 현재까지 사회화 과정과 언어 습득 과정에 영향을 받으면서 자신의 지식에 기반을 둔 이론, 가정과 공동체와 사회에 의해 만들어지는 편견으로 여과된 눈으로 세상을 바라보고 해석한다. 이런 낡은 습관은 정보를 여과하거나 평가해 하나의 사상을 형성하게 해주는 한편 인간의 감각을 마비시키기도 한다.

우리는 현재의 정보를 평가하는 데 과거의 방식이 적절하지 않다는 사실을 인식하고 상황을 새롭게 보려는 노력을 해야 한다. 우리에게는 과거의 생각들을 털어내고 처음부터 시작하는 자세도 필요하다. 이런 자세를 예로 들면 불교에서 말하는 초심자의 자세beginner's mind나 일본어로 수나오*의 마음가짐을 들 수 있다.

우리가 과거에 보지 못했던 것을 인식하는 일은 쉽지 않다. 그리고

---

* 素直, 어느 한곳에 얽매이지 않는 순수하고 질박한 자세 ― 옮긴이.

인식의 틀 '밖'에 있는 것을 인식하는 일은 더욱더 어렵다. 지난 9.11테러를 보더라도 우리는 이런 진리를 뼈저리게 느낄 수 있다.

전문가들은 동기를 추론해내기 위해 과거의 정보는 충분히 입수할 수 있다. 정책 담당자들을 통해 자기가 원하는 정보를 충분히 얻어내는 것은 어렵지 않다. 하지만 전체적인 큰 그림은 쉽게 손에 잡히지 않는다. 그래서 전문가들은 자기 앞에 모습을 드러내는 것을 놓칠 수가 있다. 검사 시스템이 잘못되어서 그런 것이 아니다. 또한 동기나 지능이 부족해서도 아니다. 이것은 바로 인식의 실패, 즉 패러다임의 실패인 것이다.

많은 학자들이 이야기했듯이 우리는 찾고자 하는 대상의 '탐색 이미지search image'를 가지고 있어야 한다. 이런 이미지를 갖고 있지 못하면 현실을 똑바로 본다고 하더라도 현실의 새로운 배열을 인식할 수 없다. 그런데 9.11테러는 미국 정책 담당자들에게 완전히 새로운 사건이었다. 우리가 현재 지닌 탐색 이미지 밖에 있는 사건이었다. 국가 안전을 책임지는 정책 당국자들도 이런 사건을 예상하지 못했고, 1996년 개최된 미래학자들의 모임에서도 전혀 예상하지 못했던 일이다. 이것은 세상을 뒤바꿀 만한, 예측이 불가능한 사건이었다. 1996년 당시 모임에 참석했던 사람들은 세계대전, 새로운 종교, 슈퍼버그*, 시장 붕괴, 지진 등을 예상했지만 9.11테러와 같은 사태는 전혀 예상하지 못했다.(4)

지금까지 설명했던 것과 같은 이유로 기업의 의사결정자들도 패러다임의 변화를 읽어내지 못하는 경우가 많다. 대기업을 비롯해서 기업의 의사결정이 실패하는 주요 원인은 바로 새로운 환경이 요구하는 것을 충족시키지 못하거나 신기술을 도입하지 못하는 데 있다. 다시 말해

---

* 석유를 대량으로 먹어치우는 박테리아 — 옮긴이.

패러다임의 변화를 예상하지 못했던 것이다. 패러다임의 변화를 정확히 인식하는 것이야말로 기업 혁신에 버금갈 만큼 중요한 일이다. 페덱스를 설립한 프레드 스미스Fred Smith는 거의 모든 사람들이 놓치고 있던 기회를 잡아챔으로써 성공을 거두었다. 다른 사람들은 스미스의 성공을 보면서 "내가 그 생각을 했더라면 좋았을 텐데"라는 말밖에 할 수 없었다.

인식 바이어스:
판단의 지침인가, 편견의 원인인가   Future Savvy

인지심리학자인 대니얼 카너먼Daniel Kahneman과 아모스 트버스키 Amos Tversky는 인간이 어떤 현상에 대해 판단할 때 갖게 되는 인식과 판단의 지침, 그리고 의사결정의 바이어스를 새로운 방향에서 연구하기 위해 생산적이고 구조적인 인식에 관해 아이디어를 냈다. 의사결정 지침decision heuristics이란 사람들이 복잡한 문제나 정보가 불충분한 문제에 대해 판단을 하거나 의사결정을 할 때 원래부터 가지고 있던 고유의 성향이나 반감을 말한다. 이런 지침은 다양한 상황에서 작용하는 것으로 체계적인 편견의 원인이 된다.

가장 널리 알려진 인식 바이어스로는 손실 회피loss aversion의 편견을 들 수 있다. 인간은 수익을 내기보다는 손실을 회피하는 쪽으로 행동하려는 경향이 있다. 이와 관련된 실험을 하나 예로 들어보자. 만약 100퍼센트의 확률로 100달러를 갖거나 50퍼센트의 확률로 250달러를 가질 수 있다고 하면, 많은 사람들이 100달러 쪽을 선택한다. 그리고 100달러를 잃을 확률이 100퍼센트이고 250달러를 잃을 확률이 50퍼센트인데, 이중 하나를 골라야 한다면 많은 사람들이 100달러를 잃는 쪽을 선택한다.(5)

인식 바이어스의 사례를 몇 가지 들어보자.

관찰자의 기대 효과Observer Expectancy Effect

어떤 결과를 기대하는 사람들은 정보를 무의식적으로 잘못 해석하는 경향이 있을 뿐 아니라 새로운 사실을 찾기 위해 실험 결과도 조작하려는 경향이 있다. 즉 관찰자들은 자기가 원하는 행위는 보지만 원하지 않는 행위는 보지 못하는 경향을 띠게 된다.

확증 바이어스Confirmation Bias

사람들은 자신이 이미 갖고 있는 선입견을 확증하려는 의도로 정보를 찾거나 해석하는 경향을 띠게 된다.

밴드왜건 효과Bandwagon Effect 또는 군중심리에 의한 편견Herd Bias

많은 사람들이 생각하거나 생각할 것 같은 방식으로 생각하거나 믿으려는 경향을 의미한다.

앵커링Anchoring

처음 제시하는 조건인 앵커링(닻내리기)에 의해 판단 기준이 영향을 받는다(앵커링이 공정한지 그렇지 않은지와는 무관하다). 협상 전략을 짤 때 사람들은 기존의 공정한 가격을 바꾸려는 의도를 품고 일부러 낮거나 높은 가격을 제시한다. 그러면 최종 금액은 처음에 앵커링한 금액에 따라 달라지는 경향이 있다.

최신 효과Recency Effect

사람들은 과거의 일보다 최근의 일에 더 높은 비중을 두는 경향이 있다.

상황에 따른 바이어스Situational Bias

사람들은 현재의 상황에 따라 사건을 보고 판단하려는 경향이 있다. 그래서 불황 국면에는 호황을 불러올 만한 원동력을 찾아내지 못하고 호황 국면에는 불황을 예상하지 못하는 경향이 있다.

바넘 효과Barnum Effect

서커스 사업자인 바넘P. T. Barnum의 이름을 딴 것으로 개인 타당화의 오류personal validation fallacy라고도 부른다. 바넘은 모든 사람에게 적용되는 몇 가지 사항만을 머릿속에 담아두고 다녔다. 점쟁이는 미래를 예측할 때 많은 사람들이 자기에게만 들어맞는다고 생각할 만한 모호한 말을 하고 사람들은 점쟁이의 말을 옳은 것으로 받아들인다. 바넘 효과는 '포러 효과Forer Effect'로도 알려져 있다. 이는 심리 테스트를 할 때 많은 사람들에게 적용되는 모호한 말이 특정 피험자의 인격을 정확히 나타낸다고 믿는 경향을 말한다.

우연한 현상에서 유형을 관찰

인간은 우연한 현상에 만족하지 못하고 여기서 유형을 찾아 의미를 부여한다. 임의대로 움직이는 소규모 시장에 굳이 경제적인 의미를 부여하려는 경향을 예로 들 수 있다.(6)

이런 바이어스는 인간이 세상을 바라보면서 갖게 되는 수백 가지의 인식 바이어스 중 중요한 것들이다. 이런 바이어스들은 인간이 세상을 이해할 때 기본적으로 나타나는 것으로 미래를 이해할 때도 마찬가지로 적용될 것이다.

인간은 미래를 예측할 때 여러 가정들을 세운다. 그런데 올바로 미래를 예측하려면 이런 가정들이 갖는 인식 바이어스에서 벗어나야 한다. 이런 인식 바이어스가 어떻게 형성되는가를 정확히 이해하면 불확실한 상황에서 정확한 판단력을 키울 수 있을 것이다. 하지만 세상을 인식하는 과정에는 항상 바이어스가 따르게 마련이다. 세상을 아무리 빈틈없이 정확하게 인식하고 인식 바이어스를 제거하려고 애써도 인식 바이어스는 항상 존재한다. 마찬가지로 예측가들은 세상과 미래를 자신의 인식 여과 장치를 통해 바라본다.

사람들 사이에서 인기를 끌고 있는 스왓 분석SWOT analysis이 미래를 예측해주지 못하는 이유도 마찬가지다. 스왓 분석을 제대로 하려면 기관의 장점, 단점, 기회, 위협을 정확히 알아야 한다. 그런데 이런 것들을 나열하다 보면 결국 현재의 패러다임에 얽매이게 된다. 바로 현재의 패러다임, 산업, 제품, 경쟁 구조에서 장점과 단점을 나열하게 된다.

예측가들이 분석하는 기회와 위협은 바로 이 순간의 기회와 위협인 셈이다. 따라서 스왓 분석은 표준적인 견해를 체계적으로 정리한 것에 지나지 않는다. 달리 표현하면 '공식적인 미래'로 볼 수도 있다. 그래서 스왓 분석은 의사결정자들이 현재의 패러다임 '밖'에 있는 미래를 대비하는 데는 전혀 도움이 되지 않는다.

시대정신 :
현재의 눈으로 미래를 보다 Future Savvy

지금까지 소개한 바이어스들은 사람들이 미래를 예측할 때 작용하는 것들이다. 시대정신에 따른 바이어스는 상황에 따른 바이어스로 미래를 예측할 때 일반적으로 나타나므로 이에 관심을 갖고 주의를 기울여야 한다. 독일어 자이트가이스트Zeitgeist는 '시대정신'이라는 의미로 동시대를 사는 사람들이 무의식적으로 공유하는 가치관, 분석 방법, 관심사를 지칭한다.

지금까지 미래 예측 결과들을 돌이켜보면 예측가들은 예측 당시의 조건, 쟁점, 상황을 반영하는 시대정신에 의해 많은 영향을 받는다는 것을 알 수 있다. 예측가들의 예측이 동일한 방식으로 틀린 것을 보면 시대정신에 따른 바이어스가 작용하고 있음을 확인할 수 있다.

미래를 예측할 때 시대정신이 어떤 역할을 하는지는 다음 사례에서 확인할 수 있다. 1893년 시카고에서 개최된 세계무역박람회에서 미국의 최고 지성인들이 100년 후 일어날 일을 예측했다.* 지성인들 중 일부는 100년 후의 기술과 사회에 대해 나름대로 정확한 예측을 했다. 예를 들어 "기차는 시속 160킬로미터로 달릴 것이다"와 "플로리다 주는 매우 훌륭하게 개발될 것이다"라는 예측은 들어맞았다.

하지만 다른 예측들은 100년 후의 미래를 맞히지 못했다. 당시 시카

---

* 1893년 시카고에서 개최된 세계무역박람회에서 미국언론협회는 1993년의 모습을 묻는 설문 조사를 실시했다. 당시 설문 대상자들은 기술자, 작가, 정치인, 시인, 사업가 등 당시 미국을 대표하는 최고의 지성인들이었다.(7)

고에 초대받았던 유명한 지성인들은 중서부 개발 시대의 시대정신에 흠뻑 젖어 있었다. 당시 예측들은 주로 1993년의 농업과 농산물 거래에 관한 것들이었다. 또한 100년 후 미국 경제에 대한 예측에는 유럽식 경제제도의 흔적이 뚜렷하게 남아 있었다. 지금으로서는 도저히 상상할 수 없는 내용들이다. 노동조합, 노동 정책, 무정부 국가의 도래를 예측하는 사람도 있었다. 이것들은 100년 전의 시대적 관심사이지 현재의 관심사는 아니다.

어느 누구도 100년 뒤의 일을 정확하게 예측할 수는 없다. 다만 어떤 사람은 다른 사람보다 조금 더 정확하게 예측할 수 있을 뿐이다. 그런데 한 가지 재미있는 사실은 예측가의 절반 이상이 공통의 방식으로 잘못된 예측을 했다는 점이다. 19세기 말 미국의 퇴폐적인 시대정신을 뛰어넘어 100년 후의 미래를 정확히 예측하는 것은 쉽지 않은 일임을 알 수 있다. 100년 전 미국의 대표적인 지성인들은 100년 후의 시대정신인 글로벌화, 정보 중심의 경제를 예측하지 못했다. 세세한 부분은 놓치더라도 이런 시대 흐름만 제대로 읽었더라도 훨씬 정확한 예측을 할 수 있었을 것이다.

시대정신에 따른 예측 바이어스는 1950년대와 1960년대에 가장 두드러졌던 것으로 보인다. 당시 미래학자들은 원자력 개발, 우주 개발(화성으로 휴가를 가자는 말도 나왔다), 질병 퇴치, 여가의 증대 등을 예측했다. 이런 예측들을 자세히 살펴보면 공통적으로 잘못된 결과를 확인할 수 있는데 그것은 바로 기술 진보와 자원(그리고 에너지) 확보를 지나치게 낙관적으로 전망했다는 점이다. 다시 말해 시대정신에 흠뻑 젖어들었다고 볼 수 있다.

미국은 2차 대전 이후 초강대국으로 등장했다. 당시 미국 경제는 초유의 호황이었고 일자리는 넘쳐났다. 고등 교육과 연구 개발은 기하급수적으로 증대했다. 우주 개발이 한창 진행되면서 인류가 자연을 지배하고 미국의 독창력이 무한한 가능성을 펼치리라는 기대가 넘쳤다. 이렇게 경제 개발과 기술 진보의 황금 시대에는 성공적인 기술 개발과 풍요로운 생활이 전반적인 분위기를 지배하게 된다. 따라서 미래에 대한 예측도 마찬가지로 낙관적이다.

1960년대 중반 미국의 농업에 관한 예측을 보면 기후에 구애받지 않는 농업, 로봇이 움직이는 트랙터, 염분을 제거한 바닷물을 이용한 관개 시설, 합성 육류의 개발 등이 언급되었다.(8) 이런 예측은 미래 농업의 현실을 간과하고 있다. 즉 컨테이너 수송, 농산물 가격의 하락, 농산물 보호 정책, 바이오 농업 기술과 이에 대한 반감, 유기농에 대한 수요 등을 예측하지 못했던 것이다.

1970년대 초에는 사람들이 세상을 보는 눈이 크게 변했다. 미국의 베트남전쟁 패배가 가장 두드러진 사건이었으며, 실업률과 인플레이션율은 크게 상승했다. 경제지표가 이렇게 악화된 것은 부분적으로 1973년과 1974년의 석유 파동에서 그 원인을 찾을 수 있다. 글로벌 금융 위기, 개발도상국 인구의 급격한 증가는 또 다른 먹구름을 드리우고 있었다. 이런 시대에 미래를 보는 눈이 크게 달라진 것은 별로 놀라운 일이 아니다.

당시의 미래에 대한 예측 사례를 한 가지 들면 1972년 로마클럽의 〈성장의 한계The Limits to Growth〉를 들 수 있다. 이 보고서는 아시아와 아프리카 지역의 급격한 인구 성장으로 석유 등 유한 자원finite resource이 어떤 영향을 받는지를 보여주었다.

시대정신이 바뀌면 예측도 바뀌게 된다. 지나친 낙관론에서 벗어나서 한계를 인정하게 되는 것이다. 기술 낙관주의자들도 비관적인 예측을 하는 사람들을 비판하면서 낙관적인 예측의 수위를 조절한다.

1989년 구소련의 붕괴 그리고 냉전의 종식과 더불어 새로운 국제 질서가 도래했다. 또한 디지털 기술의 개발, 인터넷의 등장, WTO협약, 웹시장의 확대로 낙관주의라는 새로운 시대정신이 형성되었다. 사람들은 정보 통신 기술과 새로운 사업 모델이 글로벌 디지털 대학의 설립과 치아 스캐닝dental scanning에 이르기까지 인간의 모든 문제를 해결해줄 것으로 믿게 되었다. 1999년 저명한 미래학자인 피터 슈워츠Peter Schwartz는 《장기 호황The Long Boom》이라는 책에서 25년 후 미국이 주도하는 글로벌 번영, 국제 평화, 생활 수준의 향상, 개인의 자유 보장, 개선된 환경 등을 예측했다.(9)

2001년 나스닥 버블이 붕괴한 후 알카에다가 미국의 힘을 상징하는 무역센터를 공격하자 미국은 테러와의 전쟁을 선포했다. 이때부터 1990년대의 장밋빛 전망이 사라지면서 새로운 시대정신을 따르는 예측이 시작되었다. 따라서 21세기 초의 예측 전문가들은 이전에 비해 더 많은 위험이 도사리고, 정치적으로 더욱 분열되며, 보수주의자들이 주도권을 쥐고, 시민의 자유가 침해되는 세상에서 보다 신중한 전망을 내놓는다. 현재의 시대정신을 이끌어가는 이슈들은 기후 변화, 글로벌화, 중국의 경제 성장 등이다.

이런 시대정신은 확실히 전문가들의 인식에 중대한 영향을 미친다. 많은 사람들이 시대정신에 따라 미래의 쟁점을 예측한다. 하지만 시대정신에 따른 예측 바이어스를 이해하게 되면서 우리는 앞으로 수십 년 후에는 또 다른 이슈들이 세상을 이끌어가리라는 사실을 알게 된다.

밤이 지나면 아침이 오듯이 시간이 흘러 새로운 시대가 열리면서 우리가 생각하지 못했던 새로운 이슈, 새로운 상황, 새로운 관계가 세상을 지배하게 된다. (그렇다고 해서 지금 새롭게 등장한 정치적 쟁점, 기후 변화, 중국의 경제 성장이 사람들의 관심에서 당장 사라지리라는 의미는 아니다. 다만 이런 이슈들은 여전히 존재하지만 사람들이 여기 익숙해지고 이런 흐름에 대처하는 방안들이 만들어지면서 사람들의 의식을 지배하는 새로운 이슈가 되지는 않는다는 의미다.) 오늘날의 이슈, 권위, 관심사들이 미래에도 계속될 것이라 생각하는 사람들은 잘못된 예측을 내놓을 가능성이 높다.

전문가 예측의 함정 :
전문성이 덫이 되다

Future Savvy

합의에 의한 예측은 패러다임이나 시대정신에 얽매이는 경우가 많다. 또한 예측 결과는 다수의 합의를 따르는 예측이라는 점에서 합리화되기도 한다. 많은 사람이 동의하는 예측 결과는 한 사람의 예측 결과보다 가치가 있어 보인다. 하지만 시대정신에 따른 바이어스를 고려한다면 합의에 근거한 예측 결과에 의문을 제기할 수도 있다. 예측 결과에 대한 다수의 합의는 단순히 시대정신을 반영할 수도 있기 때문이다.

다수의 합의에 의한 예측 기법의 전형적인 예로는 델파이 기법을 들 수 있다. 인터뷰 대상자는 주로 해당 분야의 전문가들로서 예상되는 사건이 일어날 가능성과 타이밍에 대해 대답해준다. 여러 전문가들에게 똑같은 질문을 해서 대답을 종합한 다음 합의에 도달할 때까지 미래에 예상되는 사건이 일어날 가능성과 타이밍의 범위를 좁혀 나간다. 이 방법은 집단에 속한 사람들의 공통된 관점을 이끌어내지만 인터뷰 대상자들이 집단적으로 편향된 의견을 가지지 않으리라는 보장은 해주지 않는다.

어떤 예측 결과는 해당 분야 전문가들의 의견이라는 사실 때문에 설득력을 갖기도 한다. 예측에 참여하는 전문가 그룹의 자격이 예측 결과물의 가치를 결정해주기도 한다. 특히 우리가 잘 모르는 분야에 대해서는 예측 전문가들의 자격이나 권위에 따라 예측 결과에 대한 믿음이 좌우된다. (우리는 성공한 사람들의 말에 무게를 실어주고 신뢰감을 갖게 된다. 워렌 버핏이 미래에 관해 하는 말은 증권이나 투자에 관한 것이 아니라도 사람들의 관심을 끈다.)

이런 현상은 한편으로는 타당한 면도 있다. 전문가들은 해당 분야에서 많은 지식과 경험을 쌓았다. 덕분에 자신의 분야에서 미래에 발생할 일을 예상할 때 일반인들보다 더 많은 것을 생각할 수 있다. 이런 전문가들이 자신의 분야에서 일어날 변화를 말하지 않는다면 누가 이 일을 감당할 것인가?

하지만 전문가들은 현재의 패러다임에 얽매일 여지가 많기 때문에 패러다임 너머에 있는 것을 오히려 보지 못하는 경우도 있다. 자신의 분야에서 일고 있는 급격한 변화를 파악하지 못하는 것이다. 그들은 자신의 분야에서 과거에 일어난 일은 잘 알지만 새로운 가능성에 대해서는 남들보다 늦게 인식할 수 있다.

미래학자인 에디 와이너Edie Weiner는 이런 현상을 '지적 무능educated incapacity' 상태라 불렀다. 즉 현재 시스템에 대해 너무나도 많은 것을 알고 있기 때문에 이 범위를 벗어나는 것에 대해서는 제대로 파악하지 못하는 것이다.(10) 의사들은 건강 관리에 대해서는 많은 것을 알고 있지만 건강에 영향을 미칠 새로운 변화 요인에 대해서는 무지하다. 또한 공무원들은 지금 자신의 역할에 대해서는 익숙하지만 미래의 바람직한 정부의 모습에 대해서는 별로 아는 것이 없다. 전문가들은 현재 시스템에서 전문가지, 미래 시스템에서 전문가가 아니다. 오히려 전문가들의 전문성이 미래를 내다보는 데 방해가 되기도 한다.

전문가들이 자신이 속한 산업이나 회사의 구성원(내부자)으로서 미래를 예측할 때 패러다임 마비 증상과 3장에서 설명한 내부자에 의한 바이어스 문제가 발생한다. 사실 전문가들 자신의 전문적인 경험과 내부자로서의 위치는 외적인 변화를 가볍게 여기고 패러다임 바이어스를 조장하게 한다. 그러면서 전문가들은 "그런 일은 절대 일어나지 않아" 또는 "그런 방법으로 처리하는 것은 바람직하지 않아"라는 말을 한다. 1990년대 궁지에 몰린 브리태니커가 무료 컨텐츠와 디지털 미디어에 대해 고민하기 시작한 것이 좋은 교훈이 된다.

가정의 타당성 :
훌륭한 가정이 훌륭한 예측을 낳는다   Future Savvy

인간은 주변에서 일어나는 현상으로부터 지식을 만들어낸다. 그런데 이렇게 지식을 만들어내는 일은 개인 혹은 집단이 지닌 패러다임과 시대정신에 많은 영향을 받는다. 인식의 틀은 현상을 인식하는 방법을 규정해주기도 하지만 기대하거나 경험하지 못했던 것에 대한 인식을 방해하기도 한다. 그래서 우리는 미래에 영향을 미치는 중요한 항목을 놓치거나 잘못 평가하여 제대로 된 예측을 내놓지 못하기도 한다.

루이 파스퇴르Louis Pasteur는 "기회는 준비된 자에게만 온다"는 말을 했다. 중요한 것은 바로 우리의 마인드다. 다시 말해 기존의 인식 여과 장치를 극복하고 새로운 방법이나 관점에서 현상을 바라보고 인식의 틀을 확대해야 하는 것이다.

사실 인식의 틀을 극복하는 것은 간단한 문제가 아니다. 인식의 틀을 극복했을지라도(기존의 패러다임에서 해방되는 것을 의미한다) 이를 확인하는 것은 개념상 불가능하다. 하지만 현명한 소비자라면 예측 결과물에 담겨 있는 심적 모형mental model*을 찾아서 의문을 제기해야 한다. 즉 예측이 근거하고 있는 가정들을 확인하고 여기 문제점을 제기해야 하는 것이다.

예측가들은 항상 몇 가지 가정에 근거하여 미래를 예측한다. 이런 가정들은 주로 예측을 위해 지금 중요한 요소는 무엇이고, 이런 요소들이 미래에 어떻게 변할지와 얼마나 지속될지에 관한 것이다. 이런 가정은 예측가들이 현재의 관측치를 토대로 미래의 관측치를 예측하는 수단이 된다. 어떤 예측가가 "중국은 2030년까지 세계 최대의 경제대국이 될 것"이라고 예측한다고 하자. 이때 예측가는 현재 중국의 경제 성장률이 미래에도 지속된다는 가정을 할 수 있다. 또한 현재 세계 최대의 경제대국인 미국과 중국의 경제 성장률 차이가 지속될 것이라는 가정을 할 수도 있고, 중국의 자연 자원 활용, 기술 개발, 전쟁이나 테러로 인한 경제 불안 등에 대한 가정을 할 수 있다.

기술 개발에 관한 가정은 바로 교육과 훈련에 관한 가정과 서로 통한다. 자연 자원의 활용은 경제 개발에 필요한 자원을 확보하기 위한 외

---

* 어떤 사람의 사상이 형성되는 과정을 설명하는 모델로서 외적인 현실에 대해 내적인 표현 혹은 상징을 의미하며 인식과 의사결정에 중요한 역할을 한다 — 옮긴이.

교적 능력과 필요한 비용을 지불할 수 있는 경제적 능력과도 연관된다. 결론적으로 미래에 대한 예측은 다양한 가정에 근거할 수밖에 없고 이런 가정은 또 다른 가정들과 연관된다.

그러면 중요한 것은 바로 이런 가정의 타당성이다. 가정이 훌륭하다면 예측은 미래에 실제로 나타날 결과에 근접하게 된다. 반면 가정이 훌륭하지 못하다면(예를 들어 교육 투자가 지체되면서 기술 개발에 대한 가정이 현실과 멀어진다면) 예측 결과는 미래의 결과와는 상당히 멀어지게 된다.

사실 경험에 의하면 잘못된 가정에 근거한 예측 결과는 미래의 결과와 심하게 멀어지는 것으로 나타났다. 한 예로 1990년대 서류 없는 사무실이 등장하리라는 예측을 할 때 상당히 중첩되는 가정들이 제시되었다. 당시 예측가들의 가정들을 나열하면 디지털 기술의 급속한 발전, 편리한 전자 결재 도입에 따른 비용 절감, 소프트웨어 보안의 개선, 시장 여건의 빠른 변화, 사용자들의 신속한 채택 등을 들 수 있다. 결국 이런 가정들은 그리 타당하지 못했던 것으로 판명되었다.

예측가들의 가정은 예측 시점에 따라 타당하기도 하고 그렇지 못하기도 하다. 하지만 시간이 지나면 가정들의 타당성은 점점 사라지게 된다. 이민자들이 새로운 문화에 빠르게 동화될 것이라는 가정은 1970년대에는 타당했지만, 통신 요금과 항공 요금이 당시에 비해 저렴하고 인터넷이 널리 보급된 요즘에는 그리 타당하지 않다. 빠르게 움직이는 분야일수록 가정의 유효 기간이 짧다. 현재와 미래를 정확하게 설명해줄 것이라 생각했던 가정들도 세상이 크게 변하면서 갑자기 타당성을 잃을 가능성이 높다. 예측 기간이 길수록 가정의 타당성은 점차 떨어지는 셈이다.

　이전에 살펴봤듯이 추세외삽법과 통계적 방법을 활용한 예측은 가정이 옳다는 전제하에 단기 예측 혹은 중기 예측에만 타당성을 띤다고 봐야 한다. 아무리 수치를 계산하는 컴퓨터가 발달하고 세련된 통계 기법이 개발되더라도 예측 기간이 길어지면 현재의 가정에 근거한 추세외삽법은 잘못된 예측을 내놓을 가능성이 높다.

가정의 확인과 검증, 그리고 역발상 :
예측 정확성을 높이다 Future Savvy

　예측가들의 가정은 미래에 대한 자신의 믿음에 근거하고 있다. 이런 믿음은 심적 모형 혹은 패러다임에서 나오게 된다. 우리가 각자 인식의 틀을 확인하기 어려운 것과 마찬가지로 어떤 예측이나 예측가가 지닌 인식의 틀을 확인하기도 어렵다. 하지만 예측가들이 지지하는 가정에 대해 의문을 제기하는 것은 어려운 일이 아니다. 만약 우리가 가정을 확인하고, 그 타당성을 검증하며, 새로운 가정을 생각하고, 이를 통해 새로운 추론을 이끌어내는 식으로 예측 모델을 역설계하면 예측가가 가진 인식 바이어스와 패러다임 바이어스를 찾아내는 데 도움이 될 것이다.

　가정을 확인하고 검증하는 과정은 다음 단계를 거치는 것이 좋다.

가정을 이끌어낸다
예측가들은 가정을 명시적으로 제시하는 경우도 많다. 어떤 사람은

"나는 최소 임금이 동결될 것으로 가정한다"거나 "나는 바이오메트릭 검사를 추진할 정치적 결단이 내려질 것으로 가정한다"는 말을 명시적으로 한다. 하지만 가정을 명시적으로 제시하지 않고 묵시적으로 하는 경우도 많다.

현명한 독자라면 이런 묵시적인 가정도 이끌어낼 수 있어야 한다. 이를 위해 우리는 항상 다음과 같은 질문을 해봐야 한다. "현재로부터 미래의 결과를 예측하기 위해 무엇을 가정해야 하는가?"

가정을 이끌어내는 일은 드러나지 않는(보통은 부정적으로 작용하는 가정이 많다) 가정을 확인하는 일이다. 예측 결과를 내놓기 위해서는 필요하지만 표면적으로는 드러나지 않는 가정이 무엇인지를 확인해봐야 한다는 뜻이다. 종종 지나치게 낙관적으로 예측하다 보면 예측 결과가 실현되는 것을 방해하거나 늦추는(부정적으로 작용하는) 요소에 대해 충분한 탐색을 하지 않고 장밋빛 전망을 내놓는 경우가 많다.

가정의 검증과 역발상

가정을 이끌어내다 보면 다음과 같은 의문을 갖게 된다. "이것들은 얼마나 훌륭한 가정들인가?" 가정에 대해 역발상을 하거나 대안이 되는 가정들을 생각해보면 어떨까?

어떤 예측가가 다음과 같은 가정을 했다고 하자. "2025년에는 세계 인구의 80퍼센트가 도시에서 살 것이다." 이런 예측은 향후 도시로의 이주가 지속적으로 진행되면서 도시 중심의 고용 창출과 경제 번영이 일어나리라는 가정에서 나온 것이다. 하지만 우리는 이런 가정에 의문을 제기하고 역발상을 해볼 수도 있다. 정보 통신 기술이 발전함에 따라 많은 사람들이 도시에서 떨어진 농촌 지역에서 일할 수 있게 되고, 농촌의 생활 수준이 향상됨에 따라 많은 사람들이 농촌 지역에 거주하게 될 것이다. 그 결과 도시의 기능은 이전에 비해 많이 축소되리라는 가정을 할 수도 있는 것이다.

이렇게 가정에 대해 의문을 제기하고, 탐색을 하고, 역발상을 하는 것은 예측 결과에 대해 이의를 제기하고 예측의 정확성을 높이기 위한 것이다. 주요 가정에 대한 역발상을 통해 대안적 미래 예측alternative future projection을 하는 것은 9장에서 설명할 시나리오 계획법의 근간이 된다.

FUTURE

5장

소비자는
효용에 따라
움직인다

SAVVY

우리는 지금까지 잘못된 예측의 원인이 되는 정보와 해석상의 문제
점들에 대해 살펴보았다. 5장에서는 미래 예측에 경제 또는 시장이 어
떤 영향을 미치는지 예측 결과물의 소비자는 어떤 역할을 하는지 자세
히 살펴볼 것이다.

우주 탐험 :
실패한 예측의 전형

Future Savvy

우주 여행과 우주 탐험에 대한 예측은 한때 많은 사람들의 이목을 집중시켰으나 지금은 잘못된 예측의 전형으로 평가된다. 우리는 잘못된 예측이 무엇인지를 생각할 때 이런 사례를 눈여겨봐야 한다.

우주 개발은 1950년대부터 많은 관심을 끌었다. 당시 과학 기술의 급격한 발달로 지구상에는 더 이상 탐험할 곳이 없어진 인간은 우주로 눈을 돌렸다. 그렇게 우주 탐험은 시대적 사조가 되었다. 게다가 냉전이라는 특수한 상황이었기 때문에 우주 탐험에서 우위를 점하는 것은 체제의 우월성을 입증하는 것으로도 인식되었다. 따라서 미국과 소련은 우주 탐험에 엄청난 자원을 투입했다.

1961년 존 F. 케네디J. F. Kennedy 대통령은 10년 이내에 인간이 달에 착륙할 것이라는 미래영향 예측을 했고, 미국 정부는 이 계획을 달성하기 위해 아폴로Apollo 계획과 제미니Gemini 계획을 수립하는 등 많은 노력을 기울였다.* 그리고 이런 계획들을 성공적으로 실천한 것은 바로 인류의 커다란 업적으로 평가되었다. 또한 1969년 인간이 달에 착륙하면서 2000년까지 달에 마을이 건설될 것이라는 예측이 나왔다. 머지않아 화성 여행도 실현될 것이라는 예측도 나왔다.

---

* 1961년 5월 25일 케네디 대통령은 의회에서 다음과 같은 연설을 했다. "나는 미국이 이런 목표를 반드시 달성할 것이라고 믿습니다. 1960년대가 지나가기 전에 우리 인간은 달에 착륙하고 무사히 지구로 귀환할 것입니다. 이보다 더 인류에게 인상적인 우주 탐험은 없을 것입니다. 이보다 더 중요한 우주 탐험도 앞으로 오랫동안 없을 것입니다. 그리고 이보다 더 어렵고 값비싼 우주 탐험도 없을 것입니다."

우리 인류는 1973년 마지막으로 달에 다녀왔다. 과학기술의 발전과 더불어 우주왕복선 개발이 활발하게 추진되었다. 하지만 이치에 전혀 맞지 않는 우주정거장이 건설되는 등 문제가 없었던 것은 아니다. 이제 우주 탐험 계획이 실패한 것을 두고 많은 미국인들이 비통해하고 있다. 그 이유는 무엇일까? 몇 명의 미국인이 우주에 다녀왔다고 해서 그동안의 비용이 정당화되지는 않았기 때문이다. 특히 경제적으로 불안했던 1970년대에는 더욱 그러했다. 결국 예측 결과물의 소비자들인 미국 국민들은 우주 탐험 계획이 백지화까지는 아니더라도 당분간 연기되기를 간절히 바랐다.

효용 VS 가격 :
무엇이 소비를 결정하나 Future Savvy

미래의 변화를 만들어내고 여기에 반응할 때 소비자가 어떤 역할을 하는지 이해하려면 경제학에 대한 기본 지식이 필요하다. 경제학이란 희소성을 다루는 학문이다. 경제학에서는 인간이 희소성을 지닌 자원으로 어떻게 무한한 욕망을 충족시키는가를 분석한다. 희소성을 극복한다는 것은 자원을 효율적으로 활용한다는 의미다. 다시 말해 합리적인 개인은 자원을 최대한으로 활용해서 희소성으로 인한 부족함을 최소화하려고 한다.

소비자가 재화나 용역으로부터 얻는 편익을 경제학에서는 '효용 utility'이라고 한다. 총효용total utility이란 소비자가 특정 재화나 용역을 소비해서 얻는 모든 편익의 합이다. 경제학에서는 소비자들이 자신의 이익을 위해 총효용을 극대화하려 한다는 합리적인 가정을 한다.

효용 극대화라는 가정은 동일한 재화의 가격이 서로 다를 경우 가장 싼 것을 구매하거나 더 낮은 가격에 공급되는 더 나은 서비스가 있을 경우 이것을 구매한다는 의미다. 또한 가격에 비해 품질이 좋은 제품이 있을 경우 이것을 소비한다는 의미일 수도 있다. 가격이 효용을 결정하는 한 가지 요소인 것은 분명하다. 그러나 효용 분석이 가장 저렴한 재화를 구매한다는 원칙을 의미하지는 않는다. 간단한 예를 들어보자.

대다수의 소비자는 비 오는 날에 비를 피하기 위해 보통 품질의 우산을 10달러에 사려고 한다(여기서 비를 피하는 것이 효용이다). 그리고 5달러짜리 우산은 몇 번 쓰면 고장 나기 때문에 대다수의 소비자가 구매를 꺼린다. 즉 5달러짜리 우산은 가격도 싸고 총효용도 낮다. 그리고 대다수의 소비자는 보통 품질의 우산으로도 비를 피할 수 있기 때문에 값이 40달러나 되는 명품 우산을 사는 것도 꺼린다. 비용에 비해 효용이 적기 때문이다.

만약 비가 억수같이 쏟아지는데 우산이 없다면 대다수의 소비자는 품질이 낮은 5달러짜리 우산을 사려고 할 것이다. 지금 당장 비에 흠뻑 젖는 상황을 면해야 하기 때문이다. 비가 억수같이 쏟아질 때 품질이 낮은 우산에서 얻는 효용이란 지금 당장 비에 흠뻑 젖는 상황을 피하는 데서 오는 편익을 의미한다. 따라서 대다수의 소비자는 이때 얻는 총효용의 가치를 5달러로 판단하는 것이다.

그런데 효용 분석과 가격 분석은 혼동하지 말아야 한다. 소비자들은 효용 분석을 통해 비용과 편익을 구성하는 요소들을 살펴본다. 즉 환경에 대한 영향, 도덕적인 의미, 안전성, 공익, 이미지, 패션, 지역이나 국가의 위상, 편리함 등 비경제적인 요소도 함께 고려하여 효용을 극대화하는 것이다. 예를 들어 어린이용 자동차 시트, 자전거 헬멧, 화재 경보기를 구매할 때 무엇을 고려하는가를 생각해보자. 사람들은 재해를 방지함으로써 발생하는 편익이 추가적으로 발생하는 비용보다 크다고 생각하면 이런 제품을 사려고 할 것이다. 마찬가지로 사람들은 더 적은 비용이 나가더라도 동물을 대상으로 실험한 화장품이나 노동 착취 공장에서 생산된 운동화를 구매하려 하지 않을 것이다. 윤리적이고 인도적인 요소에도 가치를 부여하여 효용을 계산하는 것이다.

이런 것을 보면 정부, NGO, 민간 단체가 가격 대비 편익을 지나치게 따지는 사람들의 주장에 반하는 정책을 추진하는 이유를 알 수 있다. 만약 브라질의 어느 민간 단체가 브라질 국민들에게 "브라질 제품을 사세요, 브라질 사람들의 일자리를 지켜야 합니다"라는 말을 한다면, 이는 브라질의 장기적인 국익을 위해 가격이 싸고 품질이 좋은 외국 제품을 사서는 안 된다는 의미다. 지금은 브라질 제품이 값에 비해 편익은 떨어지지만 브라질 국민 전체의 장기적인 편익을 위해 값이 비싼 브라질 제품을 사야 한다는 말이다.

이런 사고방식을 따른다면 미래에 커다란 변화가 일어났을 때 그로 인해 증가하는 소비자들의 총편익이 총비용의 증가분보다 더 큰지를 따져보아야 한다는 사실을 알 수 있다. 다시 말해 순편익이 증가했는지를 살펴봐야 한다는 것이다. 소비자가 합리적이라면 현재의 선택과 대안을 가지고 판단할 것이다. 그리고 총효용이 증가하지 않는다면 지금의 소비 패턴을 바꾸지 않을 것이다. 경제학에서는 현재의 효용 수준과 같은 효용 수준을 제공하는 소비 패턴(상품들의 조합)에 대해서는 현재의 소비 패턴과 서로 '무차별하다'고 말한다. 따라서 더 높거나 낮은 효용 수준을 제공하는 소비 패턴은 현재의 소비 패턴과 무차별하지 않은 것이다.

한계효용체감의 법칙 :
인간의 행동을 결정하는 동인

경제학에서는 상품을 한 단위 더 생산하거나 소비할 때 증감하는 총비용이나 총편익을 나타내기 위해 '한계marginal'라는 단어를 붙인다. 즉 한계비용 혹은 한계편익이라는 용어를 사용한다. 그래서 노동의 한계비용은 근로자 한 사람을 더 고용할 때 추가되는 비용을 의미하고, 한계세율은 1달러를 더 벌었을 때 적용되는 세율의 변화를 의미한다. 마찬가지로 한계효용은 소비자가 상품을 한 단위 더 소비했을 때 얻게 되는 효용을 말한다.

한계효용체감의 법칙은 소비자가 상품을 한 단위 더 소비함으로써 얻는 추가적 효용은 점점 감소한다는 법칙이다. 상품을 한 단위 더 소비함으로써 총효용은 증가하더라도 한계효용은 감소한다.

누군가 하루 종일 음식을 먹지 못했을 경우 처음 먹는 햄버거는 생존을 위해 반드시 필요한 것으로서 효용이 아주 클 것이다. 두 번째 햄버거도 건강을 유지하기 위해 필요한 것으로서 효용이 클 것이다. 하지만 세 번째 햄버거의 효용은 감소할 것이며 네 번째 햄버거는 아예 거부당할 것이다. 네 번째 햄버거로부터는 더 이상 효용을 얻지 못하는 것이다. 이렇게 상품이 한 단위 추가됨에 따라 소비자가 추가적으로 얻는 효용은 점점 감소한다. 마찬가지로 텔레비전 채널이 하나만 있다가 새로운 채널이 하나 더 생기면 그 효용은 매우 클 것이다. 하지만 채널이 500개 이상이라면 채널이 하나 더 생긴다고 해도 효용의 증가분은 아주 작을 것이다.

때로는 상품을 한 단위 더 소비함에 따라 총효용이 감소하는 경우도 있다. 이때는 총효용이 최고점에 도달한 후 급격하게 감소한다. 소비자는 이 지점에서 더 이상 효용이 증가하는 것을 느끼지 못하게 된다. 하지만 소비자는 이런 지점을 깨닫지 못할 수도 있다.

한편 상품을 한 단위 더 소비하는 데 추가되는 비용은 일정하다. 이를테면 첫 번째 햄버거의 가격과 네 번째 햄버거의 가격은 같다(생산 비용은 규모의 경제에 따라 점점 감소할 수도 있고 기술적인 제약 때문에 상승할 수도 있다). 따라서 상품을 더 많이 소비함에 따라 한계효용은 점점 감소하고 총비용은 계속 증가하게 된다. 이런 현실 때문에 소비자는 상품을 한 단위 더 소비함으로써 얻는 한계효용(한계편익)과 이때 지출되는 한계비용의 차이가 마이너스(-) 값을 갖지 않도록 소비하게 된다. 소비자가 합리적이라면 한계효용과 한계비용의 차이가 마이너스 값을 갖는 상황은 발생하지 않을 것이다. 다시 말해 네 번째 햄버거를 소비하는 사람은 없을 것이다.

한계효용체감의 법칙이 인간의 생활에 미치는 영향을 건축과 연관지어 생각해보자. 19세기 말부터 새로운 철강 기술이 개발되면서 고층 건물이 많이 등장했다. 1885년에는 시카고에 있던 어느 보험 회사의 9층짜리 건물이 최고층 건물이었다.[1] 안전한 전동식 엘리베이터와 워터펌프가 개발되면서 빌딩의 높이는 점점 더 높아만 갔다.

1909년에 건축된 메트로폴리탄 생명보험사 건물은 50층이었고,

1913년에 건축된 울워스빌딩은 60층이었으며, 1930년에 건축된 크라이슬러빌딩은 77층이었다. 그리고 1931년에는 102층짜리 엠파이어스테이트빌딩이 세워졌다.(2) 엠파이어스테이트빌딩이 세워진 후에는 신축 건물의 높이가 점점 더 높아지는 현상은 멈추었다. 물론 엠파이어스테이트빌딩보다 더 높은 빌딩이 세워지기는 했다(콸라룸푸르의 페트로나스타워와 대만의 타이페이 101 등). 하지만 지난 70여 년 동안 점점 더 높은 빌딩을 지으려는 트렌드는 사라졌다.

빌딩이 점점 높아지면 빌딩 소유자가 갖는 편익은 더 많은 임대 면적을 확보하게 된다는 점이다. 그런데 왜 빌딩을 더 높이 짓지 않는 것일까? 건축공학자들은 200층짜리 빌딩은 물론 500층짜리 빌딩도 건설할 수 있다. 하지만 빌딩의 층수가 높아질수록 건물 유지비가 증가한다. 빌딩에 드나드는 사람들의 이동을 관리하는 일도 만만치 않고, 화재와 지진의 위험도 도사리고 있으며, 최근에는 테러의 위험도 증가했다. 총비용(경제적 비용과 비경제적 비용)이 총편익을 넘어서면서(한 층을 더 쌓게 되면 한계효용이나 한계편익과 한계비용의 차이가 마이너스 값을 갖는다) 초고층 건물의 층수는 지난 70여 년 동안 큰 변화가 없었다. 빌딩의 층수는 비용과 편익이 균형에 도달한 지점에서 멈춘다.*

여객기 속도도 또 다른 사례가 될 수 있다. 라이트 형제Wright Brothers가 인류 최초로 시속 16킬로미터로 비행한 이후 프로펠러 기가 개발되면서 시속 290킬로미터로 비행하는 것이 가능해졌다. 1952년 영국해외항공사BOAC는 민항 제트기를 처음 도입하여 런던과 요하네스버그 사이

---

* 총편익에는 이미지와 위신이 가져다주는 편익도 포함될 수 있다. 세계에서 가장 높은 건물을 보유하면 국가의 위신이 높아진다. 따라서 국가의 중요한 의사결정자가 나라의 위신을 생각해 높은 건물을 짓자는 결정을 내릴 수도 있다.

를 운항하기 시작했다. 당시 제트기의 속도는 시속 770킬로미터였다. 이때부터 1970년 보잉 747기가 도입되기까지 민항 제트기의 속도는 조금씩 빨라져서 시속 900킬로미터에 달했다.

1976년 프랑스와 영국의 합작품인 초음속 여객기 콩코드 기가 도입되면서 시속 2,150킬로미터로 비행할 수 있게 되었다. 항공 분야의 예측 전문가들은 1989년까지 400여 대의 콩코드 기가 민항용으로 도입될 것이라 보았다. 하지만 속도가 가져다주는 편익의 증가분은 점점 줄어들고 서비스 비용은 올라가면서 콩코드 기는 항공사들의 관심에서 멀어졌다. 콩코드 기는 14대만이 사용되다가 2003년 손실만을 남긴 채 역사의 뒤안길로 사라졌다. (2000년 드골 공항에서 발생한 콩코드 기 폭발 사고 때문만은 아니었다. 사고가 나도 계속 운항하는 민항 여객기들을 보면 이 말을 이해할 수 있을 것이다.)

민항 여객기는 편익과 비용을 고려할 때 이미 1970년에 최적의 속도를 달성한 것으로 보인다. 이 말은 빠른 속도가 가져다주는 편익과 연료비, 안전 유지비, 소음 등 오염을 감안한 비용을 따져볼 때 항공기의 속도는 이미 균형에 도달했다는 것이다. 목적지에 빨리 도착하려면 많은 비용을 지불해야 한다(이용 가능한 좌석은 줄어들고 항공기의 연료 소모량은 늘어난다). 많은 소비자들은 시간을 절약함으로써 얻는 편익이 비용에 비해 높은 가치를 갖지 못한다고 생각한다. 속도를 높여서 얻게 되는 편익은 요금과 안전을 고려한다면 별로 바람직한 선택이 아니다. 다시 말해 민항 여객기는 이미 효율적인 속도에 도달한 것이다.

이제 항공사들은 더 이상 민항 여객기의 속도를 높이려 하지 않는다. 앞으로 많은 항공사들이 2007년에 투입된 에어버스 A380을 도입할 것으로 보인다. 이 항공기의 최대 속도는 1970년에 개발되었던 제트 여객기의 최대 속도인 시속 900킬로미터다.*

그렇다고 새로운 기술로 민간 여객기의 속도가 더 향상되지 않으리라는 말은 아니다. 새로운 기술은 민간 여객기의 속도를 높여줄 수도 있다. 하지만 이는 민간 여객기의 속도가 향상되면서 얻는 편익이 비용에 비해 높을 때만 가능하다. 새로운 항공 기술은 비행 속도만으로 평가되어서는 안 된다. 항공사는 요금을 올리지 않고 환경에 악영향을 미치지 않으면서도 안전하고 빠른 항공 기술을 원한다. 즉 편익이 비용에 비해 높아야 한다.**

미래는
소비자의 효용이 결정한다

Future Savvy

민항 여객기의 역사는 미래 예측에 아주 많은 교훈을 준다. 1972년 당시 미국의 부통령이었던 스피로 애그뉴Spiro Agnew는 민간 여객기의 미래에 대해 이런 말을 했다.

"역사에 대해 조금이라도 아는 합리적인 사람이라면 초음속 여객기가 도입되리라는 예상을 쉽게 할 수 있을 것이다. 그리고 이보다 빠른

---

* 하지만 전투기는 다른 목적으로 제작된다. 물론 총편익과 총비용을 고려해서 생산을 결정하는 것은 마찬가지다. 전투기의 속도는 음속의 2배 정도로 알려져 있다. 전투기 조종사는 이보다 빠른 속도를 견뎌낼 수 없다. 만약 무인 전투기가 개발된다면 전투기의 속도는 지금보다 더욱 빨라질 수 있지만 연료비나 재료의 내구성에 따른 제약을 받을 것이다.

** 민항 여객기의 속도를 올리기 위한 연구는 지금도 계속되고 있다. 미국에서 오스트레일리아까지 5시간 이내에 도착할 수 있는 초음속 여객기 개발 계획이 여기 해당한다.

초초음속 여객기도 개발될 것이다. 그다음에는 초초초음속 여객기도 나올 것이다. 우리 인류는 보잉 747기에 만족하지 않는다. 점점 더 빠른 여객기가 계속 개발될 것이다."(3)

이 말은 아주 잘못된 예측의 전형적인 사례다. 민간 여객기의 미래는 애그뉴의 말과는 정반대 방향으로 흘러갔다. 속도보다는 값싸고 안전하며 환경 친화적인 항공 여행이 주류를 이루게 된 것이다. 미래는 새로운 기술이나 인간의 야망이 아니라 합리적인 소비자의 효용에 의해 결정된다. 애그뉴는 특별한 잘못을 저지른 것이 아니라 예측가들이 가장 흔하게 범하는 잘못을 저질렀다. 즉 새로운 기술에 흠뻑 빠진 나머지 비용과 편익을 자세히 따져보지 못했던 것이다.

그런데 한 가지 재미있는 사실은 애그뉴가 이런 말을 할 당시 사우스웨스트 항공의 설립자인 허브 켈러허Herb Kelleher가 항공 여행의 편익은 높이고 비용은 줄이는 방향으로 항공 산업의 미래를 예측해야 한다는 말을 했던 것이다. 사우스웨스트 항공이 설립되기 전까지 항공 여행은 소수 엘리트 계층의 전유물로 인식되었고, 항공 요금도 일반인들에게는 상당히 부담스러웠다.

사우스웨스트 항공은 1971년 취항 이후 1973년까지 매년 흑자를 기록한 반면 프랑스와 영국의 합작품인 콩코드 기는 전혀 이익을 내지 못하고 있었다. 사우스웨스트 항공이 항공 시장을 선도하게 된 것은 그다지 놀라운 일이 아니었다. 사우스웨스트 항공은 노프릴no-frill* 정책을 추진하여 불필요한 서비스를 제거함으로써 저가 항공사로서의 입지를

---

* 프릴은 옷의 가장자리를 화려하게 장식하는 레이스 등을 일컫는데, 여기서는 화려한 장식을 서비스에 빗대어 기내 서비스나 부대 서비스가 전혀 없다는 의미로 '노프릴'이라는 단어를 썼다 — 옮긴이.

공고히 했다. 이후 어느 누구도 콩코드 기에 관심을 갖지 않았다.

이미 설명했듯이 효용 분석은 단순히 가격이나 비용만을 따져보는 것이 아니다. 비용을 줄인다고 해서 바람직한 결과를 보장받을 수 있는 것은 아니다. 어떤 제품이나 서비스는 가격을 올려도 인기를 끈다. 추가 편익이 추가 비용보다 더 높으면 사람들은 이런 제품이나 서비스를 사려고 한다. 캐나다의 '태양의 서커스Cirque de Soleil' 단은 티켓 가격을 100달러로 올렸다. 그럼에도 서커스 단이 제공하는 새로운 편익이 이전에 비해 엄청나게 높아 수많은 사람들이 기꺼이 100달러를 지불하고 그들의 공연을 보려고 한다.

기술 주도의 예측 VS 시장 견인 예측

Future Savvy

세상을 기술 중심으로 바라보는 예측 전문가들은 미래의 기술 개발이 어떻게 전개될 것인가에 대해 터무니없는 전망을 내놓기도 한다. 물론 기술 개발이 변화의 주요 원인인 것은 의문의 여지가 없는 사실이지만 신기술의 출현과 그 이용에 대해 잘못된 예측을 하는 경우도 많다. 자신의 분야에서 또 다른 스피로 애그뉴가 되는 것이다.

기술에 대한 환상을 일컫는 테크노 판타지techno-fantasy는 미래를 예측하는 매우 흔한 방식이 되고 있다. 하지만 이런 예측은 아주 오래전부터 틀린 경우가 많았다.

전형적인 예로 1960년대 보험정보연구소Insurance Information Institute

가 제출한 〈미래에 관한 연구 보고A Report on Tomorrow〉를 들 수 있다. 이 것은 1980년대의 생활상을 예측하는 보고서로 자동화된 고속도로, 지구 궤도를 도는 공장, 해저 호텔, 주문·제작되어 헬기로 배달되는 주택 등이 실용화될 것으로 예측했다.*

당시의 다른 보고서들은 이동식 보행로, 달기지 건설, 3차원 텔레비전, 우주 여행, 태양열 자동차, 원자력 항공기, 로봇 가사 도우미, 포채널 스테레오, 마이크로웨이브 통신 등이 상용화될 것으로 예측했다. 이런 예측은 당시 공신력 있는 잡지나 신문에 보도되었다. 이런 기술을 개발하는 것은 가능하지만 편익과 비용을 고려하면 실용화된 것은 별로 없었다. 또한 1980년대 초에 등장하여 신기술 보급의 결정적인 계기가 되었던 워크맨에 대해서는 전혀 예측하지 못했다.

잘못된 예측이 과거에만 있었다고 생각하는 사람들도 있을 것이다. 하지만 최근의 사례를 살펴보면 잘못된 예측은 지금도 흔하다는 사실을 알 수 있다. 많은 예측 전문가들은 인간이 머지않아 보안 장치, 조명 기기, 냉난방 설비 등을 원격으로 조종하는 중앙 집중식 정보 처리 시스템 central info-system이 설치된 스마트홈에서 살게 될 것이라고 말한다. 스마트 시스템은 집주인이 없는 동안 애완견에게 먹이를 주고 조명 기기를 끄거나 켜고, 난방 장치를 가동시키고, 아침에 커피포트를 작동시키며, 각종 식료품들을 알아서 주문하는 장치다. 확실히 이런 시스템을 설치하는 것은 기술적으로 그다지 어렵지 않다. 하지만 이런 예측에는 소비자들의 편익이 제대로 분석되지 않았다.

아무 문제없이 기술 개발이 이루어지더라도 이런 예측은 중단기적으로는 틀릴 수밖에 없다. 사람들은 어떤 상품이 제공하는 편익과 그에

* 스티븐 슈나스는 기술 주도적인 예측 중 실패한 사례를 다양하게 제시한다.

130

대한 비용을 감안하여 선택한다. 어떤 사람은 거실의 카펫을 새로 깔려고 할 것이고, 어떤 사람은 다락방을 새로 만들려고 할 것이며, 어떤 사람은 다른 지역으로 이사를 가려 할 것이다. 스마트홈이 많은 사람들로부터 각광을 받으려면 뛰어난 기술과 안전 장치뿐 아니라 가격 경쟁력도 확보되어야 한다.

기술 혁신이 소비자의 새로운 수요를 완전히 충족시켜주는 것은 아니다. 그나마 완벽하지는 않더라도 소비자의 수요를 충족시켜주는 곳이 바로 시장이다. 소비자는 시장을 통해 상품이 어떤 효용을 제공하고 이때 발생하는 비용은 얼마인지를 알게 된다.

소비자는 기술 혁신으로 탄생한 다양한 상품 중 자신이 원하는 것을 냉정하게 선택한다. 소비자는 다양한 상품이 제공하는 효용을 판단하고 자신이 얻고자 하는 효용을 달성하기 위해 자신의 판단 기준에 적합하지 않은 상품을 선택지에서 냉정하게 배제해버린다. 수많은 상품이 이론적으로나 기술적으로는 생산이 가능한데도 시장에 출시되지 않는 이유를 이해할 수 있을 것이다. 랠프 월도 에머슨Ralph Waldo Emerson이 남긴 유명한 말을 기억하는 것도 이해에 도움이 될 것이다.

"매력적인 신제품을 만들어라. 그러면 많은 사람이 관심을 갖고 사줄 것이다."

여기서 '매력적인'이란 가격, 편리함, 효율성 등을 포괄하여 매우 큰 만족(효용)을 준다는 의미다. '매력적인'이라는 말이 기술 혁신에만 해당한다고 생각하면 오해다.

그런데 기술 주도의 예측이 기술 개발에만 국한하여 미래를 예측하는 것은 아니다. 이것은 사회적 혹은 경제적 어려움을 개선하려는 목표도 아울러 제시한다. 예를 들어 품종 개량으로 장차 인류의 식량 문제가 해결되리라는 예측이 가능하고, 환경 친화적인 경량전철로 많은 사람들이 자가용을 이용하지 않고 대중교통을 이용하게 되리라는 예측도 가능하다.

실제로 우리 인류는 현재 인구의 2배 이상 되는 인구를 부양할 수 있다. 하지만 우리가 그만큼의 인구를 부양하겠다는 의지를 가지고 있다는 의미는 아니다. 그리고 우리는 효율적인 대중교통 수단을 만들 기술은 있지만 그럴 의지가 있는 것은 아니다. 기술만능주의의 이상은 무엇이든 기술적으로 개발 가능하면 된다는 것이지만 개인 혹은 사회가 개발을 위해 비용과 자원을 반드시 투입하려 하는 것은 아니다. 미래 예측은 단순히 실천 가능한 것을 이야기하는 것이 아니라 실천 가능한 것들 중에서 선택을 하는 것이고 이런 선택은 시장에서 이루어진다.

순편익이 높아지려면 추가 편익이 추가 비용보다 커야 한다. 이때 비용은 우리가 투입한 시간과 노력 등 거래비용transaction cost과 전환비용switching cost까지 포함한 것이다. 여기서 전환비용이란 우리가 이미 있는 것에 대해 투입했던 시간, 에너지, 금전을 의미한다.

전환비용을 설명하기 위해 가장 많이 인용되는 사례는 바로 쿼티 자판이다. 쿼티 자판은 1868년에 처음 만들어졌다. 그런데 당시 사람들의 타자 속도가 너무 빠르다 보니 종이에 찍히는 문자들이 서로 엉켜서 문서가 더럽혀지는 일이 잦았다. 이런 일을 방지하려면 타자 속도를 떨어뜨려야 했다. 그래서 자주 사용되는 문자들을 서로 멀리 배치한 것이 바로 쿼티 자판이다. 그런 쿼티 자판을 개선한 것이 바로 드보락 자판이다. 그러면 자판을 교체할 때 들어가는 비용 중 가장 중요한 것이 무엇인지 생각해보자.

왜 지금도 많은 사람들이 1868년에 개발된 자판을 사용하고 있을까? 새로운 자판을 사용하려면 사람들은 지금까지의 습관을 버리고 새로 타자 치는 법을 배워야 한다. 따라서 자판 교체 비용 중 가장 큰 비중을 차지하는 것이 바로 학습 비용이 된다.

전환비용은 현재 기솔린 자동차가 널리 사용되는 이유도 설명해준다. 100년 전 기술이 지금도 사용되는 것은 전기, 천연가스, 수소를 연료로 하는 자동차를 개발하는 것이 어려워서이기도 하지만 지금까지 가솔린 자동차에 이용된 여러 시스템과도 관련이 있다. 새로운 연료를 사용하려면 이에 맞게 자동차를 개조해야 하고, 자동차 공장의 설비를 재편성해야 하며, 파이프라인을 비롯한 새로운 공급 체인을 구축해야 한다. 또한 각종 지원 인프라를 재편성하고, 주유소를 개조해야 하며, 주유원이나 운전자 등에 대한 재교육도 필요하다. 재생 가능한 에너지를 사용하는 자동차가 보급될 것이라고 예측하는 것은 어렵지 않다. 하지만 이런 대안은 순편익이 플러스(+)가 되어 널리 채택되기 전에 전환비용이라는 높은 산을 넘어야 한다.

전환비용과 총편익은 왜 미국이 여태껏 미터법이 아닌 야드와 파운드법을 사용하고 있는지, 왜 미국이 미래에도 야드와 파운드법을 고수하리라는 예측을 하게 하는지를 설명해준다. 미터법이 훨씬 논리적이고 편리하다는 주장에는 의심의 여지가 없지만(사실 미국 과학자들과 엔지니어들은 미터법을 사용하고 있다) 도량형을 바꾸는 데는 엄청난 전환비용이 필요하다. 미국 사람들은 어린 시절부터 야드와 파운드로 생각해왔다. 야드와 파운드는 미국 사람들의 생활 속에 깊숙이 스며들어 이런 습관을 바꾸는 데는 엄청난 비용이 소요될 것이다. 과학자나 엔지니어가 아닌 일반 미국인들에게는 미터법이 가져다주는 편익이 거의 없다. 따라서 앞으로도 아무런 변화가 없을 것이라는 예측이 가능하다.

전환비용과 효용법칙을 무시한 예측은 잘못된 예측으로 오랫동안 사람들의 입에 회자되기도 한다. 기본적인 시장 분석과 효용 분석만으로 과거의 예측 중 잘못된 것들을 금방 확인할 수 있고, 현재의 잘못된 예측도 쉽게 알아낼 수 있다. 효용 분석 없이 미래를 예측하는 것은 마치 바람이 잔뜩 들어간 풍선의 입구를 열어주는 것과 같다. 예측 결과물이 풍선처럼 이리저리 방 안을 날아다니는 바람에 머리가 빙빙 돌 지경이다. 사실 이런저런 말을 하는 것은 쉽다. 그리고 이런 말들은 쉽게 문서로 기록된다. 하지만 기술이 미래를 결정하는 세상은 지금껏 존재하지 않았고 앞으로도 존재하지 않을 것이다.

기술이 예측 결과를 주도하는 것은 적절하지 않다. 소비자의 효용을 고려하지 않는다면 이런 예측 결과는 허황된 이야기에 지나지 않는다. 결국 "소비자는 왕"이라는 말이 미래 예측에도 사용되어야 한다. (독재 국가처럼 자유시장이 제대로 작동하지 않는 상황이라면 독재 권력이 강제로 특정 기술을 시장에 보급시킬 수 있을 것이다. 하지만 이런 상황에도 기술 하나만으로는 시장에 통용시킬 수 없다.)

미래 예측에서 효용 분석이 중요하다고 해서 기술 분석이 중요하지 않다는 의미는 아니다. 기술 분석은 아주 중요하다. 특히 새로운 효용을 창출할 상품의 프로토타입* 등이 모습을 드러낼 때는 더욱 그렇다.

기술 변화는 소비자들이 선택할 수 있는 상품을 다양화시킨다. 또한 이런 상품을 공급하는 기업의 생산 활동도 다양화시킨다. 소비자들은 엄청난 비용이 따르는 기술 개발을 원하는 것이 아니다. 따라서 기술 개발은 현재 시장에 공급되는 상품의 질과 생산 방법을 약간 개선시키고 생산 비용(시간 비용, 환경 비용 등도 포함)을 줄여서 상품의 가격을 조금

---

* 대량 생산에 들어가기 전에 시험적으로 만든 제품 — 옮긴이.

낮추는 방향으로 진행되는 경우가 대부분이다. 이렇게 되면 소비자의 순편익은 증가하고, 이런 기술이 미래에 실현될 여건이 조성되면서 신기술 제품이 시장에 널리 유통되기 시작한다.

기술 혁신은 소비자의 효용을 증대시키는 방향으로 진행되어야 한다. 미래 예측을 위한 기술 혁신을 정확히 이해하려면 기술 혁신이 언제 어떻게 소비자의 효용을 증대시켜주는지를 알아야 한다. 신기술이 가져다주는 새로움이나 신기함보다는 비용 편익의 관점에서 소비자의 마음을 움직일 수 있어야 한다. 신제품은 거래비용과 전환비용이 낮아서 소비자들이 원하는 것을 이전보다 낮은 가격으로 제공해주어야 한다. 그래야만 미래 소비자들의 마음을 사로잡을 수 있을 것이다.

현재의 눈으로 50여 년 전을 돌이켜보면 우주 여행에 관한 예측이 얼마나 잘못되었는지를 알 수 있고 이를 교훈 삼아 미래의 우주 산업을 예측할 수 있다. 우주 산업에 대해 매우 낙관적이고 웅대하던 예측은 효용의 관점에서 보면 모두 실패한 것으로 나타났다.

미국이 소련과의 우주 개발 경쟁에서 승리한 것에 대한 흥분과 인간이 최초로 달에 착륙한 것에 대한 신선한 충격이 서서히 사라지자 사람들은 우주 개발의 편익에 대해 의문을 제기하기 시작했다. 사람들은 태양계의 춥고 어두운 행성에 더 이상 관심을 두지 않았다. 특히 1970년대 스태그플레이션이 계속되면서 이런 현상은 더욱 심해졌다. 사람들은 자신이 낸 세금으로 우주인이 달에 가서 돌멩이를 몇 개 가져오는 일에는 아무 관심을 두지 않았다. 우주 계획 혹은 기술 진보에 대한 낙관적인 예측은 사람들이 자신이 낸 세금이 도로나 학교를 세우는 데 사용되어 자신의 효용을 증대시켜주기를 바란다는 사실을 간과하고 있다.

한편 우리 시대에는 우주선을 타고 무중력 상태를 경험하며 지구가 둥글다는 사실을 두 눈으로 직접 확인하고 지구를 한 바퀴 돌아보려는 사람들을 상대로 우주 여행이 유행할 것이라는 예측도 있다. 하지만 실현 가능성은 확실하지 않다.

왜 우주 여행에 대한 지금까지의 예측이 잘못되었을까? 앞에서 설명했다시피 기술적으로는 충분히 가능하다. 따라서 이런 우주 여행이 실현되는 데는 기술적으로 아무 문제가 없다. 그런데 이보다 더 중요한 것은 바로 '누가 얼마나 이런 우주 여행을 원할 것인가'다. 우주 여행에 대한 수요가 어느 정도 있고, 우주선의 연료 효율성이 개선된다면 우주 여행에 필요한 비용은 일반인이 지불할 수 있는 수준이 될 수 있다.

사람들이 우주 여행을 단순히 부를 과시하는 수단으로 여기는 부정적인 효용보다는 새로운 경험이라는 긍정적인 효용으로 받아들이고, 대학 졸업식이나 결혼식이나 은혼식 등의 특별 이벤트 정도로 생각한다면 이때 발생하는 규모의 경제는 우주 여행의 비용을 낮추는 효과가 있다. 우주 여행 관련 법규와 우주선의 안전 문제도 해결해야 할 과제다. 중요한 것은 우주 여행의 편익과 비용으로, 이것이 미래에 우주 여행이 얼마나 현실화될지를 결정한다.

효용법칙 이면에 숨은 원리들

Future Savvy

효용법칙은 잡다하게 많은 기술 중에서 미래에 사람들에게 실질적인 혜택을 줄 만한 기술이 어떤 것인가를 확인하는 데 필요한 가이드다.

또한 이런 기술이 상용화되는 데 시간이 얼마나 필요할지를 알려주는 단서가 되기도 한다. 하지만 미래를 예측할 때 고려해야 할 총효용의 크기를 계산하는 데는 여러 복잡한 문제가 따른다.

대량생산을 통해 가격을 조정한다

재화나 용역의 가격은 규모의 경제에 달려 있다. 상품을 대량으로 생산하면 상품 한 단위당 생산비가 줄어들어 가격이 떨어지면서 상품이 상용화된다. 상품의 상용화는 시간을 두고 실현되는 것으로 상품이 개발되었다고 해서 당장 상용화가 되는 것은 아니다. 따라서 상품이 지금 당장 소비자에게 플러스의 순편익을 제공하지 않는다고 해서 미래에도 이런 현상이 지속되리라고 생각해서는 안 된다.

특정 상품의 대량 생산이 가능하다면 플러스의 순편익을 제공할 가능성이 얼마든지 있다. 중요한 것은 '상품이 소비자들에게 지금 당장 플러스의 순편익을 제공하고 있는가'가 아니라 '미래의 비용과 편익을 따져봤을 때 플러스의 순편익을 제공할 수 있을 것인가' 혹은 '미래에 플러스의 순편익을 지속적으로 제공할 수 있을 것인가'에 있다.

시간이 지나면서 품질이 개선된다

소비자는 상품의 성능을 평가하고 생산자들에게 이런 평가 내용을 알려줌으로써 상품의 품질을 개선시키도록 한다. 그런데 생산자가 상품을 개발하여 시장에 처음 출시할 때는 소비자의 이런 역할이 반영되어 있지 않다. 소비자는 오랜 시간에 걸쳐 상품의 품질을 평가하고, 생산자

는 이런 평가를 반영하여 품질을 개선함으로써 소비자의 효용을 증가시
킨다.

상품의 가격 혹은 품질이 지속적으로 변하는 경우 우리는 기술의 시
장 침투 과정trickle down process을 경험하게 된다. 이 과정을 설명하면 이
렇다. 어떤 상품이 처음 개발되었을 때는 부유층만을 고객으로 하는 사
치재였다고 하자. (사치재는 소비자들이 상품을 구매할 때 누리는 효용은 크
지만 높은 가격 때문에 순편익은 크지 않다. 그런데도 많은 소비자들이 이런 상
품을 구매하고 싶어 하는 까닭에 수요의 가격탄력성은 낮다.) 이때 많은 사람
들이 이 상품을 구매하려고 하면서 대량 생산이 가능해지고, 따라서 단
위당 생산 비용이 떨어지면서 품질은 향상된다. 이렇게 되면 소비자의
순편익은 증가하고, 이 상품은 미래 시장에서 인기 상품으로 자리를 잡
게 된다.

소비자들은 서로 다른 선호를 갖는다

어떤 소비자는 조리하기 편한 냉동 식품을 선호하고, 어떤 소비자는
유기농 식품을 선호한다. 이렇게 소비자들의 서로 다른 선호 때문에 기
업들은 시장 세그먼트market segment 전략을 세운다. 이는 소비 성향이
서로 다른 다양한 소비자가 존재하는 시장을 소비 성향이 서로 비슷한
소비자의 집단으로 구분하는 것이다.

효용 분석은 다음 물음들에 대한 대답만을 제시해준다. 여러 세그먼
트에서 효용이 증가하는가? 기술 개발이 전체 소비자의 순편익을 증가
시키는가? 미래 시장에서 인기를 끌 상품이 등장할 것인가? 만약 특정
세그먼트에서만 순편익이 증가한다면 이런 현상 또한 미래를 예측하는

가이드가 될 것이다. 이 경우에는 특정 세그먼트만을 대상으로 한 상품을 시장에 내놓으면 되는 것이다.

효용 극대화는 집단에 따라 다르다

효용 극대화의 결과가 집단(계급, 인종, 국적, 지역, 성별 등)마다 서로 다를 수도 있다. 이 말은 어떤 집단에 최대 효용을 가져다주는 상품이 다른 집단에 대해서는 그렇지 않을 수도 있다는 뜻이다.

이런 이유 때문에 자원을 어디에 어떻게 배분할 것인지에 대해 정치적인 투쟁이 일어나기도 한다. 민주적인 사회라면 최대 다수의 효용 극대화를 위한 방법을 찾을 것이다. 그렇지 못한 사회라면 정치적으로 힘이 센 집단이 다른 집단의 희생을 강요하면서 자신의 효용을 극대화할 방법을 찾을 것이다.

소비자들마다 가격탄력성이 다르다

어떤 상품의 가격탄력성이 높다는 말은 소비자가 이 상품의 가격 상승에 매우 민감하게 반응한다는 의미다. 즉 이 상품의 가격이 오르면 구매를 꺼리거나 다른 상품을 구매하는 것이다. 반대로 어떤 상품의 가격탄력성이 낮다는 말은 소비자가 이 상품의 가격 상승에 민감하지 않게 반응한다는 의미다.

일반적으로 소비자들은 반드시 필요하지 않은 상품의 경우 가격에 탄력적으로 반응한다. 가격탄력성은 소비자가 취할 수 있는 다양한 상품 선택권과도 관계가 있다. 선택할 수 있는 상품이 많다면(예를 들어 전화 회사들이 많다면) 소비자들은 가격 변화에 매우 민감하게 반응한다. 그래서 자신이 이용하는 상품의 가격이 조금이라도 오른다면 다른 상품을 구매하려고 한다. 만약 고풍스러운 벽난로를 반드시 갖고 싶어 하는 소비자가 있고, 이 소비자가 거주하는 지역에 이런 상품을 공급하는 업체가 단 하나만 있다면 이 소비자는 벽난로의 가격이 상승하더라도 이것을 구매하려 할 것이다.

가격탄력성은 돈을 지출하는 자가 누구인가에 영향을 받기도 한다. 자기 돈으로 커피를 사 마시는 사람이 커피를 사려다가 커피 값이 오른 것을 알면 주저할 것이다. 하지만 다른 사람의 돈으로 커피를 사 마신다면 그렇지 않을 것이다. 정부 혹은 공공기관의 소비는 일반인의 소비보다 상품 가격에 비탄력적으로 반응한다. 특히 언론이나 압력단체의 감시가 느슨하다면 더욱더 비탄력적으로 반응한다.

가격탄력성이 높으면 상품에 대한 소비자의 효용이 더욱 중요한 역할을 한다. 이런 소비자의 효용은 미래 예측에 큰 영향력을 발휘한다. 그 결과 기술혁신으로 소비자의 효용을 크게 증가시키지 못한 상품은 미래 시장에서 살아남지 못한다. 가격탄력성이 낮을 경우 소비자들의 효용은 변화촉진자와 변화방해자의 기능을 일부 맡게 된다. 이에 대해서는 6장에서 자세히 살펴보자.

시간이 지나면서 사회적 가치가 변한다

어떤 대상의 현재 가치가 미래에도 불변이고 대상들의 상대적인 가치 또한 불변이라는 가정하에 효용의 관점에서 미래를 바라보는 경우 오류가 생길 수 있다. 사실 건강이나 가족애 같은 것의 가치는 미래에도 변하지 않을 것이다. 하지만 시간이 지나면서 가치가 변하는 것도 많다.

도시 개발과 고속도로 건설의 가치는 오랜 기간 변하지 않았다. 하지만 환경보호론자들의 입지가 강해지면서 이런 것들의 가치가 변하기 시작했다. 습지보호지역의 확대와 도시 개발은 서로 상충한다. 따라서 도시 개발의 비용 편익 분석은 시간이 지나면서 크게 달라졌다. 사회가 생각하는 순편익이 변한 것이다. 최근에는 환경보호를 위해 개발 제한 규정이 실시되었다. 이런 변화를 고려하지 않은 지역 개발 예측은 비현실적이다.

시간이 지나면서 가격이 변한다

우리는 현재 풍족한 것과 부족한 것, 비싼 것과 싼 것에 얽매여서는 안 된다. 현재 비싼 것이 앞으로도 계속 비쌀 것이고 지금 싼 것은 앞으로도 계속 쌀 것이라고 생각한다면 미래에 나타날 효용 변화를 잘못 계산하게 된다.

1960년 예측 전문가들은 항만 시설을 이용한 화물 운송비는 미래에도 변하지 않을 것이라고 예상했다. 당시에는 부두 노동자들의 임금이 운송비의 대부분을 차지하고 있었기 때문에 예측 전문가들은 이렇게 예상한 것이다. 그런데 10년 정도 지나 컨테이너 수송과 항만 시설이 전산화·자동화되면서 화물 운송비는 엄청나게 떨어졌다.

당시 예측 전문가들은 국제 무역의 증가, 운송의 아웃소싱, 글로벌 공급 체인의 실현 등을 예상하지 못해 화물 운송비가 변하지 않으리라는 가정을 했던 것이다. 마찬가지로 우리가 광케이블의 등장, 전화 사업의 민영화 등으로 미래의 통신 요금이 떨어지리라는 예상을 하지 못했더라면 지금과 같은 휴대전화, 인터넷의 광범위한 보급을 예상하지 못했을 것이다.

다른 상품과의 인터페이스가 중요하다

다른 상품과 아무 관련 없이 사용되는 상품은 거의 없다. 이런 이유 때문에 미래를 예측할 때는 소비자들이 사용하는 상품과 새로운 상품의 인터페이스가 매우 중요하다.

어떤 기업이 음식의 온기를 오랫동안 지속시킬 수 있는 접시를 개발했다고 하자. 많은 소비자들이 이 접시에 관심을 가질 것이다. 그런데 소비자들은 이 접시를 사기 전에 한 가지를 더 생각할 것이다. "이 접시를 집에 있는 전자렌지에 넣어도 될까?" 아니면 "집에 있는 식기세척기로 이 접시를 씻을 수 있을까?" 대답이 부정적이라면 이 접시는 우리의 미래 생활에 끼어들 수 없다.

측지선 돔* 형식의 미래 주택은 구조적으로 튼튼하고 환경적으로도 효율적일 수 있다. 하지만 사람들이 이미 보유하고 있는 가구를 배치하기에는 적합하지 않다. 따라서 기술적으로 우수하더라도 순편익은 마이너스일 수 있다. 현재 측지선 돔 형식의 주택은 널리 보급되어 있지 않다.

사람들은 의식하든 의식하지 못하든 어떤 변화가 기존의 문화나 가치와 어울리는가를 평가한다. 그래서 둥글게 지어진 집이 문화적으로나 감정적으로 바람직한 편익을 제공하는지, 편안한 느낌을 주는지, 자신의 위신을 세워주는지 등을 고민한다. 그 결과 사람들이 정신적, 문화

---

* 다각형 격자를 짜 맞춘 돔 — 옮긴이.

적, 물질적으로 이미 갖고 있는 것을 더욱 빛나게 해주지 못한다면 그 효용 가치는 아주 작을 것이고 미래에 널리 보급되기는 어려울 것이다.

효용을 제공하는 상품은 살아남는다

우리는 효용 분석을 통해 새로운 상품의 순편익이 플러스가 되면 이 상품은 소비자들의 환영을 받고, 이때 기존 상품은 시장에서 사라진다는 사실을 알 수 있었다.

컨테이너 수송으로 부두 노동자들이 직접 상품을 포장하는 작업은 사라졌다. 하지만 새로운 상품의 순편익이 증가한다고 해서 반드시 기존 상품이 사라지는 것은 아니다. 새로운 상품이 기존 상품을 대체하는 대신 소비자들에게 새로운 선택지를 제공해주는 경우도 많다. 텔레비전은 라디오를 사라지게 하지 않았다. 전자렌지가 오븐을 몰아낸 것도 아니다. 자동차가 자전거나 철도를 사라지게 한 것도 아니고 컴퓨터가 종이와 연필을 대체한 것도 아니다.

새로운 상품이 기존 상품을 대체하지 않은 사례는 무수히 많다. 새로운 상품은 다만 새로운 선택지를 더해주었을 뿐이다. 따라서 새로운 상품이 기존 상품을 완전히 대체하리라는 예측은 너무 단순하다. 만약 새로운 상품이 기존 상품을 대체할 것이라는 예측을 하려면 다음과 같은 질문을 해봐야 한다. "기존 상품은 새로운 상품이 제공하지 못하는 효용을 제공하는가? 혹은 새로운 상품에 비해 가격 경쟁력이 있는가?" 효용 분석의 관점에서 소비자들은 다음과 같은 질문을 할 수 있다. "기존 상품과 새로운 상품의 장점은 무엇인가?"

만약 두 상품 모두 효용가치를 가진다면 두 상품은 미래 시장에서 살아남을 수 있다. 자전거는 소비자들에게 자동차가 제공하지 못하는 가치, 즉 운동할 기회뿐 아니라 여가를 즐길 기회도 제공한다. 자동차가 등장했어도 자전거는 여전히 효용 가치를 갖는 것이다. 자전거는 미래에도 이런 효용 가치를 계속 제공할 것이다. 덕분에 자전거는 과거와는 다른 이유로 미래에도 여전히 인기를 누릴 것이다.

새로운 상품이 기존 상품을 완전히 대체하는 것이 아니라 부분적으로 대체하리라는 생각을 함으로써 새로운 상품이 쉽게 출시되도록 시장의 문턱을 낮출 수도 있다. 새로운 상품이 기존 상품의 효용 가치를 완전히 능가할 필요가 없다는 뜻이다. 중요한 것은 기존 상품의 효용 가치가 새로운 상품의 효용 가치에 의해 어느 정도 대체되는가에 있다.

소비자들은 미래를 서서히 변화시킨다   Future Savvy

지금까지 설명했던 효용 분석과 관련된 풀기 힘든 문제들은 미래 예측이 얼마나 복잡한지를 보여준다. 하지만 미래를 정확하게 예측하려면 이런 문제들을 효과적으로 극복해야 한다. 효용 분석은 미래 예측에 가장 중요한 가이드가 된다.

미래는 많은 사람들의 다양한 비용 편익 분석을 토대로 만들어진다. 따라서 주관적인 생각이나 느낌만으로 미래를 예측할 수는 없다. 기존 비용 편익의 균형을 변화시키는 것은 가능한 일이고 신기술이 항상 이런 역할을 해왔다. 하지만 신기술이 많은 사람들에게 매력적인 것으로 다가가기 위해서는 오랜 기간에 걸쳐 변화를 추진할 힘을 지니고 있어야 한다. 새로운 기술이 효용이라는 높은 장벽을 극복해야 한다는 사실을 이해해야만 미래에 대해 단순히 희망 사항을 나열하는 대신 실질적이고 믿을 만한 그림을 그릴 수 있다. 따라서 예측 전문가가 실시한 효용 분석은 예측 결과물의 품질을 평가하는 최고의 판단 기준이 된다.

이 말은 미래가 천천히 변하는 이유뿐 아니라 변화에 대한 예측이 원칙적으로는 옳더라도 속도와 범위 면에서 지나치게 과장되는 이유를 알려준다. 세계에서 가장 큰 기업 연구소 중 하나인 바텔 연구소Batelle Institute는 신기술이 상용화되기까지 평균 20년이 걸린다고 보았다.

팩스는 1968년에 개발되었다. 하지만 시장에는 1980년대 중반에 출시되었다. 1967년 출시된 전자렌지는 연구 개발에만 20년이 소요되었다. 가솔린 엔진이 처음 개발되고 1903년 포드 자동차가 출시되기까지 27년이 소요되었다. 라디오 기술은 1906년에 처음 개발되었지만 라디오 방송국이 처음 개국한 것은 1920년이었다. 1939년 처음으로 텔레비전 방송이 시작되었는데 실제 텔레비전이 개발된 것은 이보다 17년 전이었다. 컴퓨터 마우스는 1963년에 개발되었지만 제록스 스타Xerox Star가 이를 상용화한 것은 1981년이었다. 바코드 표준화는 1973년에 완료되었지만 실제로 바코드가 사용된 것은 20년 후의 일이었다. 제록스는 1960년에 복사기를 개발했지만 23년이 지나서야 이것을 특허출원했다. 인터넷은 1970년대 미국의 방위고등연구계획국DARPA이 처음 개발한 후 1990년대 중반부터 보급되기 시작했다.(4)

신기술이 사회문화적으로 확산되어가는 과정을 정확히 예측하기는 매우 어렵다. 지역, 시점, 집단, 문화가 갖는 특성에 따라 서로 다른 효용 분석을 실시하여 서로 다른 결론을 얻을 수 있기 때문이다. 신기술 확산은 지역에 따라 서로 다르게 나타날 것이고, 미래 예측의 결과도 지역에 따라 서로 다를 것이다. 다른 지역도 샌프란시스코나 베를린과 같은 신기술 확산, 상품 보급, 소비자 선호, 라이프스타일이 나타나리라 예측하는 것은 큰 잘못이다. 또한 지배 계층이나 청년 계층의 라이프스타일이 다른 계층에도 나타나리라 예측하는 것도 큰 잘못이다. 지역적, 문화적, 경제적 저항과 변화에 대한 반감이 작용하면 피할 수 없는 변화의 물결을 단순히 틈새시장에서 벌어지는 일시적인 현상으로 판단할 수도 있다.

변화가 광범위하게 확산되리라는 예측을 하려면 우선 이런 변화가 발생한 이유를 따져보고 그다음으로는 이런 변화가 광범위하게 확산되는 이유를 따져보아야 한다. 예를 들어 휴대전화가 출시되려면 효용 분석을 반드시 거쳐야 한다. 하지만 휴대전화의 광범위한 확산에 대한 분석은 생략되는 경우가 많다. 많은 사람들이 도미노 효과를 일반적인 것이라 가정하지만 이는 잘못된 가정인 경우가 많다.

이제 기술 혁신의 확산은 그 자체로 하나의 연구 분야가 되었다. 이론적인 내용은 에버렛 로저스의 《개혁의 확산》에 자세히 나와 있다. 로저스는 이 책에서 기술의 적용 가능성을 설명하고 신기술의 확산은 다음과 같은 요소에 의해 결정된다고 설명했다.

상대적 우위 Relative Advantage

특정 기술이 다른 기술보다 얼마나 우월한가?

양립성Compatibility

특정 기술이 기존의 가치, 과거의 경험, 잠재적 채택자의 요구에 얼마나 부합하는가?

복잡성Complexity

특정 기술을 이해하고 사용하는 것이 얼마나 어려운가?

구현 가능성Trialability

특정 기술이 한정된 기반에서 실제로 어느 정도나 구현되는가?

관찰 가능성Observability

특정 기술 혁신의 결과가 사람들에게 얼마나 관찰되는가?

로저스에 따르면 신기술은 상대적 우위, 양립성, 구현 가능성, 관찰 가능성이 클수록 확산 속도가 빠른 반면 복잡성이 크면 확산 속도가 느리다고 한다. 신기술 채택은 이런 기술이 소비자들에게 제공하는 효용이 얼마나 불확실한가에도 달려 있다. 위험을 기피하는 생산자는 효용이 불확실할수록 보다 확실한 증거를 수집할 때까지 신기술을 채택하지 않으려 할 것이다. 반면 위험을 선호하는 생산자라면 신기술을 즉시 채택하려 할 것이다.

로저스는 새로운 변화는 혁신자innovator(전체 인구의 약 2.5% 정도)에 의해 가장 먼저 채택되고, 다음에는 초기 수용자early adopter(전체 인구의 13.5% 정도), 초기 다수 수용자early majority(전체 인구의 34%), 후기 다수 수용자late majority(전체 인구의 34%), 지각 수용자laggards(전체 인구의 16%)의 순서로 채택된다고 설명했다. 소비자 효용의 불확실성은 위험을 선호하는 집단의 앞선 경험이 축적되면서 점점 작아진다. 오피니언 리더는 주로 변화의 초기 수용자들로서 다수의 의사결정에 영향을 미친다. 하지만 소비자의 효용이 증가하고 장차 신기술 채택이 예상되더라도 위험을 기피하는 사람들의 심리적 요인에 의해 변화의 속도는 느려질 수 있다. 이는 왜 변화의 속도가 예상보다 더딘가를 설명해준다.(5)

미래가 단지 소비자에 의해서만 결정되는 것은 아니다. 즉 소비자의 선호만이 미래에 영향을 주는 것은 아니라는 말이다. 6장에서는 변화촉진자driver와 변화방해자blocker에 대해 살펴볼 것이다.

6장

트렌드를 움직이는 변수들

　5장에서는 소비자 효용이 변화의 성패를 좌우하는 결정적인 요인임을 설명했다. 이 장에서는 이런 성패의 요인을 변화촉진자와 변화방해자로 분류해서 알아보고 추세외삽법의 문제점도 살펴볼 것이다.

트렌드란 무엇인가 **Future Savvy**

트렌드trend(추세)란 데이터가 갖는 일련의 패턴을 말한다. 최소한 두 시점 이상에서 측정된 변수들의 증가 혹은 하락으로 관찰된 변화를 의미하는 말이다. 지난 5년 동안 주택 가격이 매년 하락하는 것으로 관찰되었다면 주택 가격에는 트렌드가 있는 것이다. 2008년 미혼 남녀의 초혼 연령이 지난 1958년보다 늦어지고 있다면 초혼 연령에는 트렌드가 있는 것이다.

어떤 패턴이 일시적인 변동이 아닌 트렌드임을 확인하기 위해서는 유의성 검정을 거쳐야 한다. 이는 다양한 계층의 사람들에게 영향을 미치는 지속적인 변화이면서 사회적, 경제적, 정치적 의미를 담고 있어야 트렌드라는 의미다. 일시적인 변동은 지속적이지 못하고, 한정된 집단이나 지역에 영향을 미치며, 사회적, 경제적, 정치적 의미를 담지 못하는 경우가 대부분이다.

또한 순식간에 퍼지고 순식간에 사라지는 특성도 있다. 지난 20세기에 나타났던 여성의 권익 향상은 트렌드로 봐야 한다. 하지만 1970년대 CBC 라디오의 청취율 변화는 일시적인 변동으로 봐야 한다. 엘모 인형이 유행한 것은 완구 시장의 일시적인 변동으로 봐야 하지만, 저알코올의 라이트 맥주Lite Beer가 유행하는 것은 사람들이 건강을 중시하고 생활 방식을 변화시키려는 움직임을 나타낸다는 점에서 트렌드로 봐야 한다.

어떤 트렌드는 다른 트렌드와 중복되거나 연관되면서 서로 영향을 주고받는다. 예를 들어 도시화는 전 세계적인 트렌드다. 그런데 이런 트렌드는 다른 트렌드와 연관되어 영향을 받기도 한다. 특히 서구의 생활 방식, 글로벌 경제, 글로벌 공급 체인의 형성 등은 대부분의 고용 창출이 도시에서 이루어지게 함으로써 도시화를 촉진한다. 어떤 트렌드는 다른 트렌드와 반작용을 일으켜 사라지게도 한다. 미국의 와인 산업이 그런 경우에 해당한다. 사람들이 건강을 생각하면서 와인을 마시는 트렌드가 나타났지만 주류 소비를 줄이려는 트렌드도 동시에 나타나면서 와인 소비량은 일정 수준을 유지하고 있다.

때로는 트렌드가 너무 강력한 나머지 스스로 반작용을 일으키기도 한다. 원래의 트렌드가 자신과는 반대 방향으로 움직이는 트렌드를 낳는다는 말이다. 예를 들어 교육 수준이 높고 소비 지향적이며 세속적인 서구 중산층의 등장은 이 시대의 강력한 트렌드 중 하나다. 지금 우리 인류는 그 어느 때보다 강하게 서구 중산층의 가치관에 동화되어 있다. 하지만 이런 트렌드는 그 반작용으로 반글로벌화anti-globalization와 함께 종교적인 근본주의를 등장시키는 원인이 되기도 한다.

수평 스캐닝 :
변화의 신호를 감지하다

예측 전문가들은 수평 스캐닝을 통해 인식의 한계점에 있는 정보를 찾아냄으로써 트렌드를 인식한다. 여기서 스캐닝이란 말은 변화의 시점에 몰려오는 새로운 사상이나 관습 등을 보고 듣는 것을 의미한다. 이는 '수평선이나 지평선을 자세히 관측한다'라는 의미의 군사 용어에서 따온 말로 멀리 떨어진 물체나 작은 신호를 보거나 느끼는 것을 뜻한다.

이때 멀리 있는 물체나 작은 신호가 바로 변화의 조짐인 것이다.

따라서 스캐닝에 대한 첫 번째 요구 조건은 바로 '범위'다. 일반적으로 중요 이슈의 주변에서 어떤 일이 일어나는지 관찰하려면 다양한 출처를 대상으로 범위를 넓게 잡는 것이 좋다.

스캐너(스캐닝을 하는 사람)는 대중 잡지 대신 전문 잡지를 대상으로 새로운 시대정신이 등장하는지를 살펴보는 것이 좋다. 일례로 주요 방송국이나 일간지는 1980년대까지 에이즈를 주요 이슈로 다루지 않았지만 의학 전문 잡지는 이보다 훨씬 이전에 에이즈에 관한 기사를 싣고 있었다. 또한 스캐너는 각종 정부 규제의 철폐, 적시 생산 시스템in-time production*의 도입 등 세상을 변화시키는 다양한 현상들을 남들보다 빨리 파악하도록 노력해야 한다.

여기서 남들보다 빨리 관찰한다는 것이 아주 중요하다. 새로운 변화의 흐름을 남들보다 빨리 관찰하면 경쟁 우위를 점할 수 있고 미래의 트렌드도 신속하게 파악할 수 있다. 따라서 트렌드를 포착하는 스캐너는 누구보다 먼저 변화의 흐름을 감지한다는 점에서 자부심을 가질 만하다.

최고의 스캐너는 간접적으로 얻은 정보에만 만족해서는 안 된다. 미래의 새로운 변화가 감지되는 곳이 있다면 직접 찾아가서 사람들을 만나봐야 한다. 스캐닝의 품질은 사람들의 말과 글만이 아니라 그들의 행동을 직접 인식하는 데 달려 있다. 스캐닝을 하려면 정부의 공식 입장도 알아야 하지만 반대 입장인 사람이 얼마나 되는지와 이를 둘러싼 금전 거래, 인사 문제 등도 자세히 알아야 한다. 겉으로 드러나는 말보다 내

---

* 재고를 전혀 두지 않는 것을 목표로 하는 대량 생산 시스템으로 도요타 사가 기업의 경쟁력 향상을 위해 처음 개발했다 — 옮긴이.

부의 움직임이 더 중요하기 때문이다.

이론적으로 스캐닝은 트렌드 인식을 선행한다. 하지만 실제로는 변화의 신호가 감지되는 순간 트렌드의 유의성을 알기 위한 현황 파악과 분석이 시작된다. 예측 전문가는 새로운 사건이나 데이터를 접수하면서 다음과 같은 질문을 한다.

"여기에는 일정한 패턴이 있는가? 이런 패턴이 바로 트렌드를 의미하는가? 아니면 커다란 변화의 일부분인가?"

이런 트렌드는 기업의 경영 환경을 바꾸고 기업의 성공을 위한 기회 요소 혹은 실패를 향한 위협 요소가 된다.

트렌드 인식:
보이지 않는 배후의 문제점들 Future Savvy

4장에서 살펴봤듯이 예측 전문가들은 자신의 인식 여과 장치를 통해 세상과 미래를 바라보면서 의식적으로든 무의식적으로든 예측 바이어스에 빠져든다. 트렌드 인식도 마찬가지다. 트렌드란 누군가가 정의하기 전에는 존재하지 않는다. 어떤 예측 전문가의 수평 스캐닝에 등장하는 것은 그가 지닌 인식 여과 장치와 현재의 패러다임에 영향을 받아서 해석된다. 고령화 사회 같은 패턴은 쉽게 관찰되고 해석에도 논란이 될 만한 것은 거의 없다.

하지만 패턴이 분명하게 관찰되지 않는 경우 데이터의 집계와 측정 방법에 대한 논란이 발생할 가능성이 많고 서로 다른 해석이 내려질 가능성도 많다. 또한 트렌드가 존재한다는 사실도 분명하지 않게 된다. 사람들이 전자책e-book을 읽는다는 사실을 지금의 트렌드로 봐야 할 것인가? 이것은 패턴을 어떻게 정의하고 데이터를 어떻게 측정하는가에 달려 있다.

많은 예측 전문가들이 패턴과 데이터를 다르게 정의하고 측정한다면 어떤 사람은 특정 트렌드가 존재한다고 주장하겠지만, 다른 사람은 트렌드가 존재하지 않거나 다른 트렌드가 존재한다고 주장할 것이다. 트렌드 인식이란 예측 전문가의 판단 문제이며, 이런 이유로 4장에서 설명했던 바이어스에 빠져들 가능성이 높다.

또한 사람들의 트렌드 인식에는 정치적인 성향이 많이 작용한다. 자기가 속한 집단의 이해관계가 분명하면 트렌드를 더욱더 잘 인식한다는 뜻이다. 지구온난화는 많은 사람들이 공감하는 문제인데도 관련 데이터의 집계와 측정 방법에 대해 논란이 많고, 이렇게 모인 데이터를 해석하는 데도 이견이 분분하다. 이때는 트렌드의 정도를 어떻게 판단해야 하는가? 어떤 정책을 펼 것인가? 이런 상황에서 문제가 되는 것은 트렌드를 인식하는 능력이 아니라 트렌드를 인식하려는 의지다.

추세외삽법 :
과거의 데이터로 미래를 예측하다   Future Savvy

트렌드 인식과 관련해 지금까지 설명한 여러 문제점에도 불구하고 일단 트렌드가 인식되면 '이 트렌드가 어느 방향으로 갈 것인가?'를 따져봐야 한다. 추세외삽법은 가장 기본적인 예측 방법으로 전문가나 일반인 사이에 가장 흔히 사용된다.

추세외삽법의 직관적인 논리는 강한 설득력을 지님과 동시에 경험적으로도 타당성을 갖는다. 우리는 어떤 현상이 데이터상으로 계속 증가하거나 감소할 때 변화의 속도를 확인할 수 있다. 라스베이거스의 인구가 1980년 16만 5,000명에서 1990년 26만 명, 2000년 48만 명으로 늘어난다면 인구 증가의 트렌드를 감안하여 미래의 인구를 직관적으로 예상할 수 있다. 과거의 데이터로 미래를 예측하는 추세외삽법은 정량적인 타당성을 지니기 때문이다. 라스베이거스의 인구 증가율을 계산한 다음 이를 적용하여 2020년 인구와 2040년 인구를 예측하면 된다.

그런데 추세외삽법은 불가지론적인 측면도 동시에 갖기 때문에 이런 추세의 원인을 설명해주지 못한다. 추세외삽법은 어떤 현상의 움직임을 인식하고 이런 움직임이 미래에도 지속될 것이라고 본다. 즉 어떤 현상의 원인을 생각하지 않고 단순히 인식만 하는 것이다. 우리가 트렌드를 투영하는 것에만 만족한다면 '왜 사람들이 라스베이거스에서 살려고 하는가?', '어떤 사람들이 라스베이거스에서 살려고 하는가?', '라스베이거스에 사는 사람들은 주로 무슨 일을 하는가?'와 같은 문제에 관심을 가질 필요가 없다. 그저 단순히 트렌드가 존재한다는 사실을 확인하고 이런 트렌드가 미래에도 계속될 것이라는 가정만 하면 된다.

미래 예측이 기계적인 방식을 적용하는 추세외삽법처럼 간단하기만 하면 별로 어려울 것은 없다. 그런데 추세외삽법의 문제점은 어떤 현상이 과거에 감소했다면 미래에도 감소할 것이고, 과거에 증가했다면 미래에도 증가할 것이라고 가정한다는 점이다. 그것도 같은 비율로 증감할 것이라고 가정한다. 추세외삽법은 미래를 단순히 과거의 연장으로만 본다.

만약 과거의 트렌드가 미래에도 계속될 것이라는 가정이 잘못되었다면(새로운 요소가 추세를 변화시킨다면) 추세외삽법은 설득력을 잃어버리고 만다. 추세외삽법의 주요 가정 중 일부만 바뀌더라도 예측 결과는 크게 바뀔 수 있다. 사실 미래를 예측할 때 가정을 잘못하면 데이터 수집과 추세외삽법 적용에 들였던 노력이 한순간에 물거품이 될 수도 있다. 이렇게 되면 예측의 결과물은 실제 나타날 현상과는 동떨어지고 만다. 눈에 보이지 않던 상황이 바뀌게 되면 추세외삽법은 아주 우스꽝스러운 결과를 보여주게 된다.

19세기 말 빅토리아 시대에 어떤 정책 담당자가 런던의 인구 성장을 살펴보고는 길거리에 말똥이 늘어날 것이라고 예상했다. 과거의 추세가 계속된다면 1910년 길거리의 말똥은 발목 깊이까지 쌓일 것이라고 보았던 것이다. 그리고 1925년이 되면 길거리의 말똥은 무릎 깊이까지 쌓일 것이라고 예상했다. 그런데 이런 일은 일어나지 않았다. 실제로는 가솔린 엔진이 개발되어 자동차가 도로를 달리게 되었던 것이다.

정책 담당자의 예상이 잘못된 원인은 바로 마차가 유일한 교통 수단이 될 것이라는 가정에 있었다. 일단 자동차가 등장하자 마차의 수에 근거한 예측은 약간만 빗나간 것이 아니라 아주 우스꽝스러운 것이 되고 말았다.

변화의 변수 :
변화촉진자, 변화조력자, 변화마찰자, 변화방해자

추세외삽법은 빅토리아 시대 관리가 예상했던 것과 같은 우스꽝스러운 결과를 가져오기도 한다. 트렌드란 과거의 데이터로 인식된 양상일 뿐, 그 이상도 그 이하도 아니기 때문이다.

예측 전문가들은 미래를 연구하고 분석할 때 변화를 이끌어가는 힘을 찾아내는 것을 중요하게 생각한다. 하지만 이것을 제대로 찾아내거나 읽어내지 못하는 경우가 많다. 트렌드의 배후에서 변화를 이끌어가는 힘을 변화촉진자change driver라고 한다. 변화촉진자는 데이터가 보여주는 트렌드의 근본적인 원인이다.

하이브리드 자동차의 보급률이 높아지는 추세의 경우 유가 상승과 환경 문제가 바로 변화촉진자가 된다. 고령화 추세의 변화촉진자는 의료 수준의 향상, 의료 서비스의 보급, 건강을 중시하는 라이프스타일, 교육 수준의 향상을 꼽을 수 있다. 결국 트렌드란 변화촉진자가 보여주는 양상이 데이터로 나타난 것에 불과하다.*

다시 한 번 설명하지만 변화촉진자란 변화를 이끌어가는 힘을 의미한다. 그런데 이런 변화촉진자가 순조롭게 작용할 수 있도록 도와주는 것을 변화조력자enabler라고 한다. 예를 들어 변화조력자는 정부의 연구 기금, 벤처캐피털, 지적재산권에 대한 보호, 자유시장체제의 강화 등 신기술 등장에 도움을 주는 정책들이 될 수 있다.

변화마찰자friction는 변화에 저항하는 것으로 법률 시스템, 이미 깊숙이 뿌리박힌 관습이나 절차, 학습된 습관 등을 의미한다. 변화마찰자는 사람들 사이에 이미 자연스럽게 형성되어 있어서 불가피한 것으로

---

* 변화촉진자와 변화조력자가 트렌드로 보일 수도 있고 트렌드로 표현되기도 한다. 우리는 결혼과 출산을 연기하는 연인들을 많이 본다. 이 경우 여성들의 사회 참여, 경제 여건의 변화, 장기간 교육받은 숙련 노동자에 대한 수요 등의 요인들이 작용하여 트렌드로 나타난 것이다. 숙련 노동자에 대한 수요가 증가하는 현상은 선진국 경제에서 흔히 나타나는 트렌드다. 즉 변화촉진자가 트렌드를 일으키고 이렇게 나타난 트렌드가 다른 트렌드를 일으키는 변화촉진자가 되는 것이다.

158

인식되기도 한다. 앞서 살펴봤듯이 소비자들은 현재의 습관을 토대로 신기술을 판단한다. 소비자들에게는 이미 사회적으로나 문화적으로 널리 받아들여지는 습관이나 절차가 있고 이것을 극복하기는 상당히 어렵다. 과거의 것을 유지하는 것이 편리하고 안전하다. 이렇게 현상을 그대로 유지하려는 타성이야말로 변화마찰자의 주요 특징이다.

마지막으로 변화방해자blocker는 변화를 적극적으로 방해하는 것을 말한다. 이것은 새로운 법안, 정치적인 의사 진행 방해, 독과점, 가두 시위와 같은 형태로 나타난다. 또한 변화를 멈추거나 늦추려는 목적으로 나타나기도 한다(또는 자신의 주의 또는 주장을 만들어내기 위해 시간을 벌려는 목적을 갖기도 한다). 변화방해자는 정치적 혹은 경제적으로 사회를 이끌어가는 힘이 되기도 한다.

흡연이 건강에 악영향을 미친다는 사실은 모두가 이미 알고 있다. 그리고 주요 선진국들은 1960년대부터 보건 예산을 계속 증액시키고 있다. 담배 산업의 미래는 분명해 보인다. 그런데도 담배 산업은 지난 30여 년 동안 큰 변화를 겪지 않고 과거처럼 호황을 누리고 있다. 변화방해자가 갖는 영향력을 계산에 넣지 못하면 금연 운동이 실제보다 빠른 성과를 나타낼 것이라는 예측을 하게 된다. 미국과 쿠바 간의 국교 정상화 문제도 마찬가지다. 변화방해자로, 미국에 거주하는 쿠바 이민자들의 영향력을 감안하지 않으면 국교 정상화의 미래를 제대로 예측하기 어렵다.

변화방해자는 허용 기준, 안전 문제, 집단 행동 준칙 등으로도 나타난다. 1939년 만국박람회에서 GM은 1960년이 되면 자동차는 시속 160킬로미터로 달릴 수 있을 것이라는 예측을 내놓았다. 1939년 당시 자동차 속도의 증가율이 미래에도 지속될 것이라는 가정하에 이런 예측이 나왔을 것이다. 하지만 이런 예측은 인간의 감각 체계가 지닌 한계, 안전 문제, 보험 문제, 재료의 허용 기준, 연료비, 교통 혼잡 등 자동차가 속도를 내는 데 방해가 되는 요소들을 제대로 고려하지 못한 예측이었다.

지금까지는 어떤 변화를 일으키려고 하는 변화촉진자와 변화조력자들의 영향력 그리고 이런 변화를 막으려는 변화마찰자와 변화방해자들의 영향력을 살펴보았다. 미래에 발생하는 결과는 이 네 가지 영향력들의 조정 과정에서 발생하는 순효과net effect가 실현된 것이다.

변화촉진자가 변화방해자를 압도한다면 실질적이고 지속적인 변화가 일어날 것이다. 만약 현재의 상황이 급변하고 있다면 이런 변화를 막으려는 변화마찰자와 변화방해자는 변화의 트렌드에 강력하게 맞서거나 전혀 힘을 발휘하지 못할 수도 있다. 예를 들어 노동조합이 막강한 힘을 키워가고 있다면 경영자들은 노동조합에 정치적 혹은 법률적인 제재를 가하려고 할 것이다. 새로운 식품 첨가물이 어린이의 비만을 촉진한다면 사용을 금지하는 규정이 마련될 것이다. 따라서 변화마찰자와 변화방해자의 영향력을 무시하고 미래를 예측하게 되면 잘못될 가능성이 높다.

변화에 대한 네 가지 영향력 중에서 변화방해자는 쉽게 확인되지 않거나 변화가 가장 왕성한 시점에만 확인된다. 또한 누구보다도 미래에 발생하는 변화에 민감해야 할 예측 전문가들조차도 변화방해자 혹은 변화마찰자의 역할을 충분히 고려하지 못하고 과거의 트렌드만으로 미래를 예측하기도 한다. 예측 전문가들은 변화방해자의 역할을 충분히 고려해야만 훌륭한 예측을 할 수 있다. 사람들이 새로운 변화에 맞서는 행동을 전혀 하지 않을 것이라는 가정하에 미래를 예측해서는 안 된다. 변

160

화방해자를 물리치는 데 필요한 자원과 시간을 아울러 고려해야만 훌륭한 예측을 할 수 있다. 또한 이런 예측은 변화방해자를 물리치는 데 도움을 줄 수도 있다.

5장에서는 소비자의 효용이 변화를 설명하는 주요 원인임을 설명했다. 따라서 변화촉진자는 소비자의 효용을 증가시키고 변화방해자는 소비자의 효용을 감소시키는 것으로도 생각할 수 있다. 우리는 변화촉진자 혹은 변화방해자의 특징을 분석할 때 소비자의 효용과 함께 다음과 같은 요소들을 살펴보아야 한다.

기술

기술은 세상을 변화시키는 가장 강력한 힘이다. 기술은 어떤 제품이 새로운 성능과 특징을 갖게 하는 것으로서 경영 과학이나 사업 모델까지도 포괄한다. 더 나은 기술은 소비자의 효용 방정식을 바꾸거나 더 적은 자원과 시간으로 더 많은 것을 생산하게 함으로써 작업 방식을 바꾸기도 한다. 하지만 기술 개발이 원활하지 않을 경우 기술은 변화방해자가 될 수도 있다. 일례로 인공지능 개발이 의외로 어려울 경우 관련 분야의 발달이 방해를 받는다.

영향력 있는 개인 또는 기관

역사를 돌이켜보면 예수에서부터 히틀러에 이르기까지 강력한 카리스마를 가진 인물이 등장하여 미래에 영향을 미치는 경우를 많이 볼 수 있었다. 특히 국왕, 대통령, 저명 인사 등이 많은 추종자들을 거느리면서 사회에 영향력을 행사한다. 개인의 영향력은 주로 정부, 군대, 기업 등 제도적 권력에 의해 실현된다.

언론, 금융, 의료 기관도 역시 변화촉진자 혹은 변화방해자의 역할을 할 수 있다. 정부, 군대, 기업은 고유의 기득권을 유지하고 현재 상태를 그대로 지속시키기 위해 자신의 자원을 직접적으로나 간접적으로 사용하기도 한다. 자신의 이해관계에 반하는 결과를 막기 위해 자신이 제도적으로 지닌 영향력을 행사하는 것이다.

사상과 이데올로기

우리는 각자의 사상과 이데올로기에 따라 행동하며, 이런 사상과 이데올로기는 미래에 대비해 사회적, 정치적, 경제적, 기술적인 선택을 하는 기준이 된다. 미래의 변화를 촉진하거나 방해하는 사상이나 이데올로기는 민주주의, 법치주의 같은 전통적인 이념일 수도 있고, 환경주의나 정치개혁주의 같은 새로운 이념일 수도 있다.

사상이란 비전과 목표를 제시하면서 개혁을 추구하는 이상주의적인 이념으로도 해석된다. 서로 다른 사상이나 이데올로기는 바람직한 미래의 모습을 두고 정치적인 충돌을 일으키면서 서로 대립하기도 한다. 어떤 개인이나 기관의 사상 혹은 이데올로기는 사회적 흐름이나 정치적 선동에 많은 영향을 받으며, 때로는 시대정신과 함께 움직이기도 한다. 이 말은 미래를 변화시킬 사상이나 이데올로기는 변화를 추진하거나 거스르는 원동력으로 강화될 수도 있고 약화될 수도 있다는 의미다.

사회적 혹은 도덕적 가치

사회적 혹은 도덕적 가치는 사상과 직접적으로 연관된다. 그러나 일반적으로 가치관은 서서히 변한다는 점에서 사상과는 조금 다른 기능을 한다. 사회적 혹은 도덕적 가치는 변화방해자의 기능을 하는 경우가 더 많다. 사회적 가치는 인류에게 유익하거나 해로운 기술 변화 속에서 변화에 대한 '최종 수비수' 역할을 하는 것으로 비춰질 수도 있다.

인간 복제를 위해 과학자들이 선택할 수 있는 것들은 많다. 우리는 스스로 이런 질문을 하게 된다. "이것이 우리가 진정으로 원하는 것인가?" 서로 다른 정치 집단은 자신의 이데올로기에 따라 서로 다른 가치관을 갖고 다른 선택을 하게 된다. 가치관이 다른 사람들 사이에 미래의 변화를 막아야 하는가를 두고 갈등이 발생할 수 있다. 한편 사회적 가치는 규정과 같은 형태로 제도화되기도 한다. 이렇게 되면 법원 혹은 정부는 미래의 변화를 막는 제도적 장치를 갖는 셈이다.

우리는 위에서 살펴본 각각의 요소들을 다시 변화촉진자 혹은 변화방해자로 구분하면서 더욱 세분할 수도 있다. 훌륭한 예측을 위해서는 이 요소들을 자세히 검토하고 미래의 변화를 촉진하는 요소와 방해하는 요소들에 대해 균형 감각을 갖는 것이 중요하다.

변화의 속도는 어떻게 결정되는가

Future Savvy

미래의 트렌드가 어떻게 진행될지를 예측할 때 변화를 촉진하거나 늦추는 힘을 이해하면 더욱 세련된 관점을 가질 수 있다. 특히 이것은 앞으로 설명할 변화의 속성을 이해하는 데 많은 도움이 된다.

트렌드의 중단과 변곡점

트렌드를 변화촉진자와 변화방해자의 힘이 반영된 것으로 이해하면 트렌드가 예기치 못한 움직임을 보이거나 갑작스러운 반전을 나타내는 이유를 알 수 있다. 트렌드는 알아서 스스로 움직이는 것이 아니다. 다른 것들의 영향을 받아서 움직이는 것이 바로 트렌드다. 변화를 이끄는 새로운 힘이 나타나면 트렌드는 멈추거나 변한다. 트렌드는 바람 앞에 놓여 있는 사탕 포장지와도 같다. 바람이 멈추면 사탕 포장지도 멈춘다. 이런 현상을 이해하게 되면 미래 예측에 추세외삽법을 무분별하게 적용하는 것에 문제가 있음을 알 수 있다.

추세외삽법은 현재의 변화촉진자와 변화방해자가 갖는 영향력 간의 역학 관계가 앞으로도 계속될 것이라는 가정을 한다. 사실 변화촉진자와 변화방해자의 역할을 생각해보면 현재의 트렌드를 멈추거나 가속화하거나 반전시킬 새롭고 예상하지 못한 요인이 등장할 가능성도 높다는 사실을 알 수 있다. 따라서 추세외삽법은 변화촉진자와 변화방해자의 역학 관계가 미래에도 상당 기간 지속될 만한 유력한 근거가 있을 때만 적용할 수 있다.

전화 산업의 초창기인 지난 1910년 벨 사에 근무하던 어떤 통계학자는 전화기가 널리 보급되면서 전화 교환원의 수요가 크게 증가하여 미국의 모든 여성이 원하기만 하면 전화 교환원으로 일할 수 있을 것이라고 예상했다. 이런 예측은 전화 서비스 수요가 빠르게 증가하면서 전화 교환원이 많이 필요하리라는 판단에서 나온 것이었다. 이 통계학자는 자동 교환 방식이 도입되면 전화 교환원이 더 이상 필요하지 않으리라는 예상을 하지 못했다. 이때 자동 교환 방식은 트렌드를 멈추는 새로운 요인이 된다. 자동 교환 방식은 추세외삽법이 갖는 가정의 타당성을 뒤흔드는 것으로서 미래 예측가와 그 결과물의 소비자 모두를 깜짝 놀라게 하는 것이었다.

추세외삽법을 적용하면 트렌드가 중단되는 지점 혹은 트렌드의 변곡점(불연속점이라고도 한다)을 거의 예상할 수 없다.* 변화촉진자와 변화방해자 간의 역학 관계에서 예상하지 못한 변수를 사전에 파악해야만 트렌드의 변곡점을 찾아낼 수 있기 때문이다. 예측 전문가들은 변곡점을 찾기 위해 다음과 같은 질문들을 한다.

"변화촉진자들은 어떻게 새로운 세력을 형성하는가? 바꿔 말해 변화촉진자와 변화조력자의 새로운 협력 관계는 어떻게 형성되는가?"

"지금 존재하는 변화방해자를 어떻게 극복하는가?"

"새로 등장한 변화방해자는 예상되는 변화를 어떤 방식으로 방해하는가?"

"변화촉진자와 변화방해자의 힘의 균형을 변화시킬 전환점은 어디인가? 외부 여건의 변화가 힘의 균형에 어떤 영향을 미칠 것인가?"

변화 속도의 변화

변화의 배후에 있는 힘을 제대로 파악하지 못하고 과거의 트렌드만으로 미래를 예측하면 변화를 제대로 예측하지 못할 뿐만 아니라 변화속도가 일정할 것이라는 잘못된 가정을 하게 된다. 추세외삽법은 미래의 데이터가 일정한 비율로 변하리라는 가정에서 비롯되는 오류를 피

---

* 갑작스러운 변화가 만들어내는 새로운 경로(즉 새로운 추세)를 설명해주는 단속 평형 모델 Punctuated Equilibrium Model도 있다. 단속 평형 모델은 원래의 평형 상태에서 새로운 평형 상태로 가는 데 걸리는 시간을 설명해준다.

할 수 없다. 트렌드가 중단되거나 반전되지 않더라도 예상했던 변화율을 따르는 경우는 매우 드물다. 변화촉진자와 변화방해자의 역학 관계가 변함에 따라 변화의 속도는 얼마든지 커지거나 작아질 수 있다. 변화촉진자와 변화방해자의 역학 관계는 새로운 변화를 초래할 뿐만 아니라 변화의 속도를 결정한다. 바로 눈앞에 보이는 트렌드는 미래의 변화 속도가 얼마나 크거나 작을지, 이런 변화가 얼마나 지속될지에 대해서는 아무것도 말해주지 않는다.

정적인 상황static situation이란 변화촉진자와 변화조력자의 힘이 변화방해자와 변화마찰자의 힘과 서로 같은 상태를 말한다. 안정적 변화steady transition 상황이란 변화촉진자와 변화조력자의 힘이 변화방해자와 변화마찰자의 힘을 조금씩 앞질러가는 상태를 말한다. 변화촉진자와 변화조력자의 힘이 강해지고 변화방해자와 변화마찰자의 힘이 약해지면 변화 속도가 빨라지리라는 예상을 할 수 있고, 이런 변화 속도가 급격히 빨라지면 추세 그래프는 지수함수의 모습을 보여준다. 변화방해자와 변화마찰자의 힘이 강해지면 아무 변화도 일어나지 않으리라는 예상을 할 수 있다.

예측 전문가들은 변화가 일어나지 않게 하거나 그 속도를 매우 느려지게 하는 특정 방해자를 '율속인자rate limiting factor'라고 부른다. 만약 율속인자가 제거된다면 미래의 변화 속도는 엄청나게 빨라질 것이다. 외부적인 충격 요인이 나타나서 변화촉진자와 변화방해자의 역학 관계를 뒤흔들어놓으면 갑작스러운 변화의 바람이 불게 된다. 이런 외부적인 충격 요인으로는 새로운 자금원의 확보, 법률안의 통과, 정치인 암살, 새로운 과학적 발견 등이 있으며, 이런 요인들은 현재의 트렌드에 큰 변화를 일으키게 된다. 예측 기간이 길어서 추세외삽법의 신뢰성이 떨어질 경우 외부적으로 충격 요인이 발생할 가능성은 더욱 높아진다.

현상을 유지하려는 힘

많은 사람들이 '변화란 항상 일어나는 일상적인 것'으로 여긴다. 따라서 앞으로 새로운 것들이 몰려오리라는 가정을 하고 계획을 짜는 것이 일반적이다. 그런데 변화란 자연스러운 것으로 이미 정해져 있어서 피할 수 없다는 시각은 올바르다고 볼 수 없다. 사실 변화란 파도와도 같다. 어떨 때는 강하게 어떨 때는 약하게 밀려온다. 하지만 이것은 피할 수 없는 필연적인 것은 아니다. 오히려 아이러니한 사실은 바로 '변화에 대한 저항이 필연'이라는 말이다.

뉴턴의 제1법칙인 관성의 법칙에 따르면 "정지된 사물은 외부적인 충격이 가해지지 않으면 정지된 상태를 유지하려고 한다." 이런 과학 법칙을 사람들이 모여 사는 진흙탕과도 같은 세상사에 적용하는 것은 억지 주장처럼 보이기도 한다. 하지만 뉴턴의 제1법칙은 매우 흥미로운 사실을 전해준다. 그 어떤 것도 충격이 가해지지 않고는 변하지 않는다. 즉 정지 상태를 유지하려는 힘을 압도하는 충격 없이는 아무것도 움직이지 않는다. 결국 우리가 미래의 변화를 정확하게 예측하려면 현상을 유지시키는 원인보다는 이를 극복하는 방법을 찾는 것이 더 중요하다.

훌륭한 예측 결과를 제시하려면 주어진 상황이 미래에 어떻게 움직일지를 정확히 묘사하는 것만으로는 충분하지 않다. 이런 상황이 미래에 변화하게 되는 합당한 이유를 제시하는 것이 중요하다. 변화방해자와 변화마찰자를 극복할 만한 변화촉진자와 변화조력자가 없는 상황이라면 우리는 현재의 상태가 지속될 것이라고 예측할 수 있다. 변화를 일으킬 만한 합당한 이유를 찾지 못하면 우리는 현상이 유지되리라 가정할 수밖에 없다.

변수들 간의 상호작용

추세외삽법의 가장 큰 문제점은 단 하나의 변수만을 뽑아내서 이것의 과거를 가지고 미래를 펼쳐 보이는 것이다. 이 경우 다른 변수가 이 변수의 추세에 미치는 영향 등 복잡한 상호작용을 간과하게 된다. 경제학자들과 과학자들은 '세테리스 파리부스ceteris paribus'라는 표현을 즐겨 사용한다. 이 말은 다른 조건들이 불변임을 뜻하는 라틴어다. 경영학에서는 다른 조건이 불변인 상황에서 한 변수의 변화가 다른 변수에 미치는 효과를 분석하는 것을 '민감도 분석sensitivity analysis'이라고 한다. 하지만 현실 세계에서는 다른 조건들이 불변인 경우는 없다. 그 때문에 다른 변수들의 영향을 무시한 채 한 변수의 추세를 예측하면 미래를 정확히 내다볼 수 없게 된다.

우리가 사는 세상은 여러 변수들이 다양하게 상호작용하고 이런 상호작용을 바탕으로 미래가 펼쳐진다. 따라서 현실은 추세외삽법이 가정하고 있는 것보다 훨씬 복잡하다.

여러 변수들의 상호작용을 무시하고 추세외삽법을 단순히 적용한 사례로는 지난 1970년대에 석유 소비량이 매년 증가하리라는 가정을 토대로 미래에는 석유 자원이 고갈될 것이라 예측한 것을 들 수 있다. 석유 매장량이 한정되어 있는 상황에서 석유 소비량이 계속 증가한다면 언제 석유가 바닥날지는 간단한 계산만으로도 알 수 있다. 그런데 이

러한 예측은 새로운 원유 매장지의 발견, 석유 제품의 재활용, 효율적인 정유 기술 등을 고려하지 못한 것이다. 1998년 〈사이언티픽 아메리칸 Scientific American〉에 이런 기사가 실렸다.

"당시 에너지 전문가들은 슈퍼 컴퓨터, 지구물리학의 발전, 인공위성을 활용한 탐사 기술, 재료공학의 발전, 새로운 시추 기술(과거에는 생각하지 못했던 시추 방법으로 깊이가 1.6킬로미터 이상인 해저에 석유 굴착용 플랫폼을 설치하는 건설 기술을 말한다), 로봇 공학(매우 깊고 위험한 바다에서 석유 시추 작업을 로봇이 대신 한다)을 예상하지 못했다.(1) 수십 년간 하루 2,200만 배럴의 석유를 소비했음에도 현재 석유 매장량은 1970년대보다 오히려 늘어난 것으로 알려져 있다.(2)

예측 전문가들은 미래에 영향을 주는 변수들이 불변이거나 미래의 트렌드에 아무 반응을 보이지 않는 것으로 가정해서는 안 된다. 오히려 이런 변수들이 상호작용하면서 미래의 트렌드에 영향을 미쳐 미래의 변화를 이끌어간다고 보아야 한다.

이와 관련해서 8장에서는 시스템의 움직임에 대해 자세히 살펴볼 것이다. 시스템 다이내믹스system dynamics는 미래의 시스템이 예상했던 결과를 변화시키거나 강화시키거나 방해하여 예상했던 결과가 발생하지 못하는 상황을 설명하는 데 도움이 된다. 시스템 다이내믹스를 살펴보기 전에 정량적 모델링quantitative modeling에 대해서 먼저 살펴보도록 하자. 정량적 모델링은 통계적 방법과 컴퓨터를 사용해서 미래의 트렌드와 흐름을 예측하는 것이다.

FUTURE

7장

통계 분석을 통한 예측의 한계

SAVVY

　6장에서는 미래를 예측하는 방법론으로서 추세외삽법이 갖는 문제점에 대해 살펴보면서 단일 변수를 미래에 투영할 때 발생하는 문제들을 자세히 알게 되었다. 추세외삽법은 여러 변수들이 동시에 상호작용해 미래에 영향을 미치는 경우를 고려하지 못하는 등의 문제점을 갖고 있다. 그러면 복잡한 통계적 방법을 적용하는 추세외삽법은 신뢰할 수 있는 예측 결과를 전혀 제공하지 못하는가? 반드시 그렇지는 않다. 이 장에서는 추세외삽법이 유용하게 사용되는 상황과 그렇지 못한 상황에 대해서 자세히 살펴볼 것이다.

손쉬운 미래 예측 :
통계 분석과 정량적 모델링

Future Savvy

의사결정을 할 때 통계학을 활용하면 도움이 될 때가 많다. 정도의 차이가 있을지는 몰라도 통계적 방법을 적용한 정량적 분석 결과는 사람들에게 신뢰감을 준다. 사실 과학 사상사를 돌아보면 새로운 흐름이 많이 눈에 띈다.

통계 분석이 사회 현상이나 자연 현상을 설명하는 방법론의 주류가 된 것은 19세기 이후의 일이었다. 이전에는 판단, 경험, 직관이 과학 방법론의 주류를 이루었다. 하지만 지금은 정량 분석이 사회 현상이나 자연 현상을 분석하는 데 주류가 되었을 뿐만 아니라 이런 분석 방법을 적용하지 않고는 이론으로 인정받기도 어려워졌다. 사회과학의 한 분야인 경제학의 경우 수학을 모르면 이론을 이해하기가 어려운 지경에 이르렀고, 경영학 논문을 보더라도 경영자의 규범적인 역할을 나열한 글이라기보다는 입자물리학 논문과 비슷해 보일 정도다. 이런 흐름은 심리학을 비롯한 다른 사회과학 분야에서도 비슷하게 나타난다.

이제 컴퓨터 덕분에 복잡한 계산이 간단해지면서 숫자를 더욱 편리하게 다룰 수 있게 되었다. 따라서 많은 사람들이 정량적 모델링 같은 통계적 방법으로 복잡한 미래를 예측하는 것도 놀랄 일이 아니다. 한편 소프트웨어 개발자들과 기업 경영자들은 컴퓨터를 이용한 예측 방법론을 개발하는 데 많은 노력을 기울여왔다.

지금까지 널리 알려진 미래 예측용 소프트웨어로는 오토캐스트 Autocast, 포캐스트엑스ForecastX, 포캐스트프로Forecast Pro, 스마트포캐스트SmartForecasts 등이 있다. 이런 소프트웨어들은 미래를 예측하고 변화를 평가하는 기관을 중심으로 널리 보급되어 있다. 특히 포캐스트프로의 광고를 살펴보면 이런 소프트웨어의 기능을 쉽게 이해할 수 있을 것이다.

"포캐스트프로와 함께! 과거의 데이터만 입력해주시면 포캐스트프로가 모든 것을 스스로 처리합니다. 포캐스트프로는 데이터를 분석하고 여기 적합한 예측 방법을 스스로 선택합니다. 그리고 검증된 통계적 방법을 활용하여 미래를 예측해줍니다."[1]

컴퓨터를 사용한 정량적 모델링은 예측 알고리즘으로 미래를 예측하는 방법이다. 이때 예측 알고리즘은 과거의 데이터를 분석하여 도출한, 변수들 간의 수학적 관계를 바탕으로 만들어진다. 우리는 통계적 분석 방법인 회귀분석regression analysis을 통해 변수들의 움직임과 변수들 간의 상호관계(변수들 간의 인과관계는 종속변수와 원인이 되는 변수를 정해준다. 여기서 원인이 되는 변수를 독립변수라고도 한다)를 알 수 있다. 회귀분석을 적용하면 원인이 되는 변수가 종속변수에 미치는 영향을 알 수 있다.(판매량 감소에는 광고 횟수의 감소, 판매점에서의 진열 위치, 전체적인 소비 수준의 변화, 경쟁의 영향, 도매업자의 제품 할인율 변화, 제품 옵션의 변화, 가계 소득의 변화 등 여러 원인이 작용할 수 있다. 여기서 회귀분석은 각 변수들이 판매량 감소에 얼마나 영향을 미치는가를 알려준다.)

계량경제학econometrics처럼 모델 구축을 다루는 분야에서는 수학적으로 유도된 계수들을 변수들 간의 관계를 정의하는 복잡한 알고리즘에 대입한 다음 주어진 조건에서 어떤 변수가 다른 변수에 얼마나 영향을 미치는지를 연구한다. 모델을 설정하는 사람은 이런 방법을 적용하여 미래를 예측하고 예측된 결과를 컴퓨터를 통해 보여준다.

174

미래 예측을 위한 정량적 모델링의 가장 대표적인 방법론으로는 시계열분석time-series analysis을 들 수 있다. 시계열분석은 특정 대상의 시간적 변동을 연속적으로 관측하여 그 결과로 수학적 곡선을 도출한 다음, 그 변동의 원인을 분석하고 미래를 예측하는 통계적 분석 방법이다. 이때 데이터의 시간적 변동을 보여주기 위해 이동 평균moving averages*을 사용하거나 데이터 평활법data-smoothing**을 사용하기도 한다.

예를 들어 독일 남부 지역의 자동차 판매량이 매년 일정하게 늘어나는 뮌헨의 고용 인력과 관련이 있는 경우 시계열분석을 적용할 수 있다. 시간과 종속변수인 자동차 판매량이 서로 관련이 있다면 시간은 미래의 자동차 판매량을 결정한다. 다른 조건이 불변이라면 미래의 자동차 판매량은 시간과의 관계를 나타내는 추세선을 따라 변할 것이다. 만약 예측 전문가가 독일 남부 지역의 자동차 판매량이 어떻게 변할지 질문을 받는다면 합당한 대답을 내놓기 위해 예측 모델을 돌릴 것이다. 그렇게 나온 값은 높을 수도 있고 낮을 수도 있다. 예측 전문가들은 최선의 예측 결과와 최악의 예측 결과를 동시에 내놓을 수도 있다.

정량적 모델링과 관련된 수학은 아주 복잡하지만 흥미롭기도 하다. 또한 미래 예측용 소프트웨어는 변수들이 상호작용하면서 시간의 흐름에 따라 변하는 모습을 생생하게 보여주는 입체적인 그래프도 제공해준다. 소프트웨어를 사용한 미래 예측은 나름 정확하다는 장점이 있다.

풍부한 데이터를 토대로 통계적으로 도출한 미래 예측 결과는 미래에 대한 직관적인 판단보다 정확하다. 하지만 여기서는 정량적 모델링

---

* 트렌드의 변동을 알 수 있도록 여러 구간에서 얻은 평균값을 이동 평균이라 한다. 예를 들어 지난 5일간 주가의 이동 평균을 구하려면 가장 오래된 주가 데이터를 버리고 가장 최근의 주가 데이터를 넣어서 평균을 구할 수 있다. 이때 구간이 바뀌면 평균도 바뀌게 된다 — 옮긴이.

** 계절적인 패턴과 같이 데이터에 내재한 요인을 제거하기 위해 사용하는 방법이다 — 옮긴이.

을 통한 미래 예측의 장점보다는 단점을 자세히 살펴볼 것이다. 이런 접근 방법이 언제 유용하지 않은지, 왜 유용하지 않은지에 대해 이해하고 이런 접근법의 한계를 자세히 살펴볼 것이다. 정량적 모델링의 타당성에 의문을 제기하려는 것이 아니라 이것이 어떤 상황에서 유용하게 적용되는지를 이해하기 위해서다. 한편 정량적 모델링의 장점을 더욱 잘 이해하려면 다음에 설명할 복잡계 이론complexity theory을 살펴보아야 한다.

결정론의 한계 :
카오스, 복잡성, 불명확한 문제 **Future Savvy**

18세기 사상가들은 인간의 행동을 물리학 법칙처럼 결정론적인 시각에서 바라보았다. 그리고 이런 시각을 토대로 사회과학이 생겨났다. 하지만 현재 사회과학자들 사이에는 인간의 행동이나 사회를 지배하는 결정론Determinism적인 법칙이 존재하지 않는다는 생각이 지배적이다.

과일파리의 번식에 영향을 주는 요소들을 잘 안다면 일정 지역에서 과일파리가 번식할지 말지를 알 수 있다. 하지만 이는 다양한 요소들에 좌우되는 인간과 사회의 움직임에 대해 설명하는 것과는 완전히 다르다. 과일파리의 번식 문제와는 달리 우리는 인간과 사회의 움직임 배후에 있는 다양한 요소들과 이런 요소들 간의 복잡한 상호작용에 대해서는 잘 모른다. 사회과학이 과학으로 자리 잡으려면 인간과 사회의 움직임 배후에 있는 다양한 요소들에 대한 확실한 이해가 필수적이다.

그리고 이런 요소들의 초기 상태와 상호작용에 대한 자세한 이해, 현재 상태를 변화시키는 힘에 대한 뚜렷하고 포괄적인 설명이 요구된다.

하지만 이렇게 완벽에 가까운 이해는, 미래는 차치하고라도 현재만을 대상으로 하더라도 불가능하다. 우리는 어떤 상황에 대해서도 어떤 힘이 예상되는 변화 혹은 예상치 못한 변화를 이끌어낼 것이라고 확실하게 주장할 수 없다. 이런 생각은 인간을 둘러싸고 벌어지는 사건에 대해 결정론적인 예측을 하려는 노력이 부질없음을 말해주는 것이다. 마케팅 분석가인 팻 라푸앵트Pat Lapointe는 다음과 같은 생생한 예를 들려준다.

"통계학자들이 야구 선수들에 관해 지난 100년간의 데이터를 초고속컴퓨터에 저장해서 금방 꺼내 쓸 수 있게 했다고 합시다. 하지만 야구 경기는 인간의 행동이기에 투수의 다음 피칭에서 어떤 결과가 나올지를 정확하게 예상하는 것은 불가능합니다. 그리고 누가 경기에서 이길지를 정확하게 예상하는 것도 불가능합니다. 정규 시즌의 우승자를 예상하는 것은 말할 것도 없고요."(2)

이렇게 보면 인간이 모여 사는 사회, 인간이 만든 제도에는 과학적인 요소가 없어 보이며, 인간이 만들어가는 미래를 예측하는 것도 마찬가지로 보인다. 철학자인 칼 포퍼Karl Popper는 사회과학에 대해 다음과 같이 말했다.

"역사의 흐름에 대해 과학적이거나 합리적인 방법으로 예측하는 것은 불가능하다……. 우리는 사회과학이 이론물리학에 버금갈 것이라는 환상을 버려야 한다."(3)

과학자들은 인간과 자연을 둘러싼 사건들이 근본적으로 복잡하다는 생각을 하게 되면서 세상을 움직이는 이런 사건들을 비결정론적인 모델로 설명하는 데 관심을 갖게 되었다. 그중 가장 유명한 카오스 이론(종종 복잡계 이론과 연관되기도 한다)은 자연과학에서 먼저 나온 것이지만 곧 경제학과 사회과학에도 도입되었다. 카오스 이론은 원칙에는 근거하고 있지만 궁극적으로는 깊이를 알 수 없는 변화를 설명하는 데 도움이 된다.

카오스 이론은 초기 조건initial condition의 변화에 민감하게 반응하는 현상*을 설명하는 데도 유용하다. 카오스 현상은 나비효과butterfly effect라고도 불린다. 약간의 변화가 엄청나게 다른 결과를 가져온다는 사실에서 이런 말이 유래했다. 카오스 현상은 변화를 일으키는 다양한 요인들이 지닌 복잡성 때문에 나타난다. 보기에는 전혀 중요하지 않을 것 같은 일(자동차 열쇠를 집에 두고 와서 다시 집으로 돌아가는 등)이 스스로를 잘못된 시간에 잘못된 장소에 있게 함으로써 미래를 완전히 뒤흔드는 경우도 있다. 무심코 내뱉은 말 한마디, 방향을 잃고 날아가는 총알 한 발이 역사를 바꿀 수도 있다.

우리 주변에는 수만 가지의 사소한 일들이 매일 일어난다. 이런 사소한 것들이 지닐 수도 있는 엄청난 영향력 때문에 미래에 나타날 결과에 대해 확신을 가지고 말하기가 무척 어렵다. 또한 우리가 카오스 현상에 내재된 규칙적인 패턴을 설명할 수 있다고 하더라도 이것은 특별한 조건에서만 가능한 일이다. 조건이 변하면 규칙적이던 패턴은 더 이상 규칙적이지 않으며, 따라서 예측 가능성은 사라지게 된다.

결코 단순화할 수 없는 복잡성을 표현하는 또 한 가지 방법이 있다. 그것은 바로 리텔Rittel과 웨버Webber가 제시했던 불명확한 문제wicked problem다. 불명확한 문제란 불완전하고 제대로 정의되지 않으며 모순

---

* 카오스 현상이라고도 한다 — 옮긴이.

178

적인 독립변수(반면에 명확한 문제tame problem는 아무리 어렵더라도 답을 구할 수 있는 문제다)를 지닌 문제를 말한다.(4) 사실 불명확한 문제에는 정답이 있을 수 없다.

불명확한 문제와 관련해서 말콤 글래드웰Malcolm Gladwell이 안보 전문가인 그레고리 트레버턴Gregory Treverton의 말을 인용하여 퍼즐과 미스터리를 구분했음을 주목하는 것이 좋다. 퍼즐이란 해결에 필요한 정보가 부족한 문제다. 필요한 정보가 주어지면 퍼즐은 쉽게 해결된다. 하지만 미스터리는 정보가 계속 주어지더라도 해결되지 않는 문제다. 이에 대해 글래드웰은 이렇게 말했다.

"때로는 주어진 정보가 불충분할 수도 있다. 때로는 우리가 영리하지 못해서 주어진 정보를 제대로 이해하고 활용하지 못할 수도 있다. 하지만 어떤 때는 문제 자체가 해결될 수 없는 것일 수도 있다."(5)

확실히 미국 국방부도 비결정론적인 인식 프레임워크를 지닌 것으로 보인다. 국방부에서는 이 세상을 설명하기 위해 VUCA(변하기 쉬운 Volatile, 불확실한Uncertain, 복잡한Complex, 설명하기 애매한Ambiguous)라는 용어를 만들기도 했다.(6)

이제는 아주 복잡한 상황을 표현하는 용어들의 공통점을 알 수 있을 것이다. 이 용어들은 바로 결정론적인 인식 프레임워크를 벗어나는 상황들을 묘사한다. 그런데 이런 상황들과 관련된 문제들을 간단하게 해결하는 방법을 찾는 것은 매우 어려운 일이다. 이런 상황들의 미래를 예측하는 것도 마찬가지다. 우리가 아무리 세련되어 보이는 정량적 모델링, 비싼 통계 소프트웨어, 멋있게 보이는 이미지 그래픽 소프트웨어로 우아하게 미래를 예측한다 해도 그 이면에는 해결하기 힘든 문제가 숨어 있을 수 있다.

이제 컴퓨터 소프트웨어를 사용해서 미래를 예측할 때 고려해야 할 사항들을 살펴보자.

데이터에는 문제가 없는가

데이터가 갖는 다양한 문제점에 대해서는 2장에서 자세히 설명했다. 즉 문제가 있는 데이터가 통계 분석 과정에 개입할 여지가 있고, 데이터가 주관적 판단에 영향을 받을 수 있음을 살펴보았다. 어떤 데이터가 다른 데이터보다 품질이 좋을 수 있다. 하지만 완벽한 데이터는 존재하지 않는다.

정량적 예측의 성공 여부는 데이터의 품질에 좌우된다(과거 데이터와 현재 데이터 모두 해당된다). 쓰레기가 인풋으로 들어오면 아웃풋으로 나가는 것도 쓰레기다. 예측 전문가는 정량적 모델을 설정하면서 아웃라이어outlier*나 발생 가능성이 적은 데이터를 걸러내야 한다. 3장에서 설명한 대로 이런 과정은 의도적인 바이어스를 낳을 수도 있다. 하지만 관점에 따라서는 무의식적인 선택unconscious choice으로도 볼 수 있다.

모든 요소들을 포함하고 있는가

인간의 인식 체계는 상상할 수 없을 정도로 복잡하다. 따라서 우리는 미래 예측 모델이 미래에 영향을 미치는 모든 요소들을 투입 요소로 포괄하고 있는지를 따져보아야 한다. 예측을 위한 변수들이 많아지고 예측 기간이 길어질수록 미래에 변화를 일으키거나 변화를 방해하는 모든 요소들을 예측 모델에 포함시키는 것이 어렵게 된다. 크루즈 산업의 미래를 예측하면서 경제적 요소, 라이프스타일, 인구

---

* 평균적인 데이터와 동떨어진, 이례적인 데이터를 가리킨다 — 옮긴이.

통계, 경쟁 산업을 고려할 수 있다. 하지만 미처 생각하지 못한 요소로 어떤 것들이 있을까? 테러리즘, 유가 상승, 영어의 전파 등도 크루즈 산업에 영향을 미칠 수 있다.

연구 대상을 변화시키는 모든 요소들을 예측 모델에 포함시키기는 현실적으로 어렵다. 미래에 확실히 영향을 미치는 요소들을 찾아내는 것은 어렵지 않다. 하지만 미래에 영향을 미칠 모든 요소들을 찾아낼 수는 없다. 어떤 요소들은 다른 요소들에 의해 쉽게 눈에 띄지 않거나 아예 보이지 않을 수도 있다. 정량적 모델링이란 현실을 간단히 나타내는 것에 불과하다. 정량적 예측 모델에 포함된 투입 요소들 말고도 미래에 영향을 미치는 요소들은 많다는 사실을 명심해야 한다.

무엇이 무엇에 영향을 미치는가

정량적 예측 모델을 구성하는 데이터의 품질, 투입 요소에 만족하더라도 데이터의 인과관계를 정량화해야 하는 문제는 여전히 남는다. 모델의 무엇이 무엇에 영향을 미치는가와 어떤 조건에서 어느 정도의 속도로 얼마나 영향을 미치는가의 문제다.

훌륭한 예측을 위해서는 변수(데이터) 간의 관계를 정확하게 설정해야 한다. 변수 간의 관계를 설정하는 것은 독립변수가 시간이 지나면서 종속변수에 영향을 미치는 정도를 나타내는 계수를 계산하는 알고리즘을 설계하기 위해 반드시 필요하다. 데이터 간의 수학적인 관계는 가정에 근거를 둔다.

어떤 지역의 공업 단지를 2배로 확충하면 도로 사용량은 40퍼센트 증가한다는 관계를 설정했다고 하자. 이때 우리는 가정을 하고 있는 것이다. 이런 가정은 전문가들의 의견, 과거의 경험에 근거를 둔다. 하지만 이런 가정은 미래에 계속 지속될 수도 있고 그렇지 않을 수도 있다. 그리고 알고리즘을 설계하는 데도 변수들의 진화, 상호작용, 지속에 대한 다양한 가정을 하게 된다. 이런 알고리즘이 정확하려면 모든 가정이 정확해야 한다는 것은 두말할 나위가 없다.

닐 던컨Neil Duncan은 〈왜 우리는 미래를 정확하게 예측하지 못하는가Why We Can't Predict?〉라는 짧지만 논리적인 논문에서 정확한 알고리즘을 설계하여 훌륭한 예측 결과를 내놓기 위해 해결해야 할 문제들을 네 가지 유형으로 제시했다. 그 네 가지 유형이란 바로 형태shape, 경계 시점threshold, 상호작용interaction, 시차lag다.

형태란 투입 요소와 아웃풋(예측 결과) 간의 관계를 나타내는 수식이다. 이런 형태는 간단한 직선에서 장황한 설명이 필요한 수식에 이르기까지 다양하다. 경계 시점은 투입 요소의 영향력이 갑자기 변하면서 변수 간의 관계가 바뀌는 시점을 의미한다. 투입 요소가 경계 시점 이전의 아웃풋에 미치는 영향은 0이지만 경계 시점 이후의 아웃풋에는 엄청난 영향을 미칠 수가 있다. 이때는 예측 시스템이 완전히 변하거나 무너질 수도 있다. 그런데 경계 시점이 어디에 있는가를 정확히 알기는 매우 어렵다.

상호작용은 어떤 투입 요소의 영향력이 다른 투입 요소들의 값에 달려 있음을 의미하는 말이다. 모든 것이 모든 것에 영향을 미친다는 말이 있다. 따라서 예측 능력은 변수들 간의 상호작용이 심할수록 떨어지게 된다. 즉 미래는 도무지 헤아릴 수 없는 복잡한 상황에 빠져들 수도 있다는 말이다.

시차는 아웃풋이 투입 요소의 현재 값이 아니라 과거 혹은 미래 값에 영향을 받는 것을 의미한다. 이렇게 되면 정확한 예측을 위해 어느 시점까지의 투입 요소를 고려해야 하는가가 문제된다(시차는 변수들의 상호작용 혹은 경계 시점에 영향을 받기 쉽다). 복잡한 세상에서 미래 예측에 방해가 되는, 네 가지 원인을 효과적으로 극복하기는 어렵다. 결국 이런 원인들이 모두 작용하면 미래 예측은 틀릴 가능성이 많다.(7)

가정들은 예측 기간 전체에 걸쳐 유효한가

예측 모델의 데이터가 품질이 양호하고, 모든 투입 요소들을 포함하며, 이런 요소들의 관계 설정도 정확하다면 우리는 복잡한 현실을 설명하는 모델에 필요한 가정을 정확히 세웠다고 자부할 수도 있다. 하지만 문제는 여전히 남아 있다. 그것은 바로 가정들이 예측 기간 전체에 걸쳐 효력을 갖는가의 문제다.

알고리즘의 설계는 변수들 간의 과거 관계를 흉내 낸 것에 불과하다. 예측 결과가 정확하려면 변수들의 인과관계에 대한 가정이 예측 기간 전체에 걸쳐 유효해야 한다. 가정이란 사람들 사이에 내재된 믿음, 심적 모형, 시대정신 등의 영향을 받는다. 그런데 지금 열거했던 가정에 영향을 주는 것들은 미래에 변할 가능성이 많다. 지금의 심적 모형은 1년 동안은 유효하지만 10년이 지나면 효력이 사라질 수도 있다는 말이다. 예측 기간이 길어지면 현재의 가정은 더 이상 유효하지 않을 가능성이 높다.

변수들에 대한 미래의 인과관계가 더 이상 유효하지 않다면 예측 모델을 설정하는 다른 과정들이 정확하더라도 올바른 예측 결과를 내놓기 어렵다. 시스코Cisco는 정교한 데이터 관리 시스템으로 재고관리를 하는 회사로 유명하다. 이 회사의 데이터 관리 시스템은 시장, 공급 체인, 경쟁사의 데이터를 통합 관리하도록 설계되어 있었다. 하지만 시스코의 예측 전문가가 2001년 당시 주가 폭락으로 닷컴

dot-com 기업들이 줄줄이 도산하는 상황을 가정하지 못하면서 시스코는 22억 달러의 손실을 입고 대량 해고 사태를 맞았다.

사실 시스코에 도움이 될 만한 예측 모델은 세상에 없었다. 예측 기간 동안 가정 자체가 유효하지 않았기 때문이다. 설상가상으로 예측 결과는 복잡한 현실의 겉치레에 불과하고 오히려 혼란을 가중시킬 수도 있다. 시스코는 데이터의 품질을 전혀 의심하지 않고 예측 모델의 논리성을 그대로 믿기만 했다. 그래서 예측 기간 전체에 걸쳐 유효하지 않은 1990년대의 가정을 아무런 의심 없이 그대로 받아들였던 것이다.

불확실성의 단계 :
이원화된 시각을 넘어서다 Future Savvy

우리는 잘못된 예측을 계속 접하면서 예측이 갖는 불확실성 문제를 고민하게 된다. 미래가 아주 불확실하게 전개되는 경우 신뢰할 만한 정량 분석을 내놓는 것은 불가능하다는 주장도 제기되었다. 하지만 정책이나 경영 변수에 관한 단기 예측에는 정량 분석이 여전히 유용하다고 주장하는 사람도 많다. 즉 정부나 기업이 정책과 계획을 세울 때 이런 분석 방법을 널리 이용하는 것도 사실이다. 이런 역설적인 이야기를 어떻게 이해해야 할까?

휴 커트니Hugh Courtney는 동료 연구자들과 함께 이런 역설을 이해하는 데 도움이 되는 불확실성 수준을 분석했다.(8) 매킨지 사의 컨설턴트인 그들은 자신이 일하는 컨설팅 사, 기업, 정부의 블루칩 전략 문제들을 다루면서 여러 상황들을 분석해 불확실성 수준을 평가했다. 1990년대의 보고서를 보면 그들은 아주 불확실한 상황을 설명해줄 표준화된 분석 모델을 만들 수 없음을 정확히 깨닫고 있었다.

하지만 그들은 불확실한 상황이 서로 같지는 않다는 사실도 알고 있었다. 어떤 상황은 다른 상황보다 더욱 불확실할 수도 있다. 즉 불확실성의 정도는 상황마다 서로 다르다. 또한 그들은 불확실성에 대한 이원화된 시각에도 문제를 제기했다. 여기서 이원화된 시각이란 바로 모든 상황을 확실한 상황이나 불확실한 상황으로 나누는 것을 말한다. 그들은 이런 이원화된 시각 대신 분석 모델이 설명하지 못하는 불확실성 수준을 다음과 같이 네 단계로 분류했다.

1단계

기반이 튼튼하고 변화가 느린 상황으로 예측 결과도 신뢰성이 있다. 가장 전형적인 예로는 성숙 산업mature industry을 들 수 있다. 성숙 산업은 경쟁이 별로 없는 산업으로 기술이나 규제가 크게 변하리라는 기대를 하기 힘들다. 또한 시장 세그먼트나 공급 체인의 변동도 거의 없다.

2단계

한정적이며 확정적인 범위 내에서 미래의 결과를 예측할 수 있다. 미래의 결과는 정해진 범위 내에 있지만 어떤 결과가 나타날지는 모른다. 제품의 승인이 날 것인지 나지 않을 것인지에 대해 양단간의 결정을 내려야 하는 상황을 예로 들 수 있다(미국식품의약국FDA의 결정이 여기 해당한다). 혹은 산업에 중요한 영향을 미칠 기업 간의 합

병, 채택되기 위해 경쟁하는 서로 다른 산업 표준안도 이런 예에 속
한다.

3단계

미래의 결과가 확정적이지는 않지만 발생 가능한 범위 내에 있다.
예측가는 확인된 결과가 발생할 수 없는 것일 경우 이를 폐기한다.
신기술에 기반을 두고 상품을 개발하는 경우, 불확실한 수요에 직면
한 경우, 새로운 납품 모델이나 수익 모델을 시험하는 경우 바로 이
런 수준의 불확실성을 지니게 된다. 이런 유형의 불확실성은 사회의
가치관과 규범이 변하면서 나타나기도 하고, 유가 인상이나 환율 변
동 같은 거시 경제지표가 변하면서 나타나기도 한다.

4단계

미래의 결과를 알 수 없고 결과의 범위도 정해져 있지 않다. 새로운
산업이 등장하는 상황(게놈 산업의 등장 등)이나 사회정치적 요인 때
문에 경영 여건이 매우 혼란한 상황에서는 이런 수준의 불확실성을
지니게 된다.

불확실성의 정도는 해당 분야의 복잡성이나 변화 속도와 상관관계
가 있다. 또한 예측 기간과도 상관관계가 있다. 먼 미래를 예측하면 불
확실성은 더욱 커진다. 그리고 불확실성이 커질수록 미래 예측을 위한
주요 가정들의 효력도 사라지게 된다.

불확실성 수준을 분석함으로써 각 수준에 맞는 분석 도구를 마련해
야 한다는 사실을 깨닫게 된다. 어떤 수준의 불확실성에 맞는 분석 도구
는 다른 수준의 불확실성에는 도움이 되지 않는다. 주어진 상황에 내재
된 불확실성에 맞는 분석 도구를 사용해야만 효과가 있다.

휴 커트니는 1단계에서는 현금흐름 할인법DCF, 순현재가치 분석 NPV 같은 고전적인 금융 평가 분석 도구, 마이클 포터Michael Porter가 제안한 파이브포스 모델5-Forces model*, 표준화된 시장 연구 방법, 기타 통계 분석법을 적용하는 것이 좋다고 말한다. 2단계에서는 의사결정 트리 decision tree나 게임이론을 권장한다. 그리고 3단계에서는 시나리오 계획법, 실물 옵션 모델real option model을 적용하는 것이 좋다고 말했지만 4단계에 적용할 만한 분석 도구는 제시하지 않았다. 하지만 역사적으로 비슷한 상황을 면밀히 검토하고 상황에 맞는 분석 도구를 창의적으로 개발한다면 어느 정도의 발전을 기대할 수 있을 것이다.

불확실성 단계에 따라 분석 도구를 결정하라

Future Savvy

불확실성 수준을 정확히 판단하거나 혹은 약간 다르게 판단하더라도 기본적인 원칙은 변함이 없다. 즉 "낮은 단계의 불확실성에 적합한 분석 도구를 높은 단계의 불확실성에 적용하면 잘못된 예측을 하기 쉽다."

낮은 단계의 불확실성은 다음과 같은 특징을 나타낸다.

---

* 마이클 포터가 제안한 것으로 기업 전략 수립에 많이 활용되는 외부 환경 분석 프레임워크다. 포터는 기업의 사업 환경을 신규 진입의 위협, 기존 경쟁업자 간의 적대감, 대체 제품의 압력, 구매자와 판매자의 교섭력 등 5개 경쟁 요인으로 정리하고 업계에서 유리한 입장을 구축하는 전략으로 비용, 리더십, 차별화, 집중화를 제시했다 — 옮긴이.

- 데이터는 품질이 양호하고 비교적 정확하다.

- 초기 조건 설정이 어렵지 않다.

- 비교적 작은 규모의 폐쇄적인 시스템을 다룬다. 즉 투입 요소가 분명하게 인식되고 그 수는 몇 개 되지 않는다. 많은 변수들이 미묘하게 상호작용하는 것은 아니며, 변수들의 연관관계가 분명하다.

- 상황을 둘러싼 여건은 크게 변하지 않는다. 따라서 규제 혹은 기술의 급격한 변화는 발생하지 않는다. 또한 경쟁 여건도 쉽게 파악할 수 있다.

- 단기적인 예측 결과가 필요하다.

토론토 중심가에 위치한 호텔들의 향후 5년간에 걸친 객실 이용률을 예측한다고 해보자. 지난 10년간의 객실 이용률 데이터는 품질이 양호하고, 관광 산업 증진을 위한 회의가 매년 개최되며, 토론토와 규모 및 입지가 비슷한 지역으로부터 다양한 연구 데이터를 확보할 수 있다고 하자. 그러면 우리는 의사결정에 도움이 되는 정확한 예측 결과를 제시할 수 있을 것이다. 변수 간의 인과관계는 타당한 것으로 판단되고, 향후 5년간 이런 인과관계는 변하지 않을 것으로 보인다. 따라서 통계적 방법과 모델링 기법을 기계적으로 적용하기만 하면 신뢰할 만한 예측 결과를 얻을 수 있을 것이다.

정량적 예측은 바로 이런 상황에 필요하다. 천천히 변화하고, 범위가 좁으며, 잘 알려져 있는 상황에서 단기간에 걸친 미래를 예측한다면 정량적 예측을 시도하는 것이 좋다. 그러면 타당하고 합리적인 예측 결과를 얻을 수 있다. 이런 상황에서 정량적 예측은 미래 예측을 위한 최선의 방법이다. 사실에 입각한 데이터는 2장에서 설명한 여러 경고에도 불구하고 상황을 이해하는 가장 객관적인 근거가 된다. 정량적 접근 방법은 우리의 직관과 경험적 판단에 따라 나타날 수 있는 주관적인 요소를 견제하는 객관적이고 과학적인 방법이다. 즉 우리가 개인적인 경험에 쉽게 이끌리는 경향, 전체가 아니라 특별하거나 즉각적인 상황에 집중하는 경향을 막아준다.

하지만 불확실성이 커지면 정량적 접근 방법에는 문제가 발생한다. 중기 또는 장기 예측을 하거나 불확실성 또는 복잡성이 큰 미래를 예측할 때 정량적 접근 방법을 적용하면 예측 결과는 엉망이 되고 만다(특히 불확실성 수준을 잘못 판단하는 경우 그렇다). 변수들과 그 상호작용을 정확히 이해하지 못하거나 상황이 급격하게 변하거나 상황이 뒤집히기 쉬운 경우라면 정량적 예측 방법은 훌륭한 분석 도구가 되지 못한다. 아바나의 호텔 객실 이용률에 대해 15년에 걸친 예측을 한다고 해보자. 토론토의 호텔 객실 이용률을 정확히 예측해주었던 정량적 예측 방법은 부정확한 예측 결과를 내놓게 된다.

정량적 예측에서 프로그래밍과 모델링이 보여주었던 장점은 불확실성이 커지거나 중장기적인 미래를 예측할 때는 사라지고 만다. 이런 상황에서 정량적 예측은 불가능한 과제를 수행하기에 실패하는 것이다. 정량적 예측 방법은 불확실성이 큰 상황에서 매우 복잡하고도 불규칙적인 변화를 찾아내는 데는 적합하지 않다. 이런 문제는 예측 방법이나 알고리즘이나 프로그래밍을 개선해도 해결되지 않는다.

하지만 이런 사실에도 불구하고 정량적 예측 방법을 신뢰하는 사람들의 생각은 바뀌지 않는다. 특히 그들 중에는 더 좋은 소프트웨어가 개발되고 성능이 뛰어난 컴퓨터가 개발되면 문제가 해결된다고 생각하는 사람들이 많다. 정량적 예측 방법을 지지하는 사람들은 보다 세련된 통계적 방법, 데이터 관리법, 모델링 기법이 개발되고 컴퓨터 성능이 개선되면 먼 미래도 정확하게 예측할 수 있다고 생각한다. 지금의 예측 결과가 틀리더라도 다음에는 정확하게 예측할 수 있다고 믿는 것이다.

정량적 모델링을 신뢰하는 사람들이 모여서 서로 다른 모델링 방법론의 장점에 대해 진지하게 논의한 적도 있다. 각각의 모델링 방법론마다 권위자들도 있고 제자들도 많이 양성되었다. 하지만 이런 모델링 방법론들을 불확실성 수준과 연관시켜 생각해보면 서로 다른 모델링 방법론을 두고 논쟁을 벌이는 것은 아무런 소용이 없어 보인다. 또한 적절하지 못한 가정하에 모델링 방법들을 적용하여 조금씩 다른 분석 결과를 내놓았다고 해서 도움이 되는 것도 아니다. 그리고 이런 예측 결과는 서로 다른 모델링 방법들이 해결해줄 정도로 실제 상황과 별 차이가 없는 것도 아니다.

잘못된 가정을 똑같이 하고 미래를 예측하는 다양한 모델링 방법론을 적용하면 예측 결과들은 모두 실제 상황과는 엄청난 차이를 보여준다. 그리고 이런 차이는 모델링 방법론을 달리한다고 해도 개선되지 않는다. 스티븐 슈나스는 수직이륙 비행기의 개발에 관한 잘못된 예측에 대해 다음과 같이 말했다.

"모델을 좀 더 세련되게 바꾸면 같은 함정에 더 깊이 빠져들게 된다."(9)

1960년대의 성장률 데이터로 21세기를 예측하는 정량적 예측 모델은 웅대한 미래를 보여준다. 하지만 이것은 잘못된 예측으로 끝날 가능성이 많다. 그리고 세련된 모델을 개발하고 컴퓨터의 성능이 좋아진다고 해서 잘못된 예측 결과가 개선되는 것은 아니다. 중요한 것은 예측 방법이 아니라 예측에 사용된 가정이다. 가정이 잘못되면 예측도 잘못될 수밖에 없다. 불확실성이 커지면 정량적 방법을 버리고 새로운 방법

을 찾아야 한다. 즉 잘못된 예측치보다 정확도가 높은 근삿값이 도움이
되는 것이다.

8장

새로운 예측 도구, 시스템 모델링

　지금까지는 미래 예측에 나타나는 불확실성과 복잡성의 문제들을 살펴보았다. 이런 문제들이 있는 상황에서 추세외삽법이나 정량적 방법을 단순하게 적용하면 잘못된 예측을 내놓게 된다. 그러면 이런 상황에는 어떻게 접근하는 것이 좋을까? 이에 대한 완벽한 분석 도구는 없다. 하지만 이 장에서 설명할 시스템 모델링은 복잡한 상황이나 변화가 심한 상황에서 오류를 줄이면서 미래를 정확하게 예측하는 데 유용한 도구가 될 것이다.

역효과와
부작용의 발생

Future Savvy

한 가지 목표를 성취하기 위해 노력하다 보면 역효과가 생기는 경우도 많다. 바람직해 보이는 해결책이 때로 문제를 더욱 악화시키는 경우도 자주 발생한다. 저혈당을 치료하기 위해 사탕을 먹는다고 하자. 그런데 설탕을 많이 섭취하면 체내에 인슐린 분비가 촉진되면서 혈당치는 더욱 낮아진다.*

이와 비슷한 사례로 다음과 같은 것들이 있다.

- 지방자치 정부는 주민들의 주거 안정을 위해 임대료가 오르지 않도록 통제하려 한다. 그런데 이런 정책이 오히려 임대료를 상승시킬 수도 있다. 왜냐하면 임대료를 통제하면 주택 소유자의 소득이 줄어들기 때문에 사람들이 더 이상 아파트를 지으려 하지 않을 것이고, 그 결과 주택 공급이 부족해져 임대료가 오른다.
- 프로권투 선수들에게 글러브를 끼고 경기를 하게 하는 것은 선수들을 보호하기 위해서다. 그런데 장기적으로 보면 선수들은 만성적인 뇌 손상을 입을 수 있다. 권투 선수들은 겉보기에는 큰 손상을 입지 않는 것처럼 보이기에 선수 생활을 계속할 것이다. 특히 뇌 손상의 증상이 뚜렷하게 나타나기 전까지 권투를 계속하려는

---

* 사회 현상과 자연 현상은 여러 요소들이 서로 연관되어 움직이는 시스템으로 설명할 수 있다. 이런 시스템에는 태양계와 같은 물리적 실체, 삼림과 같은 생태계, 인체와 같은 생명체, 가정이나 이웃 같은 사회제도 등이 있다.

선수들도 생기게 된다.

- 재정 정책 입안자는 법인세나 소득세를 올린다고 해도 정부의 재정 적자를 크게 줄이지 못한다는 사실을 깨닫는다. 세율을 올리면 국민경제가 위축되어 수입과 이윤이 줄어들게 된다. 이렇게 되면 조세수입도 줄어든다. 또한 세율을 올리면 조세회피* 현상도 발생한다.

어떤 정책이나 행위가 역효과를 발생시키지는 않더라도 다른 요소들이 예기치 못한 방식으로 상호작용을 일으키면서 부작용을 발생시키고 뜻밖의 결과를 낳는 일도 있다. 이와 관련하여 가장 유명한 사례를 들면 미국의 CIA가 1980년대 아프가니스탄에서 구소련에 반대하는 이슬람 단체에 자금을 지원했던 예를 들 수 있다. 그 결과 미국 정부를 위협하는 알카에다까지 만들어지게 되었다. 미국 국방부와 CIA는 이렇게 의도하지 않았던 부정적인 결과를 낳는 작전을 블로백blowback**이라고 부른다. 또 다른 사례로는 지난 1920년대의 금주법을 들 수 있다. 금주법은 술의 상업적 제조와 거래를 중지시키기 위해 제정된 법이었지만 결과적으로는 밀주, 밀수 등의 불법 거래만 활개를 치게 되었다.(1)

의도하지 않았던 역효과나 부작용은 앞으로 살펴볼 시스템 효과system effect가 발생하는 상황에서 나타난다. 시스템 효과는 A라는 요소가 변할 때 이것과는 아무 관련이 없어 보이던 제3의 요소 C가 나타나서 A의 변화에 영향을 받는 다른 요소에 부수적인 변화를 일으키는 것

---

* 법적으로는 불법이 아니지만 도덕적으로나 상식적으로 비난받을 만한 편법을 써서 세금을 면하거나 줄이는 행위를 말한다 — 옮긴이.
** 관 속의 가스 따위가 역류해 오는 현상을 말한다 — 옮긴이.

이다. 다시 말해 A와 B의 관계는 서로 상호작용으로 결정될 뿐만 아니라 시스템 내의 또 다른 요소인 C에 의해서도 결정된다는 말이다. 시스템 내의 한 요소를 변하게 하는 것은 다른 요소들까지도 변하게 한다(이때 다른 요소들이 변하는 것은 전혀 예상치 못한 결과다).

이와 관련해서 경제 현상에 나타날 수 있는 한 가지 사례를 들어보자. 이자율이 떨어지면 대출이 늘어난다. 그러면 소비가 늘어나면서 경제 성장을 촉진한다. 하지만 더불어 물가도 상승한다. 이렇게 어떤 요소가 변하면 다른 모든 요소가 영향을 받게 된다.

시스템 내의 다른 요소들과 관련되어 있는 어떤 요소의 움직임을 정확히 예측하는 것은 시스템 내의 요소들을 찾아내고 이런 요소들이 어떻게 관련되어 있는가를 정확하게 이해해야 가능한 일이다. 시스템을 구조적으로 정확히 이해하게 되면 정태적인 조건에서 시스템 내의 요소들이 서로 어떻게 관련되고 어떻게 움직일지를 파악할 수 있다. 또한 시스템이 외부의 영향을 받는 경우에도 시스템 내의 요소들이 서로 어떻게 상호작용하는지를 알아야 한다.

어떻게 시스템을 모델링할 것인가

Future Savvy

시스템을 모델링하는 방법에는 여러 형태가 있다. 공학과 심리학을 비롯한 학문 분야들마다 시스템을 모델링하는 방법이 서로 다르고, 모델링의 목표도 서로 다르다. 그런데 여기서는 주로 사회적 혹은 경제적 현상을 대상으로 시스템 모델링 방법을 설명하려 한다. 이런 시스템 모델링에서는 상승하거나 하락하는 저량변수stock variable*를 기준으로 연결고리를 표시하여 다른 변수들과의 상호작용을 나타낸다.

상호작용의 효과는 두 가지 유형이 있다. 하나는 두 변수가 같은 방향으로 움직이는 유형이다. 하나의 변수가 상승하면 다른 변수도 상승하는 경우다. 공장의 매연 배출량이 커지면 대기 중의 이산화탄소 농도도 높아지는 식이다. 다른 하나는 두 변수가 반대 방향으로 움직이는 유형이다. 하나의 변수가 상승하면 다른 변수는 하락하는 경우다. 가령 이자율이 높아지면 국가경제는 위축된다. 하지만 이자율이 낮아지면 국가경제는 상승하게 된다.

변수들의 상호작용 효과는 다음과 같이 표시할 수 있다.

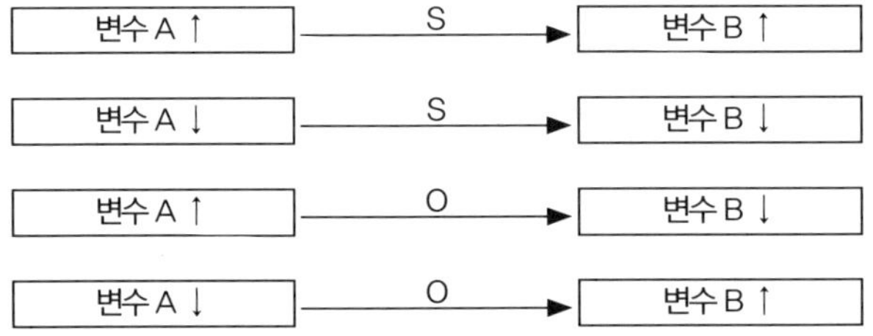

S링크로 연결된 변수 : 영향을 주는 변수가 상승 또는 하락하면 영향을 받는 변수도 같은 방향으로 움직인다.
O링크로 연결된 변수 : 영향을 주는 변수가 상승 또는 하락하면 영향을 받는 변수는 반대 방향으로 움직인다.

---

* 예를 들어 소득을 측정할 때는 일정한 기간이 주어져야 한다. 1년간의 소득이라든지 1개월간의 소득이라든지 하는 일정 기간이 명시되지 않으면 소득을 측정하는 것은 불가능하고 의미도 없다. 이와 같이 측정이나 정의에 기간의 명시가 필요한 변수들을 유량변수flow variable라고 하고, 기간의 명시가 필요하지 않은 변수들을 저량변수라고 한다. 부는 저량변수이고 소득은 유량변수다 — 옮긴이.

198

시스템에서 영향을 받는 변수는 다른 변수에 영향을 미칠 수 있다. 이런 현상은 아래 도표에 나와 있는 인과관계 체인causal chain에서 화살표로 표시된다. 마약 밀매업자에 대한 형량을 높이면 마약 공급은 줄어든다. 그러면 마약 가격이 오르면서 마약 재배는 과거보다 더 많은 이윤을 남기는 사업이 된다.

형량↑ —O→ 공급↓ —O→ 가격↑ —S→ 마약 재배에 대한 인센티브 ↑

이 표의 인과관계 체인은 위에서 설명한 내용을 표시하고 있다. 시스템 모델은 인과관계 체인의 어느 지점에서 원래의 변수에 다시 영향을 미치는지를 보여준다. 시스템 모델을 자세히 살펴보면 피드백이 나타나는 지점을 확인할 수 있다. 이런 사실은 플로 차트Flow Chart와 시스템 모델의 차이점을 보여주는 것이다. 위의 예를 보면 마약 재배에 대한 인센티브가 높아지면 마약 공급이 증가하게 된다. 그러면 사람들이 마약 문제를 더욱 심각하게 여기면서 마약 밀매업자에 대한 형량은 더욱 높아지게 된다. 이렇게 하여 시스템 모델에서 한 차례의 루프가 종료된다.

강화 루프
:악순환과 선순환

시스템 모델의 루프는 변수들 간의 상호작용에 의해 나타나는 강화 효과나 균형 효과를 보여준다. 강화 루프reinforcing loop의 경우 어떤 변수의 변화가 루프 상의 다른 변수들에 영향을 미치면서 처음 변수도 동일한 방향의 영향을 다시 받게 된다.

회사가 적자를 보면 제품의 품질은 떨어지게 된다. 그러면 제품의 경쟁력이 떨어지고 소비자들의 만족을 이끌어내지 못한다. 이렇게 되면 소비자들은 경쟁사의 제품을 구매하려고 할 것이다. 결과적으로 회사는 더욱 적자를 보게 되고 제품의 품질은 더욱 떨어진다. 물론 이런 과정은 계속 진행된다.

초기의 변화(회사가 적자를 보는 상황)는 시스템 내에서 더욱 강화되고 확대된다. 회사의 적자가 더 큰 적자의 원인이 된다는 말이다. 이런 상황은 악순환vicious cycle이라 불린다. 한편 선순환virtuous cycle은 악순환과 마찬가지로 초기의 변화가 시스템 내에서 더욱 확대 · 강화되지만 이런 변화가 바람직한 경우를 의미한다.

강화 사이클reinforcing cycle은 어떤 대상이 성장 또는 하락하는 현상을 설명하는 데 유용하다. 특히 변수의 급격한 성장이나 하락을 설명하는 데 유용하다. 시스템은 피드백 과정을 거치면서 또 다른 변화를 맞게 되고 이런 변화는 더욱 확대된다. 따라서 초기의 아주 작은 변화는 강화 루프를 거치면서 점점 더 확대되어 기하급수적인 변화를 일으킨다. 그리고 이런 변화는 전혀 예상치 못했던 것일 수도 있다.

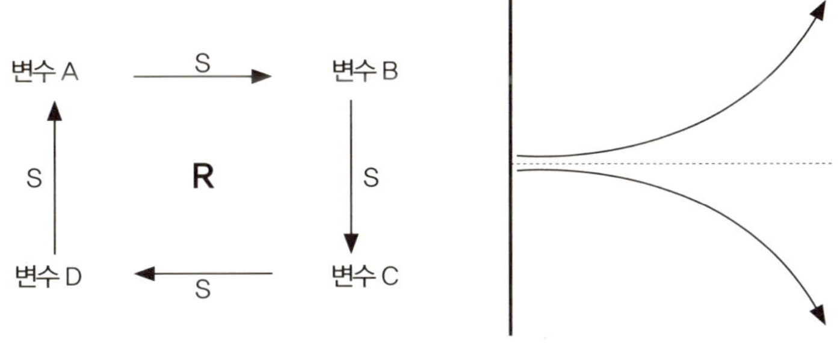

초기의 아주 작은 변화는 강화 루프를 거치면서 점점 더 확대되어 기하급수적인 변화를
일으킨다.

균형 루프
: 변화를 막는 힘

Future Savvy

균형 루프balancing loop는 어떤 변수의 초기 변화에 대해 시스템이 반
대 방향으로 작동하는 것을 의미한다. 이것은 초기 변화에 대해 시스
템이 같은 방향으로 작동하는 강화 루프와는 대비되는 개념이다. 결국
균형 루프는 초기 변화를 저지하거나 무력화시키게 된다.* 따라서 균
형 루프는 네거티브 피드백negative feedback 혹은 안정화 피드백stabilizing
feedback으로도 불린다.

시스템 내에서 균형 루프가 작동하면 변수들은 초기 상태로 되돌아
가게 된다. 변수들이 평균에 머무르거나 평균 주위에서 진동하는 것이
다. 자동 온도 조절 장치는 균형 루프가 작용하는 시스템이다. 이 시스
템은 외부 온도와는 반대 방향으로 작동하도록 설계된 것으로서 온도가

---

*시스템 내에서 반대 방향으로 움직이는 연결을 의미하는 O 링크가 한 개 혹은 홀수 개 있다면
균형 루프가 된다.

떨어지면 열을 흡수하고 온도가 올라가면 열을 방출한다.

초기 변화가 발생했을 때 강화 피드백은 기하급수적인 변화를 발생시키는 반면 균형 피드백은 균형 혹은 안정 상태가 되게 한다. 강화 루프가 작동하는 시스템은 주요 변수의 기하급수적인 상승이나 하락을 발생시키지만 균형 루프가 작동하는 시스템은 안정적인 상태를 계속 유지시키는 것이다.

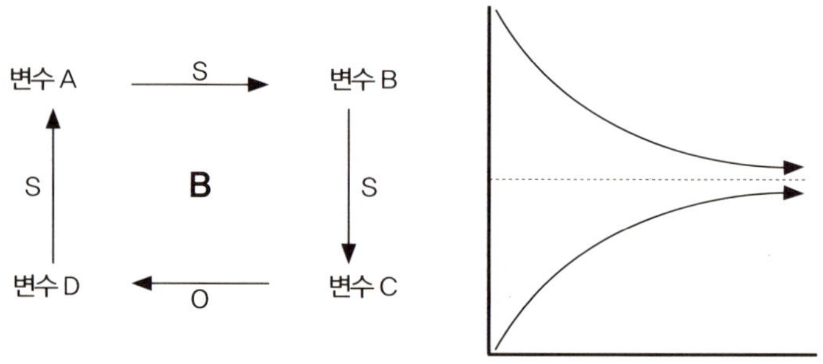

균형 루프는 안정적인 상태로의 복귀 혹은 목표를 찾아가는 과정을 설명해준다.

변수 간의 다양한 인과관계를 어떻게 나타낼 것인가

Future Savvy

시스템 내의 변수들은 다양한 변수들에 영향을 받기도 하고 영향을 주기도 한다. 따라서 다양한 변수로 다양한 상호작용을 보여주는 시스템을 설계하려면 변수들 간의 인과관계를 이해해야 한다. 또한 시스템 모델링은 다른 변수들에는 관심을 갖지 않고 하나의 변수만을 예측하는

202

것에 비하면 훨씬 더 복잡하고 힘든 작업이다. 시스템의 전체적인 그림은 시스템 다이어그램으로 나타낼 수 있다. 이는 인과관계 루프 다이어그램으로도 불리며 저량변수, 화살표, 피드백 루프로 구성되어 있다.

아래 그림은 항공사의 현황을 분석하기 위한 시스템 모델링의 사례다. 이 그림에서 항공사가 항공기와 서비스의 품질을 높이게 되면 소비자들로부터 좋은 평가를 받게 된다. 그러면 수요가 증가하면서 항공 요금의 인상과 승객수의 증가를 통해 매출액도 늘어난다. 그러면 다시 서비스가 좋아지게 된다. 이런 식의 강화 루프가 작동하면서 이 항공사는 빠르게 성장하는 기업이 된다. 하지만 경쟁사의 항공 요금은 균형 루프를 작동시키는 원인이 된다. 또한 취항 횟수를 늘리면 가변비용이 증가하여 영업이익이 감소한다(또 다른 균형 루프가 작동한다).

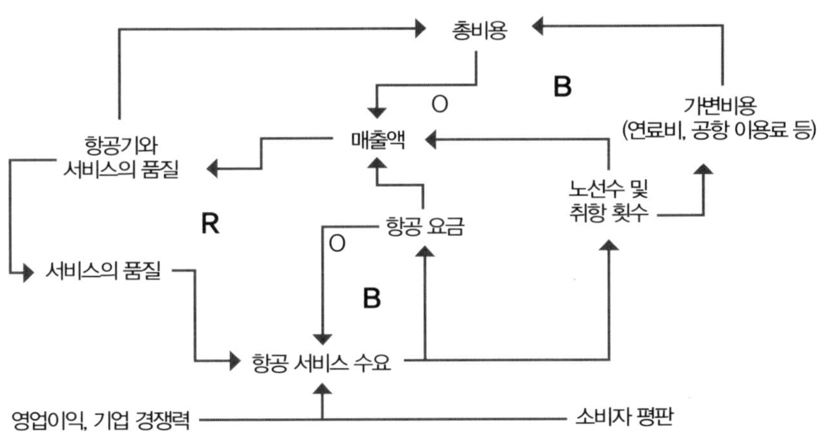

이 표는 항공사의 현황을 분석하기 위한 시스템 모델링의 사례다. R로 표시된 화살표는 강화 루프를 나타내고, B로 표시된 화살표는 균형 루프를 나타낸다. 다른 표시가 없는 연결은 S링크를 의미한다.

시스템 설계자는 현실을 보다 정확하고 자세하게 설명하기 위해 시스템이 다양한 변수의 미세한 움직임까지도 반영하게 해야 한다. 이를 위해 서브시스템subsystem까지도 시스템에 포함시켜 설계한다. 하지만 현실을 완벽하게 설명하는 시스템은 없다고 보아야 한다. 또한 서로 다른 시스템 설계자는 변수들 간의 상호관계를 서로 다르게 바라보기도 한다.

인과관계 루프 다이어그램의 유용성과 한계점

인과관계 루프 다이어그램에 대해 자세히 설명하는 것은 이 책의 범위를 넘어서는 것이라 생략하겠다. 다만 이 책에서는 예측 결과를 필터링하고 평가하는 데 인과관계 루프 다이어그램이 갖는 가치를 설명하고 이런 다이어그램이 우리 주변에서 발생하는 여러 상황들을 정확히 집어내고 예측상의 오류를 줄이는 데 얼마나 도움이 될지를 살펴볼 것이다.

그런데 우선은 시스템 모델링이 미래 예측을 목적으로 만들어진 것이 아님을 알아두어야 한다. 인과관계 루프 다이어그램은 여러 원인 때문에 미래의 결과에 대해서 아무것도 말해주지 않는다. 인과관계 루프 다이어그램은 변화촉진자나 변화방해자에 대해 설명해주지 않는다. 또한 데이터의 초깃값을 명시하지도 않는다. 설계자가 아무리 인과관계 루프 다이어그램에 변화를 일으키는 모든 변수가 포함되었다고 말해도 그 말을 믿을 수는 없는 노릇이다. 그리고 인과관계 루프 다이어그램이

204

미래는 물론이고 현재조차 정확히 묘사하고 있는지도 분명하지 않다. 변수들의 상호작용을 지나치게 단순히 묘사하는 문제점도 있다. 인과관계 루프 다이어그램은 7장에서 살펴보았던 변수들 간의 상호작용 이면에 있는 변수들 간의 시차, 경계 시점, 형태(변수들 간의 상호작용을 수학적 형태로 표현한 것으로 이런 상호작용이 항상 1대1의 대응관계를 갖는다고 볼 수는 없다)에 대해서는 아무것도 말해주지 않는다.

인과관계 루프 다이어그램이 미래 예측 도구가 되려면 시스템의 움직임을 정량적으로 나타낼 수 있어야 한다. 미래 예측용 소프트웨어인 스텔라Stella가 이런 기능을 하는 것으로 알려져 있다. 하지만 스텔라를 사용하려면 데이터의 품질이 양호하고, 결측 자료missing data가 없어야 하며, 초기 조건 설정에 아무런 어려움이 없어야 한다. 스텔라는 이런 조건이 주어졌을 때 변수가 몇 개 되지 않는 시스템의 정량적인 단기 예측에 사용될 수 있다.

하지만 변수들의 움직임과 피드백을 도표로 나타내는 것은 특정 상황을 둘러싸고 있는 변수들의 인과관계를 파악하는 데는 도움이 된다. 변화의 움직임을 예측하거나 변화의 효과를 평가하는 강력한 무기가 되는 것이다. 우선 인과관계 루프 다이어그램은 하나의 변수만으로 미래를 예측할 때 발생할 수 있는 오류를 찾는 데 도움이 된다. 다른 변수들과 아무런 관련을 맺지 않는 변수는 없다. 한 변수는 다른 변수들과 상호작용하면서 변하게 된다. 우리가 예측하려는 변수에 어떤 변화가 생기면 이런 변화는 시스템 전체에 작용한다. 그런데 이런 변화는 다른 변수들과의 복잡한 상호작용 때문에 처음에 의도했던 효과를 만들어내지 못하는 수가 있다. 그래서 우리는 이런 변화의 효과에 대해 확신을 갖기 어렵게 된다.

피드백 현상은 전혀 기대하지 않았던 결과를 초래하거나 전혀 변화가 없는 결과를 초래하기도 한다. 시스템 내에서 어떤 루프가 우위를 갖는지 명확하지 않은 경우도 많다. 하지만 균형 루프가 우위를 갖게 되면 외부의 변화는 아무런 영향력도 발휘하지 않게 되며, 강화 루프가 우위를 갖게 되면 변수들이 급격히 변하게 된다. 미래를 예측하는 사람들은 이런 설명들을 염두에 두고 세상을 단편적인 인과관계로만 파악하는 대신 시스템 전체가 새로운 변화에 어떻게 반응하는지를 살펴보아야 한다.

특정 사건의 이면에 있는 시스템의 구조를 이해함으로써 예측에 내재된 근본적인 오류를 피할 수 있고 앞으로 살펴볼 다른 예측 방법론을 평가하는 데도 도움이 된다.

시스템 :
개인을 움직이는 힘 Future Savvy

시스템 모델링은 개인의 행위에 관한 구조적인 원인을 살펴보고, 개인의 역할에 대한 불필요한 설명을 피하게 도와준다. 우리는 특별한 사람이 미래에 영향을 미칠 사건을 일으킨다거나 관련자가 달라지면 결과도 달라질 것이라는 생각을 한다.

"저 나라는 대통령만 몰아내면, 저 회사가 새로운 공급자를 찾게 되면, 우리 공장 근로자들이 외국인 노동자들과 같다면 우리의 미래는 달라질 텐데……"

인간은 소중한 존재다. 많은 사람들은 특별한 인간이 가진 특별한 인격이 어떤 사건을 일으킨다고 생각한다. 하지만 시스템적 사고systems perspective는 이런 생각에 대해 균형 잡힌 시각을 부여해준다. 조직 내의 누군가를 교체한다고 해서 결과가 달라지는 것은 아니라는 말이다. 이 직원이 저 직원과 다르지 않고, 이 사장이 저 사장과 다르지 않다는 뜻이다. 서로 다른 사람에게 같은 역할을 맡기더라도 서로 다르지 않게 행동하는데 이는 사람을 둘러싸고 있는 시스템이 그들의 행동을 결정하기 때문이다. 중요한 것은 리더가 아니라 사람들의 행위를 만들어내는 시스템이다.*

어떤 영향력 있는 단체가 현재의 짐바브웨 대통령을 탄핵하고 능력이 뛰어난 사람을 대통령 자리에 앉히더라도 쇼나 족과 마테벨레 족 간의 반목, 공무원들의 부패, 화폐 정책의 실패 등 해결해야 할 문제들은 그대로 남는다. 보다 나은 미래를 향한 희망은 이런 시스템적인 요소들 때문에 좌절될 가능성이 많다. 새로 임명된 대통령은 지지자들에게 정치적으로 갚아야 할 빚이 많을 수 있다. 그리고 반대파에 맞서기 위해 권력도 공고히 해야 한다. 이런 과정에서 관리들의 부패는 더욱 심해지고, 식량보다는 무기를 사들이는 데 예산을 쓰게 된다. 이렇게 되면 시스템 내의 강화 루프가 작동하면서 짐바브웨는 더욱 어려운 상황에 빠져들게 된다.

개인의 행위는 이것을 지배하는 시스템에 의해 결정된다. 이 말은 현재와 미래의 움직임이 개인의 특성이 아니라 시스템의 구조(구성요소들 간의 상호작용을 말한다)에 의해 좌우된다는 의미다. 그 결과 우리가

---

* 이와 관련하여 근본적 귀인오류fundamental attribution error를 알아두어야 한다. 이는 어떤 결과에 대해 개인의 역할을 과대평가하고 상황의 영향력을 과소평가하는 경향을 의미한다.

시스템의 구조적인 변화를 감지하게 되면 개인의 행위 변화도 감지할
수 있게 된다.

티핑포인트 :
급격한 변화의 시작 Future Savvy

시스템을 자세히 관찰하면 급격한 변화의 시작을 알리는 티핑포인
트tipping point를 예측할 수 있다. 티핑포인트란 강화 루프가 작동하는 시
점을 말한다. 신기술이 도입되거나 새로운 법안이 시행되거나 수요가
변하면 임계 상황에 도달하게 된다. 임계 상황은 강화 루프상의 한 변수
가 커지면서 다른 변수들에 영향을 주고, 다시 피드백 현상을 통해 원래
의 변수가 점점 더 커지면서 상황을 그대로 유지하려는 균형 루프의 영
향력을 초과하는 상황을 의미한다. 이렇게 강화 루프가 균형 루프의 영
향력을 초과하게 되면 변수들이 지속적으로 증가하거나 감소하게 된다.
디지털 사진 기술은 처음에는 서서히 전파되다가 티핑포인트를 거
치면서 급격하게 시장을 지배해 나갔다. 디지털 사진 기술은 1980년대
에 처음 개발되어 1990년대 초에 최초로 디지털 카메라가 출시되었다.
하지만 1990년대 디지털 카메라의 보급률은 2퍼센트를 넘지 못했다.
이후 디지털 사진 기술이 점점 개선되면서 디지털 카메라의 크기와 무
게는 점점 작아지고 가격도 점점 떨어졌다. 또한 이전보다 메모리를 적
게 사용하고 적은 비용으로 선명한 사진을 현상하는 것도 가능해졌다.
동시에 시스템 내의 다른 변수들도 디지털 사진 기술의 보급에 도움이

되는 방향으로 움직였다. 예로 퍼스널 컴퓨터, 휴대전화, 온라인 통신의 보급을 들 수 있다. 덕분에 2000년대 초 디지털 사진 기술은 기존의 사진 기술에 대해 비교우위를 가지면서 티핑포인트를 맞았다. 시스템 내의 강화 루프가 작용하면서 디지털 카메라의 보급이 더욱 확대되었다.

5장에 소개한 용어로 설명하면 신기술을 채택하면서 소비자들의 효용은 급격하게 증가하게 된다. 신제품이 널리 보급되면 규모의 경제가 발생하여 단위당 생산비가 낮아지고, 소비자의 순편익이 증가하며, 이는 신제품의 보급을 촉진시킨다.*

이렇게 강화 루프가 작동함으로써 변수가 급격히 증가하는 현상은 네트워크 효과network effect로 더욱 확대되기도 한다. 네트워크 효과의 예로는 팩스 기기의 도입을 들 수 있다. 세상에 팩스 기기가 한 대만 있다면 이것은 아무런 쓸모가 없다. 두 대만 있다고 해도 별로 쓸모가 없다. 하지만 많은 사람들이 팩스 기기를 갖게 되면 기계의 유용성은 점점 높아진다. 이렇게 되면 더욱더 많은 사람들이 팩스 기기를 구매하려고 할 것이다. 즉 팩스 기기의 보급률이 급격하게 높아진다.

서비스 산업의 예로도 네트워크 효과를 설명할 수 있다. 온라인 데이트사이트의 회원수가 많아질수록 이 사이트는 보다 많은 회원을 확보할 수 있다. 새로운 회원이 많아질수록 회원수가 급격히 증가하는 것이다.

---

* 강화 사이클을 통해 생산량의 기하급수적 증가 혹은 기술 보급의 확산을 처음으로 설명한 사람은 에버렛 로저스Everett Rogers였다. 소수의 혁신자들이 신제품을 먼저 구매한다. 하지만 많은 사람들은 신제품에 대해 여전히 불안감을 갖고 있다. 따라서 신제품의 시장 점유율은 천천히 올라간다. 하지만 오피니언리더들 사이에서 신제품에 대한 좋은 평판이 돌면서 더 많은 사람들이 이 제품을 사들이려고 한다. 결국 초기 수용자 또는 초기 다수 수용자가 신제품을 구매하는 순간이 오면 티핑포인트에 도달하게 된다. 티핑포인트를 지나면 대부분의 사람들이 이런 신제품을 구매하게 된다. (2)

긍정적인 예측이 성공을 가져온다

강화 루프로 발생한, 시스템 내 특정 변수의 급격한 성장에는 의사 결정자의 바람이 작용하기도 한다. 기업의 선순환은 시장우위를 점하기 위한 투자에 기초한다. 이렇게 우위를 점하게 되면 시장을 지배하고, 이윤을 증대시키며, 더 많은 투자 재원을 확보할 수 있다. 그러면 시장 지배력은 더욱 강화된다. 사회 현상 혹은 정치 현상에서도 이와 같은 선순환을 찾을 수 있다. 어느 도시의 시장이 학교 시설을 개선하기 위해 모금을 한다고 하자. 학교 시설을 개선하면 부자들이 이 도시로 몰려올 것이다. 그러면 도시의 재산 가치가 높아지고, 덕분에 지방세를 더 많이 걷을 수 있으며, 이는 학교시설 개선에 재원으로 쓰인다.

기업 경영자나 정책 담당자들은 시스템 내에서 선순환 효과가 작동하기를 바란다. 이런 바람 때문에 그들은 선순환 효과가 시작되리라는 예측을 할 수도 있다. 시스템 내의 어떤 변수를 티핑포인트에 이르게 한 다음 강화 루프를 작동시키기 위해 미래영향 예측을 하는 것이다. 이렇게 되면 해당 변수는 더욱 증가하게 된다. 이런 미래영향 예측은 정확성을 목적으로 하기보다는 피드백 루프를 작동시켜서 성장을 촉진하려는 목적을 갖는다. 또한 마케팅 담당자들도 제품을 유행시키기 위해 광고를 비롯한 모든 수단을 총동원한다. 이런 식으로 강화 루프의 영향력이 균형 루프의 영향력을 초과하게 한다.

영화 마케팅을 하는 사람은 새로운 영화가 여름 시장을 크게 달구리라는 예측을 한다. 사실 이런 예측은 홍보를 위한 것이지 정확성을 목표로 하는 예측은 아니다. 이는 소비자들의 관심을 끌어서 보다 많은 사람들이 영화를 보게 하는 데 목표가 있다. 그래서 많은 사람들이 그 영화에 대해 이야기를 나누게 되면 더 많은 사람들이 영화를 보게 될 것이다. 강화 루프가 작동되면서 영화는 흥행에 성공하게 되는 것이다.

S자 곡선 :
변화의 한계를 그리다

Future Savvy

시스템 모델링은 강화 루프의 영향력이 강해지면서 특정 변수가 급격하게 증가하는 이유를 설명해준다. 그런데 이런 변화는 일정 기간만 지속되는 것이지 무한정 지속되는 것은 아니다. 시간이 지나면서 균형 루프의 영향력이 강해진다면(즉 변수들이 포화 상태에 이른다면) 주요 변수들의 증가 속도가 점점 줄어들면서 균형점에 도달하게 된다. 시스템이 새로운 지점에서 균형을 유지하게 되는 것이다.

처음에는 강화 루프의 영향력이 커지다가 나중에 균형 루프의 영향력이 커지면 주요 변수들은 S자 곡선을 보여주게 된다. 초기에 강화 루프의 영향력이 커지면 주요 변수들이 급격한 성장세(또는 감소세)를 보여주는 것이다. 시간이 지나면서 균형 루프의 영향력이 커지면 시스템은 균형에 도달하게 된다.

다음의 그래프는 신제품의 시장 진입 과정을 설명하는 데 유용하다. 신제품이 시장에서 인기를 끌게 되면서 시스템 내의 강화 루프가 작동하여 매출은 급증한다. 매출액이 증가하면 기업의 영업이익이 증가하고 직원들의 사기도 높아진다. 그러면 기업의 생산성도 증가하면서 매출액은 더욱 증가한다. (또 다른 강화루프의 예를 들어보자. 좋은 제품을 판매하게 되면 고객의 만족이 커지면서 소비자들 사이에 품질에 대한 입소문이 퍼지게 된다. 이렇게 되면 매출액은 더욱 증가한다.) 하지만 시간이 지나면서 제품 시장은 포화 상태에 이른다. 게다가 경쟁 기업이 나타나면 매출액이 급감할 수 있다. 이때는 시스템 내 균형 루프의 영향력이 커지면서 급격한 변화를 진정시켜 곡선을 평탄하게 해준다.

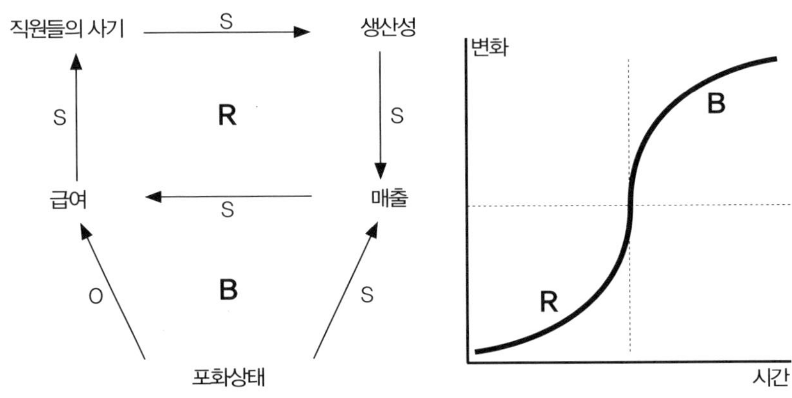

처음에는 강화 루프의 영향력이 커지다가 시간이 지나면서 균형 루프의 영향력이 커져서 S자 모양을 갖는다.

S자 곡선을 자세히 살펴보면 변화는 균형점들 사이에서 발생한다는 것을 알 수 있다. 변화란 어떤 균형점에서 다른 균형점으로의 이동을 말한다. 그리고 트렌드는 이런 변화에서 우리가 관찰하게 되는 현상을 의미한다. 일단 새로운 균형점에 도달하면 변화는 멈춘다. 6장에서 정의

212

했던 용어로 다시 설명하면 균형점에 이른 시스템에서는 변화방해자의 영향력이 커지게 된다.

순진한 예측naïve forecast이란 바로 성장 추세를 곧이곧대로 바라보는 것을 의미한다. 이 경우 변수들의 움직임에 영향을 미치는 균형 루프의 영향력이 강화 루프의 영향력을 능가하는 경계 시점에 대해서는 전혀 생각하지 않는다.

지구 온난화로 서식지와 먹잇감을 점점 잃어가는 상어가 오스트레일리아의 골드코스트에 출몰하여 사람을 공격하기 시작했다고 하자. 그리고 3년 뒤의 인명 피해는 지금의 3배가 될 것이라고 예측했다고 하자. 상어들의 공격 횟수가 점점 증가하면 5년 뒤의 인명 피해는 3배를 훨씬 넘길 것이고, 10년 뒤의 인명 피해는 이보다 훨씬 더 많을 것이라고 예측할 수 있다. 하지만 이런 예측은 무척 한심한 것이다. 시스템 내의 피드백 효과를 고려하지 않았기 때문이다.

오스트레일리아를 비롯해서 해양 관광 도시가 많은 국가들은 상어가 간헐적으로 출몰할 경우에는 상황을 방관할 것이다. 그렇게 되면 시스템은 균형 상태에 놓인다. 하지만 상어들의 출몰 횟수가 점점 증가해서 인명 피해가 늘어난다면 바다 속에 음파탐지기를 설치하거나 위성 감시 체제를 강화하는 등 대책을 강구할 것이다. 사람들도 경각심을 갖게 되고, 정치인들도 이 문제를 심각하게 생각하여 해결책을 고심할 것이다. 또한 새로운 조치를 마련하기 위해 연구 개발비를 모금할 수도 있다. 이런 일련의 행위들 때문에 시스템은 결국 새로운 균형에 도달하게 된다. 새로운 균형점에서는 상어들의 공격 횟수가 처음 균형점보다 높을 수도 있고 낮을 수도 있다. 하지만 상어들의 공격 횟수가 증가하는 추세는 사라진다.

시스템적인 사고로 예측하기

시스템적인 사고를 하면 하나의 변수만으로 원인과 결과를 따지는 것이 정확하지 않다는 사실을 알 수 있다. 또한 지나치게 낙관적인 예측을 하게 되는 이유와 이런 변화가 오랜 기간 지속되리라는 예측이 잘못된 이유도 알 수 있다. 신제품의 시장 점유율이 급격하게 증대되는 상황이라면 예측상의 오류는 더욱 커지게 된다.

누군가 지금의 변화 속도가 미래에도 계속될 것이라고 예측할 때 변화 속도가 더디게 나타나면 이런 예측은 빗나간 것이 된다. 시스템적인 사고를 하게 되면 지금의 추세가 미래에도 계속될 것이라는 생각은 크게 잘못된 것임을 금방 알 수 있다. 새로운 변화에 맞춰 시스템을 구성하는 변수들이 급격하게 변하거나 지체 현상을 겪으리라 기대하지, 변화의 추세가 미래에도 계속될 것이라고 기대하지 않는다.

S자 곡선을 따르는 변화를 살펴보면 빠르게 변화하는 시기가 있는가 하면 느리게 변화하는 시기도 있다. 전자책의 출현을 생각해보자. 시스템적인 사고를 하지 않게 되면 전자책의 시장 점유율은 지금 속도로 증가할 것이라 생각하기 쉽다. 현재의 변화율을 그대로 적용하면 미래의 시장 점유율도 알 수 있다고 생각하는 것이다. 다시 한 번 강조하지만 이런 예측은 잘못될 가능성이 높다. 시스템 효과는 전자책의 시장 점유율이 처음에는 느린 속도로 증가하는 잠복기를 거치다가 빠른 속도로 시장을 장악해가는 성장기를 거친 후 다시 느린 속도로 증가하는 현상을 설명해준다.

시스템의 균형 상태가 매우 안정적이라면 새로운 변화가 나타나더라도 S자 곡선에서 본 것과 같은 새로운 균형점으로의 이동은 나타나지 않는다. 이런 경우 시스템의 변수들은 최댓값에 도달했다가 원래의 균형점으로 되돌아가거나 균형점 근방을 오르내리면서 진동한다.

미국 공화당과 민주당의 선거 결과를 보면 이런 현상을 볼 수 있다. 보수주의자들의 집권 기간이 끝나면 자유주의자들이 집권하게 된다. 그러다가 다시 보수주의자들이 집권하는 시기가 온다. 이런 선거 결과는 바로 사회의 변동을 반영한다.

종교적인 신앙심이나 어떤 현상에 대한 사회적 관용도도 평균점을 중심으로 진동한다. 때로는 이런 진동의 주기가 한 세대를 넘기기도 한다. 1950년대에 사람들은 원자력 에너지 개발에 많은 기대를 하고 있었다. 원자력 자동차와 원자력 진공청소기가 개발되리라는 예측도 나왔다. 하지만 스리마일 섬 원자력발전소 사고*와 체르노빌 원자력발전소 사고** 이후 원자력 기술에 대한 기대는 사라지게 되었다.

1980년대에 사람들은 원자력 에너지 개발이 백지화되고 발전소들은 자연스럽게 없어질 것이라는 예측을 했다. 하지만 21세기가 시작되면서 세계는 이산화탄소 배출에 따른 온난화 현상과 석유 자원 무기화를 우려하면서 원자력 에너지 개발에 다시 관심을 갖기 시작했다. 시스템적인 사고는 진동 현상의 한쪽 면만 바라보는 오류를 막아주고 반대 방향으로 움직이게 하는 힘도 볼 수 있게 한다.

---

* 1979년 미국 펜실베이니아 주 스리마일 섬에 있는 원자력발전소에서 가압 냉각수형 원자로의 노심이 파손되어 한때 폭발 위험까지 있었다 — 옮긴이.
** 1986년 우크라이나 키예프 북쪽 104킬로미터 지점에 있는 체르노빌 원자력발전소에서 방사능이 누출되어 세계 최대의 참사를 빚었다 — 옮긴이.

균형 잡힌 시각으로
미래를 보라

S자 곡선과 진동 효과를 나타나게 하는 균형 루프는 "세상은 급격하게 변한다"는 잘못된 믿음을 극복하게 해준다. 우리는 살아가면서 다양한 변화를 경험하게 된다. 그런데 이런 변화는 전례가 없는 특별한 것으로 시간이 지날수록 가속화되리라는 생각은 논리적으로나 경험적으로 맞지 않다. 이런 생각은 오히려 세상의 인과관계를 바라보는 수준이 매우 낮음을 적나라하게 드러낼 뿐이다.

지난 20여 년간 정보 통신 기술의 발전으로 다양한 신제품들이 쏟아져 나왔다. 덕분에 라이프스타일이 급격하게 변하면서 과거의 전통이 사라졌다. 특히 바이오 기술과 나노 기술 같은 기술 혁신은 여전히 진행 중이다. 바이오 기술과 나노 기술은 원자와 같은 미세하고 정밀한 수준에서 재료를 합성하고 엔진을 개발하는 것을 가능하게 한다. 이런 기술 덕분에 사람들은 많은 질병을 극복하게 되었고 머지않아 인간 복제까지 실현될 것으로 보인다. 두뇌과학은 인간의 인지능력을 크게 향상시킬 것이고 인공지능 개발을 이끌 것이다. 하지만 이런 성과들은 변화의 속도가 과거보다 빨라졌음을 의미하지는 않는다.

지난 2세기 동안 인류는 증기기관, 자동차, 비행기, 전기, 냉장고, 마취 기술, 백신, 항생제, 엑스레이, 철강, 콘크리트, 전화, 라디오, 영화 같은 새로운 제품들이 발명되면서 빠른 변화를 경험했다. 여러 분야의 다양한 신기술들은 빠른 속도로 사람들을 어리둥절하게 하면서 생활 방식까지 바꾸었다.

사람들은 기차 시간표를 만들려다가 시간 표준화에 대한 연구를 시작했다. 또한 산업화가 빠르게 진행되면서 많은 사람들이 도시로 몰려들어 메트로폴리탄이 형성되었다가 최근에는 인간 본연의 모습을 되돌아보며 도시 외곽이나 시골에 거주하려는 사람이 늘어났다. 통신 기술의 발달은 매스미디어와 엔터테인먼트라는 새로운 산업을 등장시켰다. 그리고 피임 기술의 발달은 여성의 사회적 역할을 확대하여 가정과 직장에 커다란 변화의 바람을 일으켰다.

지금까지 설명한 것은 지금 우리가 겪는 변화가 100년 전의 변화에 비해 크게 충격적이지 않다는 사실을 보여준다. 지금 우리가 첨단 기술을 응용한 냉장고를 사더라도 냉장고 속의 음식이 상할 가능성은 여전히 있다. 하지만 최초의 가정용 냉장고가 가정 생활, 쇼핑 문화, 산업에 미쳤던 영향을 생각해보면 현재 냉장고가 가정 생활에 미치는 영향은 아무것도 아니다. 가정용 냉장고가 나오면서 얼음 제조업과 얼음 운송업이 사라졌다는 사실을 알게 된다면 변화가 어느 정도였는지를 쉽게 짐작할 수 있을 것이다.

비침습성(비수술적) 외과 수술과 미세 현미경 수술은 혁신적이기는 하다. 그러나 이는 마취 기술이 처음 나왔을 때 사람들이 받은 충격에 비하면 보잘것없다. 지금은 많은 사람들이 휴대전화를 가지고 있다. 하지만 연기로 신호를 보내고 역마차로 목적지까지 가던 시절에 전화가 가져다준 변화에 비하면 아무것도 아니다.

지금 우리는 역사상 가장 빠르게 변하는 시대를 살고 있다고 생각한다. 그러나 1850년대 사람들도 그렇게 생각했을 것이고 1950년대 사람들도 마찬가지 생각을 했을 것이다. 당시 사람들이 그런 생각을 하게 된 데는 충분한 이유가 있었다.

우리가 21세기를 살면서 겪는 변화는 지속적이고 빠른 변화지만 변화의 규모, 속도, 범위를 생각해보면 과거에 비해 그다지 특별하지 않다. 과거에 비해 더욱 빠르고 더욱 광범위한 것 같지는 않다.

바이오 기술과 나노 기술이 과거의 다른 기술들처럼 새로운 제품들을 마구 내놓으면서 급진적인 변화를 이끌어갈 가능성은 있다. 하지만 이런 기술들 때문에 불어닥칠 급격한 변화의 기간은 그렇게 길지 않을 것 같다. 우리가 시스템적인 사고를 하게 된다면 급격한 변화의 시각으로 미래를 바라볼 경우 변화를 과대평가하게 되어 정확한 예측을 방해한다는 사실을 알게 될 것이다. 우리를 둘러싼 시스템 내에서 작동하는 균형 루프의 기능을 이해한다면 과대평가의 오류를 범하지 않고 실현 가능한 미래를 정확하게 바라볼 수 있을 것이다.

FUTURE

9장

잘못된 예측보다는
애매한 예측이 낫다

SAVVY

지금까지는 미래 예측 방법론들의 장단점을 살펴보았다. 그리고 예측 전문가들이 불확실성과 복잡성이 존재하거나 시스템 내에 피드백 루프가 작동하는 상황에서 미래를 지나치게 정확하게 예측하려고 할 때 발생하는 문제점들도 설명했다. 잘못된 예측의 전형은 바로 어떤 변수 하나만의 과거 결과를 토대로 미래를 예측하는 것이다. 정량적 예측이 실패하는 경우는 매우 흔하다. 따라서 다른 방법론이 제기되는 것은 당연한 일이다.

예측을 재정리하다 Future Savvy

정성적 예측인 대안적 미래 예측은 정량적 예측을 보완해준다. 대안적 미래 예측은 예측의 목표를 다시 설정한다. 이 세상은 뛰어난 예측 전문가가 성능이 우수한 컴퓨터로 정확히 미래를 예측하기에는 너무나도 복잡한 곳이다. 그런데도 예측 전문가들은 자꾸만 예측 결과를 내놓으려고 한다.

이런 상황에서 대안적 미래 예측은 미래를 예측하여 무엇을 얻을 것인가라는 문제에 대해 일차적인 고민을 한다. 그리고 이런 예측의 필요성이 정당한지를 물음으로써 결국 예측의 진정한 목표는 미래를 정확히 맞히는 것이 아니라는 생각을 이끌어낸다. 미래를 정확히 맞히는 것은 진정한 목표인 미래의 성공을 위한 중간 단계라고 보는 것이다.

그러다 보니 이런 문제가 제기될 수 있다. 미래의 성공을 위해 올바른 결정을 하는 데 예측 결과가 얼마나 도움이 되는가? 이런 관점에서 본다면 예측 결과에 대한 판단 기준은 정확성이 아니라 유용성에 있다.

우리는 정확한 예측이 불가능할 정도로 불확실하고 복잡한 세상을 살아간다. 하지만 미래는 매우 중요하다. 불확실하고 복잡한 세상에서 변화해가는 것을 예의 주시하게 하고, 이런 변화에 대비하는 데 도움이 되는 미래 예측이라면 타당하고 유용하다는 생각에서 대안적 미래 예측이 나오게 되었다. 사실 우리는 예측 결과가 옳을지 틀릴지에 대해서는 모른다. 아무리 정확한 예측이라도 그것이 정확하리라는 생각을 하지 못한다면 제대로 미래를 대비하지 못할 수도 있다.

한편 깊은 사고를 유도하고, 문제를 제기하게 하며, 예측을 위한 가정에도 의문을 품게 하고, 대안들을 제시하는 예측이라면 미래에 대비하여 옳은 결정을 내리는 데 유용하다. 이런 예측은 세부적인 사항은 잘못되었더라도 유용성은 매우 크다.

예측에 대한 새로운 시각은 예측의 목적에 대해서도 새로운 시각을 갖게 해준다. 새로운 시각이란 '예측은 미래의 결과를 미리 알려고 하는 것이라기보다는 미래의 불확실성을 관리하려는 것'이라는 시각을 말한다. 이런 시각을 갖게 되면 깊이를 알 수 없을 정도로 복잡한 세상에서 다양한 대안들을 제시하는 예측 방법론의 유용성을 인정하게 된다.

대안적 미래 예측을 하면 우리가 아주 신중한 자세로(어떤 의미에서는 자세를 낮추고서) 미래를 예측하는 것으로도 보일 것이다. 예측의 목표는 미래를 정확히 알아내는 것이 아니라 불확실한 미래에 대해 보다 폭넓게 생각함으로써 미래의 성공을 위한 직관과 전략을 갖는 것이다. 미래의 불확실성을 인정하고 앞으로 벌어질 복잡하고 다양한 상황에 몰두하면서 미래에 대비하려는 의사결정자라면 미래에 어떤 상황이 벌어지더라도 만반의 준비가 되어 있을 것이다.

생각하지 않았던 것을 생각하라

Future Savvy

대안들을 분석하는 정성적 예측 방법의 핵심은 바로 시나리오 분석이다. 경영 이론 중에는 군사학에서 도입된 것들이 많다. 물론 시나리오 분석도 마찬가지다. 1950년대 랜드 연구소Rand Corporation의 허먼 칸

Herman Kahn은 스탠리 큐브릭Stanley Kubrick을 비롯한 많은 영화 작가와 영화 제작자들의 영향을 받아 핵전쟁이 어떻게 발발하여 어떻게 전개될지에 대한 시나리오를 쓰기 시작했다. 이것이 바로 경영과 정책 예측에 처음으로 도입된 시나리오 분석의 사례다. 칸은 1960년대까지 대안적 예측을 위한 시나리오를 수십 편 발표했다. 각 시나리오는 서로 다른 가정과 결론을 담고 있었다. 〈사이언티픽 아메리칸〉 지는 칸을 "생각하지 않았던 것을 생각하는 사람"이라고 불렀다. 그가 시나리오 계획법의 고안자임을 인정하는 말이었다.

이후 로열 더치 쉘의 기획본부장이던 프랑스의 피에르 왁Pierre Wack이 시나리오 계획법에 관심을 갖고 칸을 찾았다. 그는 칸의 방법을 더욱 발전시켜서 1971년 석유 산업에 대한 시나리오 분석을 했다. 왁의 연구는 다양한 가정하에 미래의 불확실성이 어떻게 전개될지를 그린 것으로, 권위 있는 학술지인 〈하버드 비즈니스 리뷰Harvard Business Review〉에 게재되었다. 당시 왁은 지난 수십 년간 서구의 석유 회사들이 지배해오던 석유 산업은 아랍 민족주의의 등장 같은 지정학적 변화에 따라 새로운 양상을 맞을 것이라고 지적했다.[1]

왁의 시나리오 분석은 아주 성공적이었고, 덕분에 쉘은 산유국들이 원유공급을 줄이면서 유가가 크게 오를 때도 효과적으로 대처할 수 있었다. 이런 상황은 1973년 욤키푸르 전쟁Yom Kippur War*이 발발했을 때도 벌어졌고 1979년 이란 혁명 이후에도 벌어졌다.

당시 쉘만이 유가 인상을 예측했던 것은 아니지만 다른 경쟁자들에 비해 신속하고 효율적으로 대처한 것은 분명하다. 이후 석유 업계에서

---

* 1973년 10월 이스라엘의 속죄일인 욤키푸르 절에 이집트와 시리아가 공동으로 이스라엘을 공격함으로써 전쟁이 시작되었다. 이 전쟁을 4차 중동전쟁이라고도 부른다 — 옮긴이.

쉘의 입지는 과거보다 훨씬 더 높아지게 되었다.* 당시 석유 감산 시나
리오는 경영자들이 가정했던 '석유 값은 미래에도 안정될 것'이라는 생
각을 정면으로 부정하는 사고의 혁명처럼 보였다. 이후 경영자들은 기
존 패러다임에서 발생할 가능성이 낮은 결과에 대해서도 준비가 필요하
다는 생각을 하게 되었다. 그래야만 공급 충격 등을 정확히 이해하고 예
측하고 대비할 수 있게 된다.

석유 파동 이후 시나리오 계획법은 기업이 미래를 대비할 때 유용한
분석 도구로 각광받게 되었고, 1980년대 이후에는 정부, 군대, 지방자
치 단체에서도 유용성을 인정받았다. 하지만 아직도 많은 기업들이 데
이터를 이용한 정량적 분석을 통해 미래를 예측하는 전략 계획 부서를
두고 있다. 잭 웰치Jack Welch가 GE 회장으로 취임한 후 가장 먼저 구조
조정 대상으로 삼았던 것이 바로 전략 계획 부서였다. 그리고 미래를 정
확하게 바라보기 위해 많은 자원을 투입했지만 좌절과 실패를 경험했던
부서들도 같은 운명에 처했다.

가정을 믿지 마라   Future Savvy

시나리오 분석은 미래 예측을 위한 가정들을 살펴보고 문제를 제기

---

* 돌이켜보면 공급 충격은 예측이 가능했던 것으로, 심지어는 아주 개연성이 높았던 것으로 보인
다. 경고 신호는 사방에 있었다. 그러나 다른 사람들의 말에 따르면 쉘은 공급 충격에 대해 고민
하고 그에 대비한 유일한 석유 회사였다. 다른 회사들은 석유 공급이 안정적이었던 시대의 패러
다임에 맞춰 움직이고 있었다.

함으로써 시작된다. 시나리오 분석자는 대안적 예측을 위해 미래를 바라보는 표준화된 시각, 즉 '공식적인 미래'로부터 빠져나와야 한다.

시나리오 분석에서 각각의 시나리오가 미래를 예측하는 것은 아니다. 모든 시나리오 중 하나의 시나리오만 독립적으로 존재할 수는 없다는 뜻이다. 시나리오들은 보통 2~4개 정도 집합적으로 존재한다. 그리고 각각의 시나리오들은 서로 다른 가정들을 한다. 각각의 시나리오들이 서로 다른 이론을 가지고 서로 다른 주장을 한다는 뜻이다. 어떤 현상이 미래에 영향을 미치는가에 대한 서로 다른 주장은 불확실한 미래가 어디로 흘러가는가에 대해 서로 다른 해석을 낳게 한다.

모든 시나리오는 불확실한 미래가 펼쳐놓을 다양한 변화의 스펙트럼을 총망라한 것이다. 어떤 조직이나 개인의 눈앞에 어느 정도의 불확실성이 펼쳐질지를 보여주고, 현재의 결정에 따라 미래에 전개될 상황, 가능성, 기회, 위협, 장애물 등을 제시하는 것이다.* 시나리오 분석이 정확하면 공식적인 미래와 다른 분석 결과를 제시할 수 있다. 시나리오 분석은 의사결정자들에게 공식적인 미래가 보여주는 것들과는 다른 기회와 도전을 보여준다. 그리고 의사결정자들이 새로운 충격을 예상하고 각각의 시나리오가 펼쳐지는 상황에서 새로운 도전과 최선의 선택을 생각하게 한다.

결국 시나리오 분석은 정확한 예측보다는 다양한 대안들이 펼쳐지는 상황을 미리 연습할 기회를 제공한다. 의사결정자들은 이런 연습을 통해 미래에 펼쳐지는 변화의 방향을 미리 알고 뜻밖의 사건이 벌어지

---

* 과거의 사건을 재구성해서 시나리오 분석을 할 수도 있다. 어떻게 이런 상황이 벌어졌는지, 또 이런 상황이 어떻게 전개될지와 같은 질문을 하면서 과거를 추적하여 미래를 예측하는 것이다. 이런 방법을 적용하면 정책 입안자들을 고민하게 하는 미래의 결과 혹은 분석가나 언론이 내놓은 예측 결과를 또 다른 시각에서 검토해볼 수 있다.

지 않게 하며 새로운 변화에 적응하여 보다 나은 의사결정을 할 수 있게
된다.

쉘의 기획 부서에서 임원으로 일했던 아리 드 호이스는 자신의 저서
《살아 있는 기업*The Living Company*》(2)에서 왜 사람들이 과거의 예측 방법
을 버리고 시나리오 계획법에 관심을 갖는지를 설명한다. 미래에 대비
하는 것은 발생 가능성이 높은 상황만을 예상하고 여기 대비하는 것이
아니라 발생 가능성이 낮은 상황을 포함하여 모든 가능성을 염두에 두
고 대비하는 것이다. 시나리오 계획법은 미래에 어떤 일이 발생할지를
정확하게 예측하는 데만 시간과 노력을 투입하는 것이 아니라 모든 발
생 가능한 상황을 염두에 두고 다음과 같은 질문을 하게 한다.

"X라는 결과가 벌어지면 어떻게 할 것인가?"

"Y라는 사건이 벌어지면 어떻게 할 것인가?"

이 질문들에 답을 하기 위해 시나리오가 구성된다. 외부적인 변화가
조직에 충격을 주었을 때 어떻게 할 것인지를 생각하는 것이다. 쉘은 애
초에 유가 인상을 예상하지 않았다. 그저 유가 인상을 있을 수도 있는
일 정도로 가볍게 생각했다. 불확실한 미래에 발생 가능한 다양한 결과
들 중 하나로 여겼던 것이다.

시나리오 계획법의 장점은 미래의 불확실한 상황에 대비하기 위해
모의 실험을 하고 미래에 대비한 선택을 할 수 있다는 것이다. 예를 들
어 우리는 어떤 직업을 선택할 때 이 직업을 갖게 되면 우리 인생이 어
떻게 될지를 고민한다. 이 직업을 갖게 되면 어떤 기회가 열리고 어떤
기회가 닫힐지를 생각하는 것이다. 그리고 가족관계와 친구관계에 미칠
영향도 생각한다. 이것이 바로 첫 번째 시나리오다. 만약 이 직업을 선
택하지 않으면 미래는 어떻게 될지도 생각해야 한다. 이것이 바로 두 번

째 시나리오다. 우리는 미래를 생각하면서 대안이 되는 미래를 머릿속에 그려본다. 세상에 펼쳐질 다양한 시나리오를 미리 생각하면서 시나리오 별로 목표를 성취하기 위한 자신의 여건과 능력을 따져보는 것이다.

시나리오 계획법으로
미래를 탐색하라

Future Savvy

기업 경영자들은 보통 5~15년 정도 앞을 내다보기 위해 시나리오를 작성한다. 하지만 정부의 정책 담당자들은 이보다 먼 미래를 내다보기 위해 시나리오를 작성한다. 시청 공무원이라면 도시 환경을 설계하고 교통 시스템을 구축하기 위해 최소한 30년을 내다보고 시나리오를 작성하는 것이 좋다. 군사 계획을 입안하는 사람은 바로 눈앞에 벌어질 상황을 자세히 검토해야 한다.

시나리오 계획법은 미래를 예측하는 사람이 조직에 맞는 예측 기간을 정한 다음 수평 스캐닝과 트렌드 인식을 거쳐 정보를 수집하고 변화의 흐름을 주시하게 한다. 이런 과정에서 미래를 예측하는 사람은 산업 데이터, 사회 통계, 기술 변화 등 조직이 사업을 추진하는 환경에 영향을 미치는 모든 요소들을 수집하고 분석한다.

일단 정보가 수집되면 시나리오 작성 단계에서는 변화들을 선결 요소predetermined element나 불확실성에 따른 현상으로 구분한다. 선결 요소란 시나리오가 진행되면서 확실하게 나타날 미래의 결과를 의미한다.

소득 불평등, 공공 지출의 감소, 인구 이동 같은 현상들이 나타날 것이 확실하다면 이것들은 선결 요소로 분류된다. 왁은 갠지스 강의 홍수를 예측하는 경우를 예로 들어 선결 요소를 설명한다.

"히말라야에 위치한 상류 지역에 엄청난 양의 비가 내렸다면 며칠 안에 하류 지역에 홍수가 발생하리라 예상할 수 있다. 경험상 홍수를 예상하는 것은 어려운 일이 아니다. 선결 요소란 이미 발생한 어떤 요소가 작용하여 미래에 확실히 벌어지리라 예상되는 일을 의미한다."(3) 선결 요소는 모든 시나리오에 반영되어야 한다.

반면 불확실성이란 시나리오 작성자가 확신하지 못하는 잠재적인 변화를 의미한다. 시나리오 작성자는 이런 변화의 방향, 결과, 속도에 대해 확신하지 못한다. 미래의 변화가 언제 어디서 발생할지를 확실히 알지 못하는 것이다. 결국 미래에 나타날 결과들은 불확실해진다(여기서 불확실성이란 조직 스스로 무엇을 선택할지 몰라서 나타나는 불확실성이 아니라 조직이 통제하지 못해서 나타나는 불확실성을 의미한다).

이때 시나리오 작성자는 미래의 불확실성이 어떻게 전개될지를 모르기 때문에 다양한 대안들을 제시하게 된다. 시나리오 작성자는 불확실성이 어떻게 전개될지에 대해 가정을 하고 이런 가정에 따라 시나리오를 전개한다. 다음에는 처음 가정과 반대되는 가정을 하고 시나리오를 전개해 나간다. 결국 가정에 따라 미래에 나타나는 결과가 서로 다른 스토리를 갖게 되는 것이다.

예를 들어 무선 통신 기술의 표준화 기준이 개정되려는 상황에서 관련 기업은 어떻게 대처할지를 모른다고 하자. 관련 기업의 전문가들은 새로운 기준안이 곧 발효될 것이라는 예상을 하면서도 어떤 내용의 기준안이 언제 발효되어 얼마나 효력을 지닐지를 모르고 있다. 이제 시나리오 작성자는 새로운 기준안이 과거에 비해 느슨할 것이라는 예상을 해볼 수가 있다. 이것을 시나리오 1이라 하자. 새로운 기준은 과거에 비해 엄격할 것이라는 예상도 해볼 수 있다. 이것을 시나리오 2라고 하자. 한편 기준안이 작성되어도 발효되지는 않으리라는 예상도 할 수 있다. 이것을 시나리오 3이라 하자.

시나리오 계획법은 이런 식으로 미래에 발생 가능한 상황을 살펴본다. 이제 발생할 수 있는 상황들을 아래 표에 나와 있는 삼각형으로 보여줄 수 있다. 이 삼각형은 불확실하지만 어떤 상황들이 발생할 수 있는지 그 범위를 보여준다. 여기서 가장 끝에 있는 상황들은 발생 가능성이 아주 낮다. 그리고 검토를 거쳐 발생 가능성이 전혀 없는 상황은 다루지 않는다.

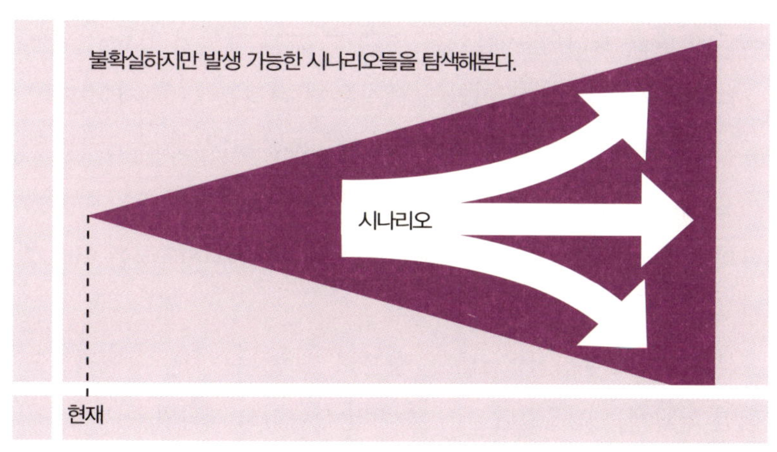

시나리오 계획법은 불확실한 미래에 대해 서로 다른 가정을 한 다음 이런 가정에 따라 전개되는 미래의 모습을 탐색한다.

시나리오가 잘 구성되려면 각각의 시나리오들이 발생 가능하면서 논리적으로 타당한지에 대한 내부 검증internal test이 필요하다. 또한 미래에 발생 가능한 상황은 시나리오와 관련된 개인 혹은 기관들의 순편익을 증대시켜주는지, 그리고 시나리오가 변화방해자같이 반대편에 있는 이해관계자의 영향력도 고려하고 있는지 따져야 한다. 그래야만 조직이나 개인은 통제 범위 밖에 있는 미래의 불확실성들에 대해 다양한 대안들을 살펴보고 영향력을 발휘할 수 있게 된다.

훌륭한 시나리오라면 양질의 데이터를 토대로 이런 데이터가 미래에 어떤 값을 보여줄지에 대해 대안적 전망을 내놓아야 한다. 하지만 시나리오는 숫자만 제시하는 것이 아니라 조직의 이해관계, 사람들의 여론, 경쟁자들의 갈등 등을 제시하기도 한다. 또한 시나리오는 미래에는 어떤 상황이 전개될지, 이런 상황에서 미래는 어떤 모습일지를 보여준다.

시나리오는 영화 혹은 연극에서 나온 말이다. 이야기의 전개 과정을 보여주기 위해 시나리오에는 등장인물과 작품 구성이 필요하다. 따라서 시나리오는 과거부터 인간이 세상을 지각하는 한 가지 수단이 되어왔던 내러티브 형식을 취한다. 인간은 다른 사람의 이야기를 들으면서 교육을 받았고, 상상을 했으며, 복잡한 현실과 미래를 이해했다. 시나리오 계획법을 널리 유행시킨 스티브 데닝Steve Denning은 이렇게 말했다.

"분석적이고 추상적인 사고는 충분히 예측할 수 있는 규범적이고 상식적인 상황에는 어울린다……. 하지만 시나리오 계획법은 이야기를 들려주는 방식으로 예외적인 상황을 설명하는 데 적합하다. 이것은 예상하지 못한 사건이나 갈등처럼 상식과 규범에서 벗어난 상황을 묘사하는 데 적합하다. 시나리오 계획법은 기존 질서를 벗어나서 새로운 변화를

가져올 사건이나 사상의 흐름을 조명해준다."(4)

시나리오 계획법은 관리자가 새로운 위협, 가능성, 전략을 맞이했을 때 수천 개의 행과 열을 가진 스프레드시트에서 찾지 못했던 새로운 깨달음을 준다는 것이다.

의사결정을 위한
시험대, 시나리오

Future Savvy

지금까지 살펴봤듯이 시나리오 계획법 덕분에 예측의 목표는 미래의 트렌드를 미리 알아내는 것에서 발생 가능한 결과들을 검토해서 대안들을 제시하는 것으로 바뀌었다. 각각의 시나리오는 발생 가능한 대안적 미래를 제시한다. 관리자가 목표를 달성하기 위해 앞으로 적응하거나 맞아야 할 여러 상황들을 보여주는 것이다.

시나리오 계획법의 권위자인 키즈 반 데르 하이덴Kees van der Heijden은 시나리오를 의사결정을 위한 시험대로 풍동wind tunnel*에 비유할 수 있다고 말했다.(5) 미래의 특정한 상황이 가져다줄 기회와 위협을 이해하려면 각 시나리오에 대비한 현재의 전략을 시험할 수 있어야 한다. 각 시나리오에 대비한 현재의 전략이 타당한지, 현재의 전략이 성공에 필요한 것을 제공해주는지를 시험해봐야 한다. 또한 시나리오를 검토하면서 이런 질문을 해볼 수도 있다.

---

* 공기의 흐름이 물체에 미치는 힘 또는 공기의 흐름 속에 있는 물체의 운동을 조사하기 위해 인공적으로 공기가 흐르게 한 장치 — 옮긴이.

“성공을 위해 갖추어야 할 능력은 무엇인가?”

“조직이나 개인의 현재 역량은 어떤가?”

우리는 다양한 시나리오를 대상으로 현재의 전략이나 대안적인 전략에 대해 시험해봐야 한다. 이는 바로 각각의 시나리오에 어떤 행동, 자원, 제품, 기술 등이 필요한지를 살펴보는 것이다. 이렇게 준비하면 미래에 어떤 상황이 발생하더라도 경쟁력을 발휘할 수 있다.

물론 다양한 시나리오에 모두 대비하다 보면 중복되는 일이 많아진다. 또한 어떤 시나리오에 대해서는 최선의 전략이라도 다른 시나리오에 대해서는 그렇지 않을 수도 있다. 사실 두 가지 이상의 시나리오가 동시에 각자 발생하는 것은 아니다. 시나리오 분석은 대안이 되는 결과들을 조명하고 조직이나 개인이 이런 결과에 대비해서 적절한 전략을 구사할 수 있게 할 뿐이지 서로 양립할 수 없는 문제를 해결해주지는 못한다.

관리자들은 때로 도박과도 같은 선택을 해야 한다. 때로는 가장 가능성이 높은 시나리오를 정하고 싶은 생각도 들 것이다. 시나리오 별로 확률을 부여하고 가능성이 높은 시나리오에만 대비하는 것이다. 그러면 정량적으로 미래를 예측해야 한다는 문제점이 필연적으로 따르게 된다. 또한 가장 가능성이 높은 시나리오만을 내세우는 것은 시나리오 분석을 제대로 하지 않은 것이라 볼 수 있다. 제대로 된 시나리오 분석이라면 모든 시나리오의 발생 가능성이 비슷해야 하고 중요성 또한 비슷해야 한다. (시나리오는 조직 외부에서 발생하는 사건을 묘사한 것이라는 점을 상기하면 이해가 쉽다. 정책을 입안하는 사람은 이런 시나리오들을 토대로 전략을 마련해야 한다. 전략들이 마련되면 구체적으로 어떤 행동을 취하고 어떤 전략을 펼쳐나갈지를 정하게 된다.)

비전을 제시하는 시나리오 Future Savvy

시나리오 계획법이 미래를 대비하는 주요 방법론으로 떠오르면서 미래대비 예측과 미래영향 예측 모두 이런 방법론을 채택하게 되었다. 미래대비 예측을 하려면 발생 가능한 결과를 폭넓게 검토한 다음 다양한 시나리오를 설정해야 한다. 미래영향 예측을 할 때도 비슷하게 시나리오를 설정하지만 목적은 다르다.

앞서 설명했듯이 미래영향 예측의 목적은 세상을 변화시키는 것이다. 미래영향 예측을 위한 시나리오 계획법도 이런 목적에 부합해야 한다. 그래서 시나리오를 작성하는 사람은 어떤 시나리오가 다른 시나리오보다 훨씬 더 바람직하다는 점을 부각시킨다. 여기서 바람직한 상황을 설정하는 시나리오는 유토피아를 묘사하는 반면 바람직하지 못한 상황을 설정하는 시나리오는 반유토피아를 묘사한다. 반유토피아적인 상황이란 지구온난화처럼 모든 인류가 원하지 않는 상황을 말한다. 즉 미래영향 예측을 위한 시나리오 계획법은 미래에 지구온난화와 같은 반유토피아적인 상황이 일어나지 않도록 지금까지의 행동이나 습관을 변화시켜야 한다는 사실을 인식시킨다.

비전을 제시하는 시나리오의 또 다른 예로는 정치적 전환기를 맞았던 남아프리카공화국의 국정 과제였던 몽플뢰르 프로젝트Mont Fleur Project를 들 수 있다. 이 프로젝트에서 가장 바람직한 상황을 설정한 것이 바로 플라밍고들의 비행Flight of the Flamingos 시나리오다*.(6)

---

* 이 시나리오는 남아프리카공화국이 경제 성장과 더불어 민주주의도 실현하리라고 예측했다 — 옮긴이.

이밖에 정부와 국민이 올바른 선택을 하지 못했을 경우 발생하는 시나리오로는 레임덕Lame Duck*, 이카루스Icarus**, 오스트리치Ostrich***가 있었다. 이런 시나리오들은 모두 바람직하든 그렇지 않든 국가의 비전을 제시하는 것으로 예측 결과물의 소비자인 남아프리카공화국 국민들이 보다 나은 미래를 만들어가는 데 도움을 주기 위해 공표되었다. 백인 강경파와 흑인 강경파를 포함한 남아프리카공화국의 모든 국민이 이런 비전들을 서로 공유하면서 국가의 미래를 위해 자신의 입장과 행동을 바꾸게 하는 것이다.

미래를 예측하거나 예측 시나리오를 작성하는 사람 중에는 어떤 경우에도 자신의 의도가 개입되어서는 안 된다고 생각하는 사람들도 있다. 그들은 미래의 어떤 상황에든 대비할 수 있도록 미래의 가능성을 검토하는 것만이 자신의 역할이라고 생각한다. 자신이 선호하는 상황을 바람직한 상황으로 내세워서는 안 된다고는 뜻이다. 중요한 것은 어떤 상황에든 준비가 되어 있어야 한다는 점이다. 한편 많은 조직에서는 미래 예측을 위한 시나리오들을 비밀 문서로 다루고 있다.

---

* 새로운 정치 체제로의 변화는 속도도 느릴 뿐만 아니라 확실하지도 않으리라 예측했다 ― 옮긴이.

** 정치체제의 변화 속도는 빠르겠지만 정부가 인기에만 영합하는 경제 정책을 수립하리라 예측했다 ― 옮긴이.

*** 남아프리카공화국에 대표성을 띤 정부가 등장하지 못하면서 정치적 안정을 이루기가 어려울 것으로 예측했다 ― 옮긴이.

시나리오 분석의 한계 Future Savvy

시나리오 계획법은 미래의 상황이 아주 복잡해서 정확히 이해할 수 없거나 예측할 수 없을 때 무엇을 할 수 있고 무엇을 해야 하는지를 보여주기 때문에 예측 필터링을 위해서도 중요하다. 시나리오 계획법은 예측의 정확성을 중시하는 정량적 모델링의 단점을 개선함으로써 미래를 정확하게 예측하는 것이 반드시 바람직하지는 않음을 보여준다.

대부분의 시나리오들은 정확하지 않을 가능성이 많다. 그리고 정확한 예측 결과를 내놓기 위해 시나리오를 작성하는 것도 아니다. 예측 결과물을 시험하는 기준은 그것이 미래를 정확히 묘사했느냐가 아니라 미래를 정확히 이해하는 데 도움을 주느냐다. 미래 예측이 주는 선물은 미래에 대한 정확한 예측이 아니다. 바로 미래를 정확히 판단할 수 있게 해주는 것이 선물이다. 불확실성이 큰 영역에서 정확한 판단을 할 수 있게 해준다면 미래 예측은 성공적이라 평가할 수 있다.

그러나 시나리오 계획법은 대안적 미래 예측 방법으로서 마법의 탄환magic bullet*처럼 다른 예측 방법을 대체해줄 최선의 방법은 아니다. 정량적 예측과 마찬가지로 시나리오 계획법이 유용한 상황은 따로 있다. 7장에서 설명한 불확실성 수준이 2단계나 3단계라서 정량적 예측 방법을 적용하기 곤란하다면 시나리오 계획법을 적용하는 것이 효과적이다. 불확실성 수준이 아주 낮아서 추세외삽법이 효과적이거나 불확실성 수준이 매우 높아서 선결 요소는 무엇이고 어떤 가정을 세워야 할지 판단하기 어렵다면 시나리오 계획법은 바람직하지 않다.

---

* 항체 활성화를 조절해서 암세포만 제거해주는 치료법 — 옮긴이.

시나리오 계획법은 설정했던 시나리오가 그대로 전개되는 경우에 한해 효력을 지닌다. 하지만 설정했던 시나리오들이 모두 전개되지 않는 경우도 있을 수 있다. 현명한 소비자라면 설정된 시나리오들의 발생 가능성도 따져보아야 한다. 또한 대안적 미래 예측을 위한 시나리오들은 예측가의 예상에 불과하므로 다른 시나리오가 발생할 수도 있음을 인식해야 한다. 시나리오 계획법의 목표는 미래를 정확히 예측하는 것이 아니라 외부 세계가 우리에게 어떤 영향을 미칠지에 대해 대안을 제시하고 이를 조명해보는 데 있다.

소비자들은 발생 가능성이 적은, 천국과 지옥을 설정한 시나리오(모든 것이 좋은 방향으로 전개되는 시나리오와 모든 것이 나쁜 방향으로 전개되는 시나리오)와 의도적으로 미래에 영향을 미치기 위한 시나리오 등 다양한 형태의 시나리오가 있음을 알아야 한다. 미래는 좋은 상황과 나쁜 상황이 혼재되어 있을 가능성이 높다. 모든 것이 좋게만 진행되는 시나리오와 모든 것이 나쁘게만 진행되는 시나리오는 발생 가능성이 거의 없으며, 우리가 중요한 의사결정을 해야 할 순간에 아무 도움을 주지 못할 가능성이 많다.

10장

잘못된 예측은 이렇게 만들어진다

여기서는 기업 경영자와 정책 결정자가 참고하게 될 실제 예측 결과물을 가지고 예측 필터링의 과정을 설명하기로 한다. 즉 각각의 예측 결과물들이 지금까지 설명했던 원칙들에 따라 제대로 작성되었는지를 살펴볼 것이다.

실제 예측 결과물로 설명하는 데는 다양한 이유가 있다. 우선 대부분의 예측 결과물은 수백 쪽에 달하는 본문과 부록으로 구성되어 있다. 이 모두를 자세히 읽기는 어렵기 때문에 주요 부분의 발췌문이나 요약문이나 신문 보도 등을 인용하는 경우가 많다. 사실 예측 결과물의 분량에는 정해진 기준이 없다. 여기서는 각각의 미래 예측 방법을 적용한 사례들을 간략히 살펴보고 문제점들을 지적해보기로 한다.

각각의 예측 방법들은 모두 나름의 장점을 지니고 있으므로 특정 예측 방법이 갖는 단점을 지적하기보다는 올바른 판단 혹은 그렇지 못한 판단을 이끌어내는 요소들을 지적하려고 한다. 여기서 다루는 사례들은 공공기관에서 발표한 자료들에 한정되어 있다.

각 예측 결과에 대한 분석은 소비자들에 맞춰서 따로 배경 분석을 하지 않았고 전문적인 분석 방법에도 의존하지 않았다. 다시 말해 평이하게 있는 그대로 분석했다. 예측 결과물에 대한 섣부른 평가는 금물이다. 하지만 예측 필터링을 하려면 기다렸다가 예측 결과를 직접 확인할 것이 아니라 지금 당장 예측 결과물의 장단점을 파악할 수 있어야 한다.

참고 www.futureSavvy.net

사례 1.
미국의 주택 수급 예측   Future Savvy

(2004~2013) [요약본-발췌문]

홈오너십 얼라이언스* : www.homeownership.com

보고서 전체 내용은 www.freddiemac.com/news/pdf/americas_home_forecast.pdf 참조.

이 연구의 경우 예측 기간은 비교적 길다(2004년에서 2013년까지). 그리고 그 기간 동안 나타날 수 있는 경기 변동을 감안하여 미국 국민의 주택 보유율과 주택 담보 대출의 변화를 예측했다.

예측 대상은 주택의 수요와 공급(인구 통계상의 이민자 추이도 포함), 미국 주택 보유율 추세(각 인종이나 민족의 주택 보유율 변화뿐만 아니라 인구 비율의 변화도 포함), 주택 가격 예측(신규 주택 공급량과 1인당 국민소득을 예측하여 도출), 모기지 시장의 수요와 공급(주택 담보 대출에 영향을 주는 요인에 대한 논의 포함)이다.

아래에서는 주요 연구 결과들을 요약하고 미국의 주택 수요 변화에 대응하기 위해 공공 부문에서 정책을 마련하고 민간과 공공 부문이 공동으로 프로그램을 추진할 때 나타날 기회와 위협을 살펴보고자 한다.

예측 결과 요약

주택 수요와 공급 : 주택을 소유하고 싶어 하는 사람이 계속 늘어나면서

---

* 미국의 주택 시장, 모기지 시장 등의 정보를 제공하는 업체 — 옮긴이.

주택 수요는 매년 증가할 것이다. 따라서 매년 200만 호에 달하는 신규 주택을 공급해야 할 것이다.

미국의 인구 규모와 연령 구조를 살펴보면 향후 10년간 매년 132만 호에서 163만 호에 달하는 신규 주택 수요가 발생할 것으로 보인다. 여기에는 이민자수의 순증가로 인한 주택 수요의 증가도 포함되어 있다. 기존 주택을 허물고 집을 다시 짓거나 두 채의 집을 원하거나 별장을 짓고 싶어 하는 사람들의 주택 수요까지 감안하면 신규 주택 수요는 185만 호에서 217만 호에 달할 것이다. 신규 주택 수요를 185만 호라고 보더라도 최근의 신규 주택 수요보다는 더 높은 것으로 나타났다.

1가구용으로 설계된 주택에 대한 신규 수요는 전체 신규 수요의 72퍼센트를 차지할 것이다. 지난 10년간에 비하면 훨씬 더 높은 비율이다. 다가구용 주택에 대한 신규 수요는 20퍼센트 정도일 것이다. 나머지는 임대주택에 대한 신규 수요로 10퍼센트에 미치지 못할 것이다.

주택 공급에 소요되는 비용(신규 주택 건설이나 주택 개량에 필요한 자금을 비롯해서 부동산 수수료까지 포함)은 국민경제 규모와 비슷한 수준으로 증가할 것이다. 주택 산업(주택 공급과 관련 서비스 산업)은 과거와 비슷하게 GDP의 6분의 1정도를 차지할 것으로 보인다.

주택 소유 : 주택 보유율은 계속 증가해서 2013년까지 70퍼센트를 넘을 것으로 전망된다.

현재 주택 보유율은 68퍼센트를 넘지만 소득 수준, 인종과 민족, 종교별로는 큰 차이를 보인다. 주택 보유율에 영향을 미치는 요인은 상당히 많은 것으로 조사되었다. 이런 요인들 중 향후 10년간 가장 크게 영향을 미칠 요인으로는 최근 이민 온 사람들이 집을 장만하려는 움직임과 최고점을 향해 가는 베이비붐 세대들의 주택 보유율을 꼽을 수 있다.

이런 트렌드를 자세히 분석해보면 주택 보유율은 향후 10년간 계속 증가할 것으로 보인다. 다만 증가 속도는 과거에 주택 보유율이 낮았던 인종과 민족의 주택 보유율이 얼마나 증가할지와 점점 나이 들어가는 베이비붐 세대가 어느 정도나 자기 집을 계속 유지하는지에 달려 있을 것이다. 2013년까지는 최소 1,000만 명에 달하는 사람들이 처음으로 집을 소유하게 될 것이고 그중 절반 정도가 소수 민족일 것이다.

주택 가격 : 주택 가격은 2004년부터 2013년까지 연평균 5퍼센트 정도 상승할 것이다. 하지만 신규 주택이 원만하게 공급되지 않으면 연평균 6퍼센트 정도 상승할 수도 있다.

최근 집값은 예년에 비해 엄청나게 많이 올랐다. 주택 수요가 지속적으로 증가하고 신규 주택이 원만하게 공급되지 못하는 지역들이 많아지면서 주택 가격의 상승 속도는 소득 수준의 증가 속도를 뛰어넘었다. (사실 도시 개발과 택지 공급은 지역 주민들이 합의하기 힘든 문제다. 이에 따라 신규 주택이 원활하게 공급되지 못할 수도 있다.) 소득 수준의 증가 속도에 맞춰 주택 가격이 상승한다면 주택 가격의 상승률이 인플레이션율을 능가하더라도 장기적으로는 큰 문제가 없다. 소득과 주택 가격이 서로 안정적인 관계를 맺고 있으면 주택 시장 버블과 같은 현상은 장기적으로 나타나지 않는다.

실업률이 6퍼센트를 밑돌고 있고(지금도 계속 떨어지고 있다) 모기지 이자율도 아주 낮으며 경제는 호황 국면을 누리고 있어서 주택 가격이 하락할 것이라는 전망은 아주 먼 미래의 이야기가 될 것이다. 현재 거의 모든 지역에서 주택 수급이 앞에서 설명한 바와 같고 주택 시장 버블이 나타나는 지역은 거의 없다.

소수 민족들이 주택을 보유하고 싶어 하는데도 신규 주택이 원활하게 공급되지 못하므로 주택 가격은 연간 5퍼센트 내외로 상승할 것이다. 신규 주택이 원활하게 공급되지 않는다면 연간 6퍼센트의 상승도 기대해볼 수 있다(물론 신규 주택이 원활하게 공급된다면 4퍼센트 정도의 상승을 기대할 수도 있다). 택지 공급을 저해하는 각종 규제들은 주택 가격을 상승시키는 요인으로 작용할 수 있다. 이런 요인이 작용할 경우 주택 가격 상승률이 6퍼센트를 넘길 가능성도 배제할 수 없다.

모기지 수요 및 공급 : 주택 담보 대출 기관들은 연간 3조 달러에 달하는 자금을 대출할 것으로 예측된다. 그리고 주택 담보 대출금 연체는 매년 8.25퍼센트 증가할 것으로 보인다.

미국 가정들은 향후 10년간 주택 구입이나 리파이낸스refinance*를 위해 총 1억 2,500만 건에 달하는 모기지 대출이 필요할 것이고 총 대출 수요는 27조 달러에 달할 것이다. 주택 시장의 주요 고객인 처음 집을 장만하는 가구는 향후 10년간 총 2,400만 가구가 될 것으로

---

* 주택 담보 대출을 받은 주택 소유자는 금융 기관과의 합의에 따라 정해진 기간 동안 원금과 이자를 납부하게 된다. 채무자인 주택 소유자는 원리금을 납부하는 동안 주택 가격이 변동하거나 자신의 재정 상태가 변하면 금융 기관에 주택 담보 대출의 기간, 원금, 이자를 재설정해달라는 요구를 할 수 있다. 이런 재설정을 리파이낸스라 한다 — 옮긴이.

예측된다. 주택 담보 대출금은 매년 8.25퍼센트씩 연체 금액이 증가할 것으로 예측되어 10년 후면 총연체액은 현재의 2배가 넘는 17조 달러에 달할 것으로 보인다.

토지 사용에 대한 규제를 비롯해서 주택 공급을 저해하는 여러 요인들 때문에 주택 가격이 빠르게 상승한다면 금융 기관들의 주택 담보 대출은 더욱 증가할 것이고 이에 따라 연체액도 더욱 증가할 것이다. 예를 들어 주택 가격의 상승률이 기준보다 1퍼센트 높다면 10년 동안 총 주택 담보 대출 수요는 30조 달러에 달할 것이고 2013년 연체액은 19조 달러에 달할 것이다.

주택 담보 대출기관들은 투자 은행에 대출 채권을 판매해서 수익을 실현하고 있다. 투자 은행이 활동하는 글로벌 자본 시장의 발전도 미국의 가정들이 쉽게 모기지 대출을 받는 데 일조할 것으로 예상된다.

예측 결과 분석

이 예측 결과는 국민들의 주택 보유를 장려하는 홈오너십 얼라이언스가 제공한 것이다. 따라서 앞으로 많은 미국인이 주택을 소유하고 이에 따르는 사회경제적 이익을 누리기를 권장하려는 취지가 분명한 미래 영향 예측이다. 예측 기관과 후원자의 관련성이 분명하게 드러나기는 하지만 본 예측 보고서의 작성자가 공식 기관의 주택 통계를 인용하고 산업 분석도 시도하면서 객관성을 유지하려 노력한 흔적이 보인다. 따라서 자산 분석가들에게도 참고가 될 만한 보고서로 평가된다.

본 예측 결과는 향후 10년간 주택 시장이 상승 국면을 유지한다면 설득력을 갖게 될 것이다. 2013년까지 미국 국민의 주택 보유율은 70퍼센트를 넘을 것으로 예측된다. 이는 1,000만 명에 달하는 사람들이 처음으로 집을 소유하게 되리라는 의미다. 또한 주택 가격이 연평균 5퍼센트 정도 상승할 것으로 예상하면서 다음과 같은 말을 덧붙였다.

"실업률이 6퍼센트를 밑돌고 있고(현재도 계속 떨어지고 있다) 모기지 이자율도 아주 낮으며 경제는 호황 국면을 누리고 있어서 주택 가격이 하락하리라는 전망은 아주 먼 미래의 이야기가 될 것이다."

하지만 2007년 주택 시장의 버블이 터지면서 주택 가격이 하락하고 주택은 더 이상 담보물의 기능을 하지 못하게 되었다. 이런 현상을 서브프라임 모기지 사태sub-prime mortgage crisis라 한다. 주택 담보 대출 기관들은 엄청난 경영 압박을 받게 되었고 국제 금융 시스템은 총체적인 위기를 맞았다. 따라서 이 보고서의 예측 결과는 잘못되었다. 이 보고서는 미래에도 모기지 이자율이 계속 낮아 많은 사람들이 쉽게 대출을 받으리라는 가정을 토대로 주택 시장의 미래를 예측했다. 그런데 미래는 이런 가정과는 아주 판이하게 전개되었다.

투기적 버블은 강화 피드백 루프의 전형적인 사례다. 주택 가격이 오르면 주택 구입 자금을 쉽게 대출받을 수 있다. 따라서 새로운 구매자가 주택 시장에 들어올 수 있게 되면서(기존 구매자들은 더욱 비싼 주택을 사거나 투기를 하게 된다) 주택 가격은 더욱 오르게 된다. 그런데 시스템 내의 변수 하나가 반대 방향으로 움직이기 시작하면(예를 들어 주택 가격이 하락한다면) 시스템 내의 균형 루프는 주택 가격을 더욱 떨어뜨린다. 주택 가격이 하락하면 자산 가치가 떨어지면서 주택은 더 이상 담보물의 기능을 하지 못하게 된다. 이렇게 주택 구입 자금을 대출받기 힘든 여건이 조성되면서 주택 시장에 새로운 구매자가 들어오기 어려워지고 주택 가격은 더욱더 떨어진다.

이 예측 보고서에는 모기지 이자율이 미래에도 계속 낮을 것이라는 가정이 깔려 있다. 이와 관련하여 보고서 내용을 일부 인용하면 다음과 같다.

"최근 주택 부문은 유례를 찾기 힘든 저금리 기조에 힘입어 호황을 누리고 있다."

그런데 근본적인 문제는 이런 저금리 기조가 미래에도 계속될 것이라고 쉽게 생각한 데 있다. 주택 보유율을 높여주는 저금리 기조가 미래에도 계속될 것인지, 어떤 조건하에 이런 기조가 사라지는지 자세히 검토해야 했다. 앞서 살펴봤듯이 미래의 상황이 지금과는 다르게 전개될 가능성이 높으면 추세외삽법은 설득력을 잃는다. 추세외삽법을 적용하려면 현재 트렌드에 다양하게 작용하는 요인들이 미래에도 지속될 것이라고 가정해야 한다. 그런데 미래에는 이런 요인들의 배후에 작용하고 있는 영향력이 바뀔 가능성도 많다. 또한 미래를 예측하는 사람은 시대적 사조에 빠져들기 쉽다. 주택 구입을 위해 돈을 쉽게 빌릴 수 있고 주택 가격이 계속 오르는 상황에서 다른 현상을 생각하는 것은 쉽지 않은 일이다.

물론 미래에 이것도 일어나고 저것도 일어날 것이라고 예측할 수는 없는 일이다. 그러나 주택 시장이 상승 국면에 있고 모기지 이자율이 아주 낮다고는 하지만 변화의 조짐을 보여주는 신호는 분명히 있다. 주택 가격이 급격하게 상승하고 있으므로 언젠가 주택 가격이 하락하리라는 예상을 하는 것은 어렵지 않다(진동 현상을 생각해보라).

보고서 작성자는 2003년 4분기 현재 주택 보유율이 과거보다 엄청나게 높은 68.6퍼센트이고 모기지 이자율이 엄청나게 낮은 상황을 보면서 주택 시장에 버블이 낀 것은 아닌지 의심해봤어야 했다. 주택 담보 대출 기관은 신용 등급이 낮은 사람들에게도 대출을 해주었고, 금융 기관들 사이에도 대출 채권 거래가 활발했다는 사실은 주택 시장에 곧 버블 현상이 나타나리라는 증거가 될 수 있다.

현재의 상황이 미래에 그대로 지속될 수도 있지만 모기지 이자율과 주택 가격이 조정 국면을 맞게 되면서 주택 담보 대출을 예전처럼 쉽게 받을 수 없게 되는 시나리오도 있다. 따라서 미래를 예측하는 사람은 다음 두 가지 시나리오를 생각할 수 있을 것이다. 하나는 미국 경제의 호황 국면, 인구 구조의 변화, 주택 공급 저해 요인 때문에 나타나는 현재의 트렌드가 미래에도 계속될 것이라는 시나리오와 주택 시장이 갑자기 위축되면서 주택 보유율이 떨어지리라는 시나리오다.

물론 홈오너십 얼라이언스가 바라는 것은 주택 보유율이 계속 높아지는 것이다. 그러니 주택 보유율이 계속 높아지는 상황에서 이에 반하는 시나리오를 제시함으로써 이런 분위기에 찬물을 끼얹고 싶은 마음은 없을 것이다. 많은 사람들이 지금과 같은 주택 시장 호황 국면이 미래에도 지속되리라는 예상을 하고 싶었을 것이다. 하지만 이런 생각은 미래에 대안이 되는 시나리오가 펼쳐졌을 때 충분한 준비를 하지 못하게 한다.

사례 2.
웨스트버지니아 주의
재소자수 예측

Future Savvy

(2005~2015년) [발췌문]

웨스트버지니아 주정부 교정국 범죄 통계 분석 센터 2006년 12월 (http://www.wvdcjs.com/statsanalysis/publications/2005-2015_Forecast_Report_Final.pdf)

본 보고서는 향후 10년에 걸친 웨스트버지니아 주의 재소자수를 예측하는 것이 목표다. 보고서는 최근 수년간 웨스트버지니아 주의 재소자수가 증가해왔고 향후 10년간 그런 증가세는 계속되리라고 예측한다.

재소자수 예측

여기서는 2005년부터 2015년까지 재소자수에 대한 예측치를 제시하고 그 특징을 분석하고자 한다. 아울러 2005년부터 2015년까지의 예측 결과로 사후적 예측backcast*도 시도할 것이다. 이런 사후적 예측은 해당 예측 방법의 정확성을 평가하려는 목적으로 시도된 것이다.

과거의 예측 결과는 비교적 정확한 것으로 나타났다. 하지만 시간이 지나면서 예측 오차의 크기는 점점 커질 가능성이 높다. 2001년 1월에

---

* 미래 예측 모델로 과거치를 추정하는 것이다. 이때 추정된 과거치와 실제치를 비교하면 예측 모델의 정확성을 평가할 수 있다 — 옮긴이.

실시되었던 2004년부터 2014년까지의 예측 결과를 보면 실제 재소자수와 예측 재소자수의 차이는 ±3.4퍼센트였다. 가장 최근의 예측 결과를 보면 실제 재소자수와 예측 재소자수의 차이는 ±1.6퍼센트였다(레스터Lester와 하스Haas의 2006년 보고서 참조). 따라서 과거의 예측치와 실제치의 차이를 감안하면 내년도 재소자수의 예측치와 실제치 간의 차이는 ±3.4퍼센트 이내가 될 것으로 보인다. 여기서는 현시점의 재소자수 예측 결과를 설명하는 것으로 논의를 시작한다.

현시점의 예측(2005~2015년)

다음의 그래프(249쪽)는 2005년부터 2015년까지의 예측 결과를 보여준다. 막대그래프로 표시된 예측 결과는 앤서니 교도소* 재소자, 일반 교도소 재소자, 교화 및 치료 프로그램에 투입된 재소자의 수를 보여준다.

2005년 말 현재 웨스트버지니아 주의 재소자수는 5,312명이다. 2005년 말의 예측 결과에 의하면 재소자수는 향후 10년간 매년 3.3퍼센트씩 증가할 것이다. 이런 결과를 적용하면 2010년 말 재소자수는 6,192명이 될 것이고 2015년 말이면 7,369명이 될 것이다. 이런 증가율은 2005년 말부터 2015년 말까지 웨스트버지니아 주의 재소자수가 38.7퍼센트 증가하리라는 사실을 보여준다.

향후 10년간 재소자수의 연간 증가율이 3.3퍼센트라면 매년 205명씩 증가하는 것으로 환산할 수 있다. 과거의 예측 결과로 살펴본 예측 오차를 감안하면 향후 10년간 재소자수는 매년 198~212명씩 증가할

---

* 웨스트버지니아 주에 있는 교도소로 18세부터 23세까지 젊은 범죄자의 교화를 목적으로 한다 — 옮긴이.

것으로 예측된다.

웨스트버지니아 주의 재소자수 증가율을 예측한 3.3퍼센트라는 값은 과거 10년간 재소자수 증가율에 비해 작은 값이다. 1995년에서 2005년까지 웨스트버지니아 주의 재소자수는 연평균 7.8퍼센트(280명) 증가한 것으로 조사되었다. 따라서 과거 10년간 재소자수는 현재의 예측 결과보다 거의 2배 정도 증가한 것으로 나타났다. 즉 1995년 2,517명이던 재소자수는 2005년 5,312명으로 111.0퍼센트 증가했다. 이런 결과는 2005년에서 2015년까지의 연평균 증가율 3.3퍼센트, 10년간의 총증가율 38.7퍼센트와는 대비된다.

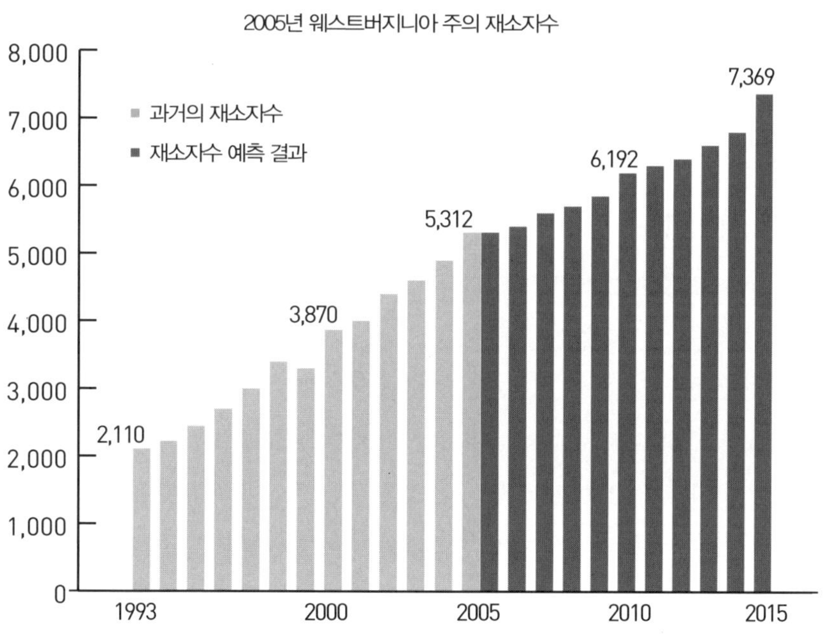

자료 : 웨스트버지니아 주정부 교정국 통계 연감의 2005년 예측 시뮬레이션

사후 예측과 예측 모델 평가

다음의 그래프(251쪽)는 2005년부터 2015년까지 재소자수를 예측한 모델의 정확성을 평가하기 위한 사후 예측 결과를 보여준다. 그래프에는 웨스트버지니아 주의 실제 재소자수와 예측된 재소자수가 나와 있고 우리는 2005년 1월부터 12월까지의 사후 예측 결과를 알 수 있다(예측 기간은 예측 시점 1년 전, 즉 2005년으로 한다). 그래프에서 알 수 있듯이 예측치는 실제치와 비슷한 추세를 보였다. 실제치와 예측치의 차이를 보면 실제치가 평균 6명 정도 더 많은 것으로 조사되었다. 또한 사후 예측 기간 동안 실제치와 예측치는 평균 0.1퍼센트 정도의 차이가 있었다.

2005년 실제치와 예측치를 자세히 살펴보면 두 값의 차이는 ±2.1퍼센트 이내임을 확인할 수 있다. 2005년 7월 두 값의 차이가 가장 클 때가 2.1퍼센트였고 12월에는 두 값의 차이가 거의 없음을 알 수 있다.

한편 2006년 1월부터 10월까지의 예측치와 실제치로도 2005년부터 2015년까지 예측 모델의 정확성을 평가할 수 있다. 이 10개월간 예측치와 실제치의 차이를 살펴보면 예측치가 평균 26명 정도 더 많은 것으로 나타난다. 따라서 사후 예측 기간 동안 실제치와 예측치는 평균 0.5퍼센트 정도 차이가 있음을 알 수 있다.

10개월의 평가 기간 동안 예측치와 실제치를 비교해보면 두 값의 차이가 ±2.2퍼센트 이내로 정확성이 높다는 평가를 할 수 있다. 두 값의 차이가 가장 큰 2006년 5월 데이터를 보아도 그 차이는 2.2퍼센트에 불과하고 두 값의 차이가 가장 적은 2006년 9월에는 그 차이가 0.3퍼센트밖에 되지 않는다.

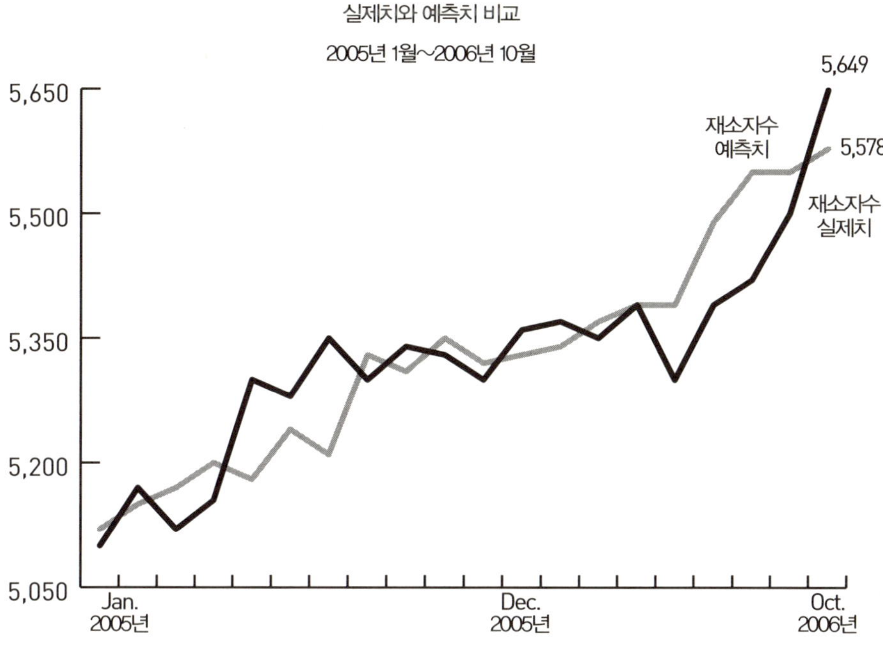

자료: 웨스트버지니아 주정부 교정국 통계 연감의 2005년 예측 시뮬레이션

예측 모델에 대한 기술적 평가

이 연구는 미래 예측용 소프트웨어인 위저드 2000으로 재소자수를 예측했다. 이런 소프트웨어가 사용하는 시뮬레이션 모델은 향후 10년에 걸친 웨스트버지니아 주의 범법자 통계를 시뮬레이션한 후 매월 주요 범죄 유형별로 전망치를 제공해준다.

위저드 2000의 시뮬레이션 모델은 확률적 개체 시뮬레이션 모델stochastic entity simulation model에 적용되는 테크닉을 사용한다. 여기서 확률적 시뮬레이션이라는 말은 모델링의 과정에서 난수random number

251

를 발생시킨다는 의미다. 개체 시뮬레이션이라는 말은 웨스트버지니아 주의 교도 시스템과 연관되어 상호작용하는 개체들의 움직임을 살펴본다는 의미다. 본 예측 모델은 시뮬레이션 과정에서 난수를 발생시키는 몬테카를로 시뮬레이션 방법Monte Carlo Simulation Technique*의 한 예가 된다. 본 시뮬레이션 모델에서는 사람들이 처한 법적인 상황들(재판 회부, 교도소 수감, 가석방 등)은 모델 연구자가 설정한 전이 확률transition probability을 따른다는 가정을 한다.

일단 시뮬레이션 모델을 새로운 상태로 움직이도록 설정하면 예측 기간이 종료될 때까지 또는 정해놓은 종료 시점에 도달할 때까지 프로세스가 반복된다. 여기서 종료 시점은 예측 모델이 시뮬레이션 모델로부터 완전히 빠져나오는 시점을 의미한다.

예측 모델에 정확한 데이터를 입력하면 시뮬레이션 모델이 교도 시스템을 정확히 묘사하면서 재소자수의 실제 흐름을 매우 정확하게 보여준다. 시뮬레이션 모델은 과거의 흐름이 미래에도 계속될 것이라는 가정을 한다. 작년에 발생했던 흐름이 내년에도 지속될 것이라는 가정을 하는 셈이다. 또한 시뮬레이션 모델이 정확한 예측 결과를 제공하려면 지난 1년간 실제 시스템에 들어오고 나간 정보가 정확히 파악되어야 한다. 이 말은 웨스트버지니아 주 교정국이 담당한 범법자들의 통계치가 제대로 관리되어야 한다는 의미다. 또한 체포, 구금, 석방, 가석방, 가석방 취소 등에 관한 데이터도 정확히 파악되어 시뮬레이션 모델에 입력되어야 한다.

이런 방법으로 위저드 2000 소프트웨어를 사용해서 향후 10년간 웨

---

* 구하고자 하는 확률 변수의 분포를 반복 가능한 실험 통계로부터 구하는 방법으로 모나코의 유명한 도박 도시인 몬테카를로의 이름을 땄다 — 옮긴이.

252

스트버지니아 주의 재소자수를 예측할 수 있는 시뮬레이션 모델을 개발했다. 이 과정에서 예비 모델에 대한 몇 차례의 검증을 거친 다음 정확성이 높은 모델을 선별했다. 선별된 시뮬레이션 모델은 범죄의 심각성에 따른 재소자수의 예측 결과를 제공하게 된다. 앤서니 교도소의 재소자와 교화 및 치료 프로그램에 투입된 재소자에 관한 데이터는 따로 구분해서 시뮬레이션 모델에 입력한다. 이 시뮬레이션 모델은 표본수가 작은 관계로 앤서니 교도소 재소자와 교화 및 치료 프로그램에 투입된 재소자의 특징을 제대로 제공해주지 못한다. 이것이 이 시뮬레이션 모델이 지닌 한계다.

이 시뮬레이션 모델은 범죄에 대한 구분을 필요로 한다. 이 보고서에서는 이런 구분을 ID그루핑이라 부를 것이다. 각 ID그룹의 범죄에 대해서는 비슷한 방식의 교도 시스템이 적용된다. 각 ID그룹의 범죄들은 선고 형량이나 석방 결정 등이 비슷할 것이라는 말이다. 따라서 ID그룹은 재소자수 예측을 비롯한 모든 예측 결과 분석의 기반이 된다. 이런 ID그룹은 살인, 성범죄, 강도, 폭력, 절도, 경제범, 마약 사범, 음주 운전 등으로 구분된다. 각 ID그룹은 범죄의 심각성을 참고하여 나뉘었다. 이런 ID그룹으로의 분류와 더불어 선고 형량에 관한 정보가 시뮬레이션 모델에 중요한 변수로 작용한다. 또한 우리는 선고 형량 데이터로부터 다양한 기술 통계량(평균, 최댓값, 최솟값 등)을 얻을 수 있다. 이런 선고 형량에 대한 기술 통계량들은 잠시 후 자세히 설명하기로 한다.

예측에 사용된 가정

위저드 2000 시뮬레이션 모델은 교도 시스템의 적용을 받는 재소자들의 수와 그들의 복역 기간에 영향을 주는 다양한 요소들을 근거로 재소자들의 움직임을 시뮬레이션한 것이다. 또한 본 시뮬레이션 모델은 범죄 유형에 따른 재소자의 움직임을 구분해서 보여주기도 한다.

예측 모델은 재소자와 석방자에게 영향을 주는 다양한 요소들이 시간이 흘러도 변하지 않는다는 가정을 한다. 2003년 초범에 적용되는 선고 형량 기준이 예측 기간 전체에 걸쳐 동일하게 적용된다는 가정을 하는 것이다. 또한 가석방되는 비율도 예측 기간 전체에 걸쳐 크게 달라지지 않을 것이라는 가정을 한다. 재소자수에 대한 예측은 이런 가정들이 예측 기간 전체에 걸쳐 동일하게 적용되는지에 따라 정확성이 달라진다.

예측 결과 분석

웨스트버지니아 주 교정국은 이 예측을 통해 미래에 나타날 재소자수의 움직임을 살펴보려 했다. 이 예측의 목적은 미래 대비다. 재소자수의 변화를 미리 예측함으로써 재소자들을 위한 시설, 직원, 건물 등 서비스 시스템을 확보하는 것이 예측의 목적이다(재소자수가 2015년까지 37.8퍼센트 증가한다면 시설 확충과 예산 증액이 필요하다). 분석 방법이 온건하고 객관적이라서 바이어스가 나타날 여지는 없어 보이며 원칙주의나 이데올로기에 매몰된 느낌도 주지 않는다. 따라서 예측 결과를 통해 상황을 변화시키려는 예측 전문가의 강력한 의지를 찾아볼 수 없다. 웨스트버지니아 주 교정국에 기본적인 정보를 제공하려는 목적이라면 이 예측 보고서의 내용은 무난하다.

이 예측 보고서는 예측 결과를 분명하고 알기 쉽게 전달해준다. 향후 10년간 재소자수는 매년 3.3퍼센트 정도 증가해서 2010년 말이면 6,192명이 될 것이고 2015년 말이면 7,369명에 달할 것이다. 이런 예측 결과는 교정국에서 사업을 기획할 때 유용한 자료가 된다. 하지만 무엇이 증가 추세를 이끌고 가는가에 대한 분명한 답이 없다. 특히 1995년부터 2005년까지는 재소자수가 매년 7.8퍼센트(249쪽 참조) 증가했다. 변화의 원인에 대한 충분한 설명 없이 증가율이 7.8퍼센트에서 3.3퍼센트로 떨어졌다고만 말한다.

일정 기간(예측 모델에서는 2005년 1월부터 2006년 10월까지다) 동안 실제치와 예측치를 비교해보면 예측 모델의 정확성을 평가할 수 있다. 이렇게 예측 모델의 정확성을 평가하는 방법을 사후적 예측 방법이라고 부른다. 251쪽의 그래프를 보면 2005년 1월부터 2006년 10월까지 22개월에 걸친 예측치와 실제치는 큰 차이가 없음을 알 수 있다. 이 예측 보고서의 작성자는 2005년 1월부터 2006년 10월까지의 예측치와 실제치를 비교하면 예측 모델의 정확성을 확인할 수 있다고 설명한다.

하지만 이것으로 충분히 설명이 될까? 2년도 못 되는 기간 동안 예측 결과가 정확하다고 해서 10년간의 예측 결과도 정확하리라고 말할 수 있을까? 온갖 현상에 대한 가정은 단기간은 유효할지 몰라도 장기간은 그렇지 않다. 따라서 2년 정도 예측 결과가 정확하다는 사실이 그다지 놀랄 일은 못 된다. 그러나 10년간 이런 정확성이 지속되리라고는 확신할 수 없다. 주요 가정이 더 이상 성립하지 않는 상황이라면 예측 결과도 더 이상 정확하지 않게 된다. 이 보고서의 작성자는 재소자와 석방자에게 영향을 주는 다양한 요소들이 상당한 시간이 흐른 뒤에도 변하지 않으리라는 가정을 한다. 하지만 이런 가정이 과연 타당할까? 이런 가정이 적용되는 상황이 얼마나 지속될 것이며 상황이 변할 가능성은 어느 정도일까?

　미국의 교도 시스템은 사회정치적인 압력에 따라 변할 수 있고 과거에도 몇 차례 크게 변했다. 최근에는 선고 형량이 과거에 비해 높아지고 있으며, 특히 마약 사범에 대한 선고 형량은 초범일 경우에도 엄청나게 높아졌다. 또한 교도 시스템의 민영화도 진행되고 있다. 사회적으로 문제시되고 있는 성범죄(성범죄에 대해서는 가석방 제도를 폐지하거나 제한하려는 움직임이 있고 이는 앞으로 재소자수를 크게 증가시킬 원인이 될 것이다)에 대해서는 처벌 기준을 크게 강화해야 한다는 의견도 있다. 하지만 처벌 기준이 예측 기간 동안 변하지 않으리라는 가정을 하게 되면 예측 모델은 이런 변화를 반영하지 못하게 된다.

　지금 선고 형량을 강화하고 가석방 제도를 제한하려는 움직임은 향후 재소자수를 크게 증가시킬 원인이 될 것이다. 향후 재소자수가 크게 증가하면 사회정치적인 문제가 발생할 가능성이 높다. 재소자수는 미국의 인종 비율을 그대로 반영하지 않는다. 인종 문제로까지 비화될 수 있는 화약고인 것이다.

　재소자수가 증가하면 국민의 조세 부담도 만만치 않을 것이다. 교정국은 과거에도 예산 확보 문제로 많은 고민을 해왔다. 점점 늘어날 재소자 관리 비용은 향후 교도 시스템에 많은 변화를 가져올 것이다. 사회봉사 명령을 포함해서 새로운 처벌 방식이 도입될 가능성도 많다. 기술 변화 역시 향후 교도 시스템의 변화에 한몫을 할 것으로 보인다. 가석방자에 대한 감시 기술은 더욱 정교해질 것으로 예상된다. 이런 변화는 다양한 형태의 가석방 제도(일례로 교도소 수감과 가석방을 혼용하는 형태의 처벌 방식)를 도입할 수 있게 해준다. 그러면 사회적 비용과 금전적 비용을 줄이고도 효과적으로 처벌할 수 있다.

물론 지금 설명한 내용들의 실현 가능성에 대해서는 어느 누구도 확실하게 이야기할 수 없다. 하지만 훌륭한 예측이 되려면 이런 내용들을 모두 고려해야 한다. 불확실성을 야기하는 요인과 이런 불확실성이 전개될 방향에 대한 분석이 필요하다는 말이다. 결론적으로 소프트웨어를 사용한 예측 모델에 깔린 가정의 타당성을 사라지게 할 만한 사회경제적 변수들은 얼마든지 있을 수 있음을 명심해야 한다.

사례 3.
2051년까지 노인 치매 인구 예측 Future Savvy

BBC:www.bbc.co.kr, 2007년 2월 27일

보고서 전체 내용은 http://www.alzheimers.org.uk/site/scripts/download_info.php?fileID=1 참조

어느 보고서에 의하면 2051년 영국의 치매 인구는 170만 명을 넘을 것이고 치매 환자에 대한 지원액은 매년 수십억 파운드씩 증가할 것이라고 한다. 치매에 관한 최신 연구 보고서에서 이런 믿기 싫은 예측 결과가 제시되었다. 또한 현재 영국의 치매 인구는 70만 명으로 88명의 영국인 중 1명이 치매에 시달리고 있고 이들에 대한 치료비로 연간 170억 파운드가 소요된다고 한다.

영국 정부는 런던 경제 대학과 런던 심리 연구소의 연구 결과를 인용하면서 치매 환자에 대한 지원은 이미 정부 정책의 최우선 순위에 올

라 있다고 밝혔다.

연구 보고서에 따르면 영국의 치매 인구는 2021년까지 94만 110명으로 증가할 것이고, 2051년이 되면 173만 5,087명으로 지금보다 154퍼센트 증가할 것이라고 한다. 이는 영국인의 약 3분의 1 정도가 치매 환자가 되거나 치매 환자를 돌보아야 한다는 의미다. 이런 현상이 나타나는 근본 원인은 바로 영국 사회의 고령화에 있다.

연구 보고서에 의하면 65세 영국인 20명 중 1명, 80세 영국인 5명 중 1명이 치매에 시달리고 있고, 치매 인구의 3분의 2정도는 알츠하이머병에 시달리고 있다고 한다. 현재 치매 치료법은 없다고 한다. 또한 치매 노인들의 병세는 시간이 지나면서 더욱 악화되므로 보호자들은 더 많은 관심을 기울여야 한다고 보았다.

지원 프로그램은 조금씩 늘어나고 있다

보고서에 따르면 초기 치매 환자의 치료 비용은 연평균 2만 5,472파운드에 달한다고 한다. 이 비용은 치매 환자와 그들의 보호자가 부담해야 한다. 치매 환자와 보호자의 3분의 2는 집에서 혼자 살거나 친구 혹은 친척과 같이 살고 있다고 한다. 보고서 작성자들은 치매 환자들을 위한 영국 정부의 물질적 지원은 크게 증가하고 있으나 사람들의 관심과 후원은 별다른 변화가 없고, 지원 프로그램은 효율적이지 못하다고 지적했다.

보고서 작성에 참여했던 런던 경제 대학의 마틴 냅Martin Knapp 교수는 이런 말을 했다.

"이번 연구는 치매 노인들을 위한 지원은 최우선 정책 과제라는 점을 부각시키기 위해 진행된 것입니다. 현재 치매 환자들과 그들의 보호자에 대한 지원은 부족한 실정입니다. 치매는 인생의 노년기에 오는 질병 가운데 가장 흔합니다. 암, 심혈관질환, 뇌졸중보다 발병률이 훨씬 높습니다. 그런데도 치매 연구를 위한 재정적 지원은 다른 질병에 비해 훨씬 낮은 수준입니다. 치매 발병 시기를 5년 정도 늦춘다면 치매와 관련하여 사망할 노인 인구는 매년 3만 명 감소할 것입니다."

영국 사회복지 시스템에 커다란 부담이 예상

알츠하이머 소사이어티Alzheimer's Society의 사무국장인 닐 헌트Neil Hunt는 다음과 같은 말을 한다.

"영국에서는 치매 환자들의 치료를 위해 매초 539파운드를 쓰고 있습니다. 우리 사회는 이런 비용을 무시할 수 없습니다. 이제 우리는 치매 환자들을 위한 특단의 대책을 강구해야 합니다. 우리는 치매 환자들을 위한 서비스, 연구, 지원, 교육에 투자해야 합니다. 그리고 자금 집행의 효율성도 생각해봐야 합니다. 앞으로 계획을 철저히 세워서 많은 생명을 구하고 예산도 효율적으로 집행해야 합니다."

그리고 헌트는 이렇게 덧붙였다.

"지금 새로운 연구 결과를 살펴보면 치매 환자들과 그들의 보호자에 대한 영국 정부의 지원 프로그램은 성공적이지 못했습니다. 앞으로 치매 환자에 대해 적절한 서비스와 지원을 제공하지 못하면 영국의 사회복지시스템은 커다란 타격을 받게 될 것입니다."

현재 지역 보건 단체와 사회 복지 단체가 치매 환자를 위한 조기 지원 프로그램 개발에 자문으로 참가하고 있다. 노인 복지 프로그램의 전도사인 이언 필프Ian Philp 교수는 다음과 같이 말한다.

"이 보고서는 치매와 관련된 주요 문제들을 조명하고 재정적 문제를 살펴볼 수 있는 의미 있는 보고서입니다."

보건부 장관 이반 루이스Ivan Lewis는 다음과 같이 말했다.

"이런 중요한 보고서를 접하게 되어 정책 입안에 많은 도움이 되었습니다. 이 보고서는 치매에 관해 국민들이 갖는 욕구와 미래에 나타날 주요 문제들을 다루고 있습니다. 또한 치매 문제를 해결하기 위한 사회 경제적 비용에 관해 종합적으로 이해할 수 있게 해줍니다. 우리는 알츠하이머 환자들에 대한 서비스를 개선하기 위해 많은 노력을 기울여왔습니다. 우리는 치매 문제를 영국 보건 복지 프로그램이 해결해야 할 최우선 정책 과제로 보고 있습니다."

제약사인 화이자와 에자이는 알츠하이머 초기 환자에게 3개 이상의 약품을 사용하지 못하도록 권고한 영국 국립보건임상연구소NICE의 결정을 번복시키기 위해 법률 검토 작업에 들어갔다고 한다. NICE는 알츠하이머가 진행중인 환자들만이 아리셉트 정, 엑셀론 정, 레미닐 정을 복용해야 한다는 규정을 두고 있다.

예측 결과 분석

알츠하이머 소사이어티는 향후 45년간(2006~2051년) 영국의 치매 인구가 급격하게 증가하리라는 사실을 예측하기 위해 런던 경제 대학, 킹스 칼리지, 런던 심리 연구소에 의뢰하여 이 보고서를 작성했다. 권위 있는 기관이 작성한 보고서이므로 전문성이 떨어지는 기관에서 흔히 보여주는 바이어스에 대해서는 큰 걱정을 하지 않아도 될 것이다. 이 보고서는 영국 국민이 앞으로 치매 환자가 늘어나리라는 사실에 관심을 갖게 함으로써 치매 연구, 치료, 관리의 필요성을 강조하기 위해 작성된 미래영향 예측 보고서다. 이 보고서는 공공성을 띠고 있으며 널리 보급되기 위해 작성되었다. 따라서 BBC를 비롯한 다양한 언론 기관에 유포되었다.

그런데 언론이 보고서의 원래 내용을 충분히 전달하지 못하는 경우도 가끔 있다. 따라서 언론으로부터 보고서 내용을 알게 된 경우라면 보고서의 원래 내용을 직접 읽어보는 것이 좋다. 하지만 이 일이 항상 가능한 것은 아니다. 예측 결과물의 소비자들이 뉴스 기사만으로 정보를 판단하는 경우가 많은 것은 사실이다. 이 경우 엉뚱한 판단을 하게 되는 경우도 생긴다. 언론은 정보를 축약하고 요약해서 전달해야 하고, 사람들의 관심을 끌 만한 내용을 부각시키려는 속성도 있다.

이 보고서에 따르면 초기 치매 환자의 치료 비용이 연평균 2만 5,472파운드에 달한다고 한다. 그리고 이 비용은 치매 환자와 그들의 보호자가 감당해야 한다고 지적한다. (보고서에 따르면 치매 환자의 간병인 중 36퍼센트가 가족으로 금전적인 보상을 받지 못한다고 한다. 그런데 보고서는 이런 경우에 발생하는 금전적 가치도 치료 비용에 포함시킨 것으로 보인다.)(1) 또한 보고서에는 여러 사람들의 간단한 코멘트가 담겨 있어서 마치 이야기를 들려주는 듯한 느낌을 준다. 이런 코멘트가 예측 연구의 결과물인지 아닌지는 분명하지 않다. 예를 들어 이 보고서에는 영국이 치매 환자의 치료비로 매초 539파운드를 쓴다는 코멘트가 적혀 있다. 이것은 예측 연구의 결과물이 아니다.

언론은 보고서 작성자들이 어떤 예측 방법을 썼는지 거의 설명하지 않는다. 하지만 현재의 고령화 추세라면 2051년까지 치매 인구가 매년

2~3퍼센트 증가하리라는 사실을 짐작할 수 있다. (예측 결과물의 요약본에는 예측 방법에 대한 간단한 설명이 나와 있다. 영국을 비롯한 유럽의 주요 선진국 전문가들은 입수 가능한 데이터로 최선의 추정치를 제공하기 위해 델파이 기법을 많이 사용한다고 설명한 것이다. 보고서 원문을 보면 예측 방법이 더 자세히 설명되어 있다.)[2] 이 보고서는 영국의 고령화 추세가 안정적으로 진행되고 있다고 보았다. 마찬가지로 이와 비슷한 추세의 변수에 대한 예측 결과도 안정적이고 정확할 것이다.

이 보고서는 지금까지 설명한 것을 기초로 2051년까지 치매 인구가 2.5배 정도 늘어날 것으로 예측한다. 더불어 의료 부담, 사회경제적 부담도 늘어날 것이라고 보았다. 하지만 우리는 이런 질문을 해볼 수 있다. "왜 2051년을 내다보는가?" 그러고 보니 아주 멀리 내다보고 예측하는 것 같다. 정부나 금융 기관이나 기업이 미래를 내다볼 때보다 더욱 먼 미래를 내다보고 있는 것이다. 이 보고서에는 예측 기간에 대한 자세한 설명이 없다. 우리가 판단하기로는 치매 문제의 심각성을 보여주기 위해 장기적인 예측을 한 것으로 보인다.

매년 치매 인구는 아주 느린 속도로 늘어나는 것으로 보인다. 연구 결과를 보면 치매 인구는 2006년 70만 명에서 2021년 94만 110명으로 늘어날 것이라고 한다. 향후 15년간 34퍼센트 정도 늘어난 것이다. 이것을 연간으로 환산하면 2.2퍼센트에 불과하다. 이런 결과를 토대로 2051년까지 추세외삽법을 적용하면 치매 인구는 154퍼센트 증가하는 것으로 나타나 문제가 심각해 보인다. 덕분에 사람들의 관심도 끌 수 있을 것이다.

그런데 치매 문제를 다루기 위해서는 관련 기관들의 이해관계, 예산 문제 등도 알아야 한다. 영국의 건강보험 제도와 이를 둘러싼 이익단체들 그리고 다국적 제약 회사들 간에는 어떤 질병을 치료하는 데 얼마의 예산을 투입해야 할지에 대한 갈등이 항상 문제가 되었다.

따라서 이 보고서는 이런 갈등과 관련이 없을 수가 없다. 보고서 이면에 숨어 있는 것에 대해 자세히 논의하기는 어렵지만 치매 인구가 급격히 증가하리라는 사실을 입증해주는 것은 없어 보인다. 따라서 이 보고서는 정부가 치매에 보다 많은 예산을 배정하게 하는 데 목적이 있다고 하겠다. 분명한 것은 헤드라인에 뜨는 숫자가 클수록 사람들의 관심도 커진다는 것이다.

급변하는 시대에 45년 후를 내다본다는 것은 간단한 일이 아니다. 특히 의학의 발달을 생각해보면 더욱 그렇다. 인간 두뇌에 관한 연구는 지금 활발하게 진행되고 있음에도 여전히 초기 단계에 머물러 있다는 말도 나온다. 45년 후면 치매는 지금 우리가 생각하는 것과는 아주 다르게 인식될 수도 있다. 치매는 지금 우리가 생각하지 못하는 사회적, 신체적, 환경적 요인들과 연관될 수 있고, 이에 대한 새로운 치료법이 개발될 수도 있는 것이다. 2051년이 되면 질병을 진단하고 치료하는 기술이 훨씬 발전하고 인간의 평균 수명도 늘어날 것이다. 따라서 치매를 진단하고 치료하는 기술도 지금과는 크게 다를 것이다. (인간의 평균 수명이 늘어나면 치매 발병률은 예상보다 훨씬 더 높아질 것이다. 하지만 인간 수명을 연장시킨 의학의 발전으로 의사들은 인간 두뇌에 대해 보다 많은 것을 알게 되어 치매의 발병 시기를 늦출 수도 있다.)

또한 45년이 지나는 동안 새로운 의료 기술뿐만 아니라 새로운 약품도 많이 개발될 것이다. 의료 분야에서 새로운 서비스, 상품, 사업 모델도 창출될 것이다. 국가가 노인 또는 가난한 노인에게 의료 자원을 어떻게 할당할 것인가에 대한 선택 또한 지금과는 크게 다를 것이다. 또한 인간의 두뇌를 어느 정도 관리할 것인가에 대한 고민은 법률적 혹은 도덕적 논쟁을 낳을지도 모른다.

결론적으로 의학, 기술, 경제, 사회, 도덕과 관련된 문제들이 점점 불확실해져가는 상황에서 지금의 의료 기술과 비용 구조를 근거로 45년간 치매 인구가 매년 2~3퍼센트씩 증가하리라 예측하는 것은 틀릴 가능성이 많다. 45년 후의 치매 인구는 추세외삽법 등을 적용한 예측 결과와는 아주 다르게 나타날 가능성이 많으며, 우리가 아무리 최선을 다하더라도 잘못된 판단을 할 가능성이 많다는 것이다. 따라서 2007년도에 21세기 중반을 예측하는 것은 근거 없는 추론으로 보인다.

2051년 치매 인구가 173만 5,087명에 이를 것이라는 예측은 신뢰성이 없다고 봐야 한다. 이 보고서의 작성자들도 이렇게 자세한 수치를 믿지는 않을 것 같다. 마지막 끝자리에 나오는 숫자 7까지도 계산한 것을 보면 미숙한 면도 보인다. 부지런함을 보여줄 수는 있지만 정확함을 보여줄 수는 없을 것 같다.

사례 4.
상위 로펌과 고객 대상, 법조계의 미래 예측

Future Savvy

[발췌문]

http://www.lawfuel.com

2008년 2월 19일

- 2018년 법조계의 모습을 조명한 최초의 조사 보고서
- 고객들은 서비스 개선 없이 수임료만 계속 오르지는 않을 것이라 응답
- 매직서클의 헤게모니는 서서히 무너질 것으로 예상
- 전문적인 법률 자문은 표준화 대상이 아니지만 변호사들은 프리미엄 서비스에 관심을 가져야 한다.
- 법률 서비스 법은 법조계의 기득권 계층에게는 큰 변화를 가져다주지 않을 것으로 예상된다.
- 로펌 변호사들은 직장과 가정의 균형이 필요하다고 생각하고 뛰어난 서비스라는 것을 이율배반적이라 생각한다(즉 수임료에 따라 서비스가 정해진다).

에버셰즈Eversheds*가 후원하고 RSG 컨설팅이 실시한 21세기 로펌의 미래에 관한 연구에서는 25대 로펌에서 일하는 50명의 변호사와 50명의 고객들(다국적 기업의 고문, 법률 담당 임원, 재무 담당 임원)을 대상으로 설문 조사를 실시했다. 이 설문조사는 향후 고객과 변호사의 관계 변화, 미래 로펌의 형태와 구조, 로펌의 서비스 변화에 대해 살펴보는 것이 목적이었다. 또한 법률 서비스의 일상화와 표준화가 상위권 로펌의 변호사와 고객들에게 미치는 영향과 법률 서비스 법Legal Services Act이 법률 시장에 미칠 영향에 대해서 살펴보고 직장과 가정의 균형이 필요하다는 로펌 변호사들의 생각에 대해 논의할 것이다.

설문 조사 결과 법률 시장에 대한 매직서클Magic Circle**의 지배력이 서서히 무너지고 있음을 알 수 있었다. 즉 응답자의 34퍼센트는 서비스

---

* 본사가 런던에 있는 세계 33위의 로펌 — 옮긴이.
** 영국의 상위 5개 로펌 — 옮긴이.

가격 대비 서비스 질을 감안하면 매직서클에 속하지 않는 로펌으로부터 서비스를 받는 편이 낫다고 생각하고 있었다. 많은 사람들이 매직서클로부터 법률 자문을 받는 것과 그 외 로펌으로부터 법률 자문을 받는 것에는 큰 차이가 없다고 생각했다.

수임료 추세

법률 서비스를 받으려는 고객들의 주요 관심사는 바로 수임료 상승이다. 응답자의 55퍼센트는 지금처럼 수임료가 계속 오르지는 않을 것이라고 응답했다. 특히 로펌에 수임료 산출 근거를 끊임없이 요구하는 고객들도 많았다. 응답자의 53퍼센트는 변호사들이 고객을 위한다는 생각으로 고객들의 요구에 철저히 준비해야 한다고 대답했다. 하지만 상위 로펌에서 일하는 상당수의 변호사들은 고객들과의 협조 관계를 제대로 유지하지 못하며, 그들 중 21퍼센트만이 수임료 통제와 서비스 개선을 주된 관심사로 보았다.

조사 결과 변호사와 고객이 수임료에 대해 상반된 의견을 갖고 있는 경우도 있었다. 82퍼센트의 변호사와 86퍼센트의 고객이 현재의 수임료 수준이 향후 10년간 유지될 것으로 보았고, 대부분의 응답자는 현재의 수임료 수준이 고객들에게 유리하지는 않다고 생각했다. 32퍼센트의 고객은 수임료에 상당한 불만을 가지고 있었다.

법률 서비스 법의 영향과 법률 서비스의 일상화

이 조사 결과는 주로 변호사와 고객이 서로 다른 견해를 지니고 있음을 보여주었지만 더러는 비슷한 견해를 지니고 있음도 보여주었다. 대부분의 변호사들(73퍼센트)은 법률 서비스 법이 변호사와 고객의 관계에 큰 변화를 가져다주지 않을 것이라고 응답했고 72퍼센트의 고객도 마찬가지로 이 법에 많은 관심을 보이지 않았다. 또한 법률 시장에 커다란 변화가 나타날 것이라고 응답한 변호사는 20퍼센트에 불과했다(이런 변화 대상에는 로펌도 포함된다). 42퍼센트의 변호사는 로펌이 외부 투자를 할 것이라고 예상하기도 했지만 이런 현상은 중간 그룹의 로펌들에 의해 제한받을 것으로 보았다. 고객들 가운데 24퍼센트는 미래의 로펌이 지금과 같은 수준의 서비스, 로열티, 책임감을 가질지에 대해 우려를 표시하기도 했다.

또한 대다수의 변호사와 절반 가량(53퍼센트)의 고객은 법률 시장에서 서비스의 일상화와 표준화가 일반적인 추세로 자리 잡았다고 생각했다. 하지만 전문성을 가진, 로펌 소속이 아닌 변호사의 입지가 사라지지는 않을 것으로 보았다. 변호사의 70퍼센트는 자신이 주로 맡는 사건의 특성상 표준화된 서비스를 제공하기 어렵다면서 표준화와 일상화에 반대한다는 의견을 제시했다. 하지만 절반 이상의 고객이 개인 변호사의 부가 가치를 올리기 위해서는 법률 서비스의 일상화가 필요하다고 주장했다.

예측 결과 분석

이 보고서는 변호사와 고객(각 50명)을 대상으로 법률 시장의 변화 추세에 관해 설문 조사를 실시하고 그 결과를 바탕으로 법률 시장의 미래를 전망해보는 것이 목적이다. 조사 방법에 대해 자세히 설명하지는 않지만 설문지를 사용한 것으로 보인다(전문적인 조사 방법인 델파이 기법을 사용했을 수도 있다).

설문 방식에 따라 응답자의 인식 프레임워크가 영향을 받기는 하지만 '설문 조사가 공정하지 않았다'는 사실을 확인시켜줄 만한 증거는 찾을 수 없었다. 일반적으로 설문 조사 결과를 바탕으로 미래를 예측하면 더욱 정확한 결과를 얻을 수 있는 것으로 알려져 있다.

그런데 문제는 누구를 대상으로 설문 조사를 했는가다. 설문 대상자는 상위권의 로펌에서 일하는 경험 많은 변호사와 그들의 고객이다. 따라서 설문 대상자는 법률 시장의 전문가들, 즉 법률 시장의 내부자들이다. 내부자들은 자신의 분야를 속속들이 잘 알고 있다. 특히 경험 많은 변호사는 단기적인 변화에는 흔들리지 않는다. 그들은 과거의 시스템에 집착하는 경향이 있고 과거의 시스템을 따라 움직이려고만 한다. 경험 많은 변호사는 과거의 시스템을 선호한다. 그들은 가장 마지막에 변하는 사람들로 변화의 가능성을 가장 늦게 인정한다. 때로는 이런 변화를 자신의 입지에 대한 위협으로 판단하기도 한다.

이번 조사에서 논쟁의 대상이 되는 것은 수임료에 대한 로펌과 고객의 견해 차이다. 이런 견해 차이는 충분히 예상할 수 있는 것이다. 변호사 집단과 고객 집단은 서로 다른 이해관계를 갖고 있으며, 이런 이해관계에 따라 설문에 응할 것이다.

이번 조사는 고객들이 로펌의 서비스 품질에 많은 관심을 갖고 있다는 점을 지적했다. 많은 고객들이 법률 서비스 품질에 민감한 것은 사실이지만 이것만으로 법률 문제를 아주 새로운 방식으로 처리하려 들지는 않는다. 법률적인 결과에 만족하지 못한 고객들은 더 나은 법률 서비스를 제공하는 로펌을 찾기보다는 새로운 해결 방법을 제시하는 로펌을 찾으려고 하는 것이 일반적이다. 여기서 기술적인 문제도 한몫을 한다.

법률적으로 복잡하고 민감한 사안에 대해서는 온라인 상담이 어렵겠지만 간단한 문제에 대해서는 온라인 상담이 가능하다. 온라인 상담을 통한 서비스 품질의 향상은 법률 시장의 미래에 영향을 미치는 요인이 될 수도 있다. 그런데 법률 시장의 내부자들이 이런 변화의 필요성을 먼저 깨닫기는 쉽지 않을 것으로 보인다.

이 보고서는 법률 시장 내부자 100명을 대상으로 인터뷰를 하면 그들의 집단적 사고에서 벗어난 새로운 아이디어를 발견하기가 어렵다는 사실을 보여준다. 법률 시장에서 변화의 가능성이 나타나더라도 응답자들은 이런 가능성을 경시하거나 무시할 수도 있다. 설문 대상으로 경험 많은 변호사보다는 젊은 변호사 혹은 외부자들을 포함시키면 법률 시장에 다양하고 때로는 급진적인 변화가 필요하다는 의견이 나올 수도 있었을 것이다. 따라서 로펌은 젊은 변호사나 외부자의 생각이 반영된 조사 결과를 참고하여 법률 시장의 문제점을 인식한 다음 미래를 준비하는 것이 더욱 유익하다.

사례 5.
2017년 미국 농업에 대한 예측   Future Savvy

[발췌문]

농업 부문 관계 부처들로 구성된 예측 위원회, 2008년

보고서 전체 내용은 www.ers.usda.gov/publications/oce081/cce20081.pdf 참조

이 보고서는 2017년까지 미국 농업에 대한 장기적 예측을 제시한다. 농산품의 생산과 소비, 미국의 농산물 수출, 글로벌 농산물 무역, 농산물 가격, 농가 소득과 식료품 가격 같은 농업 부문을 대표하는 지표들에 대해 예측할 것이다. 또한 장기적인 글로벌 경제 성장과 인구 동향 등 미래의 농산물 시장에 영향을 미칠 요인들과 불확실성에 대해서도 논의할 것이다.

이 예측을 위해 외부적 충격이 없을 것이라는 전제하에 조건부로 시나리오 분석을 할 것이며, 거시 경제 변수, 농업과 무역 정책, 기후, 국제경제의 성장에 대해서도 필요한 가정을 할 것이다. 또한 이 보고서에는 농업 안정과 투자에 관한 법안2002 Farm Act, 에너지 정책 법안2005 Energy Policy Act, 농업 조정 법안2005 Agricultural Reconciliation Act이 예측 기간 전체에 걸쳐 효력을 발휘하리라는 가정이 전제되어 있다. 하지만 에너지 독립과 안정 법안2007 Energy Independence and Security Act은 가정에 포함시키지 않았다. 이 보고서는 미국 농업의 미래에 관한 농무부의 입장을 반영한 것이라기보다는 현재의 농업 법안이 미래에도 계속 효력을 발휘할 것이라는 가정을 하고 특정한 외부 상황이 벌어졌을 때 어떤 일이 발생할지를 살펴보는 데 목적이 있다. 따라서 이 보고서는 중립적인 입장을 취하면서 국내외적으로 나타날 외부 상황에 대해 다른 가정을 취했을 때 대안으로 등장하게 될 시나리오를 제시했다.

이 보고서에서 2007년 10월부터 12월까지의 자료는 추정치를 사용했다. 이런 추정치는 여러 모델들의 추정 결과와 전문가들의 판단을 종합한 것이다. 예측 기간 중에 기후 변동은 없다고 가정했다. 또한 농작물의 병충해나 축산물의 유행병도 발생하지 않을 것이라고 가정했다.

이 보고서의 초기치 자료로 사용되는 값은 2007년 11월에 발간된 세계 농산물 공급 및 수요 추정 보고서에서 인용했다.

▪ 장기적 예측 및 대통령의 예산 베이스라인

이 보고서는 바이오 연료에 대한 조세 감면 정책과 연료용 에탄올에 대한 관세 부과(갤런당 54센트) 정책이 연장될 것으로 가정했다. 이런 가정은 조세 감면 정책과 관세 부과 정책이 종료될 것을 시사하는 백악관의 입장과는 정면으로 배치된다.

예측을 위한 주요 가정 및 예측 결과

예측을 위한 주요 가정을 열거하면 다음과 같다.

경제 성장

2008년부터 2017년까지 세계경제는 연평균 3.5퍼센트 성장할 것으로 가정했다. 이런 수치는 2001년부터 2007년까지 연평균 2.9퍼센트 성장한 것에 비하면 조금 높은 수치다. 2007년부터 미국 GDP는 예년에 비해 약간 떨어진 연평균 3퍼센트 정도 성장할 것으로 가정했다. 반면 개발도상국가들은 이보다 훨씬 가파르게 연평균 5.8퍼센트 정도 성장할 것으로 가정했다. 이에 따라 세계 식량 수요도 가파르게 증가할 것이다.

인구

예측 기간 동안 세계 인구는 완만한 속도로 증가할 것으로 가정했다. 1980년대 세계 인구의 성장률은 연평균 1.7퍼센트에 달했으나 예측 기간 동안에는 연평균 1.1퍼센트에 그칠 것으로 가정했다. 세계 인구의 성장률은 완만하겠지만 개발도상국가들의 인구 성장률은 선진국에 비해 높을 것으로 가정했다. 따라서 세계 인구 성장에서 개발도상국가들이 차지하는 비중은 1980년대 79퍼센트에서 2017년에는 84퍼센트로 증가할 것이다.

달러화의 가치

미국 달러화는 2011년까지는 가치가 떨어질 것으로 예상되었다. 2002년에 비해 약 14퍼센트 정도 평가절하되었다가 2011년을 지나면서 약간의 평가절상이 이루어질 것으로 가정했다. 유럽연합과 일본보다 미국의 경제 성장률이 높아지면서 유로화의 평가절상 추세는 중단될 것이며, 무역수지에 따른 엔화의 가치 상승도 상당 부분 상쇄될 것이다. 게다가 국제 자본도 금융 시장이 발달한 미국으로 몰릴 것이다.

유가

지난 수년간 세계적인 경제 회복, 중국과 인도의 성장에 따른 석유 수요 증가로 유가는 인상되었다. 2009년까지 유가는 계속 인상되다가 2010년에서 2013년까지 새로운 석유 공급원이 발견되면서 아시아 지역의 수요 증가에 따른 유가 인상분을 상쇄하면서 약간 하락할 것이다. 2013년 이후 유가는 인플레이션율을 약간 넘는 속도로 인상될 것이다.

유가가 장기적으로 상승하는 근본 원인을 들면 세계경제가 성장하면서 석유 수요가 증가하는 것을 들 수 있다. 특히 아시아 국가들은 에너지 의존적인 경제 구조를 갖고 있다. 유가 인상을 저지할 요인으로는 새로운 석유 공급원의 등장, 석유 탐사와 시추를 위한 신기술 개발, 대체에너지 개발, 에너지 효율 향상, 재생 가능한 에너지 원의 개발 등을 들 수 있다.

미국 농업 정책

2005년에 개정된 농업 안정과 투자에 관한 법안이 예측 기간 전체에 걸쳐 효력을 발휘할 것으로 가정했다. 환경보전 유보 프로그램 CRP, Conservation Reserve Program*에 등록된 토지는 CRP 계약이 만료되는 시점에 농산물 가격 상승 때문에 생산용 토지로 전환될 가능성이 있다. 따라서 CRP에 등록된 토지 면적은 2009년 정점을 보이다가 점차 감소할 것이다. CRP 토지 면적은 3,920만 에이커에 달하다가 예측 기간이 끝나는 시점에는 3,700만 에이커가 될 것으로 가정했다.

바이오 연료

이 보고서는 에너지 독립과 안정 법안이 발효되기 전에 작성되었다. 따라서 이 법안을 반영하지 않고 에너지 정책 법안을 근거로 예측 결과를 도출했다.

또한 바이오 연료(에탄올과 바이오디젤유)에 대한 조세 감면 정책과 연료용 에탄올에 대한 관세 부과 정책은 종료일이 지나더라도 계속 효력을 발휘할 것으로 가정했다. 에너지 정책 법안, 주정부 프로그램, 고유가, 기타 요인들이 함께 작용하면서 에탄올 생산 설비는 지속적으로 늘어날 것이고, 에탄올 생산은 향후 수년간 많은 수익을 올려줄 것으로 가정했다.

2010년이 되면 에탄올 생산량은 120억 갤런에 달할 것이다. 2010년

---

* 토양 침식 방지와 수질 개선 효과를 거둘 수 있는 프로그램으로 토양 침식이 우려되는 토지를 10~15년간 휴경하는 경우 정부가 지대에 상당하는 금액을 지불하는 제도다 — 옮긴이.

이 지나 경제 성장이 완만해져도 에탄올 생산량은 지속적으로 증가하여 2017년이 되면 140억 갤런에 달할 것이다.

한편 예측 기간 전반에 걸쳐 옥수수 전분이 에탄올의 주요 원료가 될 것이다. 셀룰로오스 화합물 계통의 재생 가능한 연료는 에너지 정책 법안에 명시된 최소한의 기준량만을 충족시키면서 2013년 2억 5,000만 갤런이 생산될 것이다. 바이오디젤유 생산량은 계속 증가하여 2013년에는 6억 갤런에 달할 것이다.

쇠고기 수출

이 보고서는 한국과 일본을 대상으로 미국산 쇠고기를 수출하려는 계획에는 약간의 차질이 있을 것으로 가정했다. 최근 미국의 쇠고기 수출입 규정이 바뀌면서 캐나다는 1999년 3월 1일 이후에 출생한 자국산 소에 대해 연령이 30개월 이상이면 미국에 수출할 수 있는 것으로 가정했다.

대외 정책

이 보고서는 국가들이 농업과 농산물 무역에 영향을 주는 양자간 혹은 다자간 협약을 준수할 것으로 가정했다. 또한 2007년 11월부터는 무역 협약과 국내 정책의 변화가 미치는 영향을 반영하여 보고서를 작성했다.

국가별로 시행 중인 농업 생산과 유통에 관한 정책들은 예측 기간 동안 지속될 것으로 가정했다(이런 가정을 하기 위해 미국 농무부의 지역 담당 분석관의 자문과 동의를 구했다). 특히 개발도상국가들이 추진 중인 경제 개혁 프로그램은 예측 기간 동안 지속적될 것으로 가정했다.

현재 여러 국가에서 바이오 연료 생산이 크게 증가하고 있다. 본 연구는 향후 10년간 바이오 연료 생산량이 크게 늘어날 국가로 EU, 브라질, 아르헨티나, 캐나다를 가정했다. 특히 "2010년까지 교통부문의 연료 사용량 중 5.75퍼센트는 바이오 연료로 충당한다"는 EU 국가들의 목표는 부분적으로만 달성되고, 2017년까지도 완전히 달성되지 못할 것이라고 가정했다. 하지만 EU 국가들의 바이오디젤유에 대한 수요 증가는 식물성 오일과 그 원료인 종자의 수요를 증가시킬 것이다.

예측 결과

예측 기간 동안 미국을 비롯한 전 세계 국가들의 꾸준한 경제 성장은 소비 증가, 무역량 증가, 농산물 가격의 상승을 야기할 것이다. 이 연구의 예측 결과는 원유 가격의 지속적인 상승, 미국과 EU국가들의 바이오 연료에 대한 수요 증가를 반영하고 있다.

미국 경제지표

■ 2007년과 2008년에 비해 예측 기간 초기에는 미국 농가의 순소득이 약간 떨어지겠지만 이후 지속적으로 증가하여 2011년이 지나면 기록적인 수준을 보여줄 것이다. 수출이 증가하면서 농산물 가격이 상승할 것이고 이에 따라 농가 소득이 늘어날 것이다. 옥수수를 원료로 하는 에탄올 생산이 농가 소득 증대에 크게 기여할 것이다.
농산물 가격이 오르면서 농산물 가격 폭락에 대비한 정부 지출이 줄어들 것이다(하지만 연간 CRP지출은 늘어날 것이다). 농업 부문의 정부 지출이 줄어든다는 말은 바로 농업 부문의 소득 중 상당 부분이 정부 지원이 아닌 농산물 시장에서 실현된다는 의미다. 예측 기간 동안 전체 농가의 세전 소득 중 시장에서 벌어들인 소득이 90퍼센트를 넘을 것으로 예상된다. 이는 2005년의 85퍼센트에 비해 5퍼센트나 증가한 것이다.

■ 세계경제가 성장함에 따라 미국 농산물에 대한 수요도 점점 증가하여 미국 농산물의 수출량 증가와 수출 가격 상승이 예상된다. 한편 예측 기간 동안 미국 달러 가치의 하락은 농산물 수출 증가의 중요 요인이 될 것이다. 또한 세계적으로 바이오 연료에 대한 수요가 증가하면서 관련 제품의 가격이 오르고 수출액도 증가할 것으로 예상된다. 미국 소비자들의 소득 증대와 다양한 식료품에 대한 수요는 농산물 수입이 급격하게 증가하는 요인으로 작용할 것이다.

■ 2010년 이후부터 식료품 가격은 인플레이션율에 비해 적게 상승하겠지만 2008년과 2009년에는 에너지 가격과 농산물 가격의 상승으로 식료품 가격은 인플레이션율보다 약간 더 상승할 것이다. 2008년에는 식물성 오일과 밀 가격이 오르면서 식물성 지방 제품, 식용유, 시리얼, 빵 등의 가격이 다른 제품에 비해 더욱 많이 상승할 것이다. 2009년에는 축산 부문에서 사료 가격이 오르면서 육류, 가금류, 계란 등의 가격이 인플레이션율에 비해 더 많이 상승할 것이다. 예측 기간 동안 소비자들의 식비에서 외식비가 차지하는 비중이 더욱 증가하여 50퍼센트를 넘길 것으로 예상된다.

미국 농산물에 관한 예측

■ 옥수수를 원료로 하는 에탄올의 생산량이 크게 증가하면서 농산물 내수·수출·가격, 작물의 재배 면적 등에 커다란 변화가 나타날 것이다. 전체 작물에서 옥수수가 차지하는 비중이 더욱 증가할 것이

다. 사료비가 증가하면서 축산물 가격에 영향을 미치겠지만 주정박*
을 이용하면 가격에 미치는 영향을 줄일 수 있을 것이다.

■ 2009년과 2010년 에탄올 생산이 크게 증가하다가 이후에는 완만
한 증가세를 보일 것이다. 그 결과 예측 기간이 종료될 시점이면 연
간 생산량이 140억 갤런에 달할 것이다. 이런 생산량을 달성하기 위
해 소비되는 옥수수는 50억 부셸**에 달할 것으로 예상된다. 에탄올
생산이 크게 증가하는 이유로는 에너지 정책 법안, 주정부프로그램,
에탄올 공장 설립, 지속적인 고유가에 따른 경제적 인센티브 등을
꼽을 수 있다. 예측 기간 초기에 사료용 옥수수 소비가 줄어들 것이
고, 시간이 지나더라도 그 양은 크게 증가하지 않을 것이다(주정박이
사료로 쓰이면서 특히 소가 주정박을 많이 소비하게 될 것이다).

■ 밀 소비량은 인구 증가율과 거의 비슷하게 나타날 것이다. 옥수수
가격이 오르면서 사료용 밀 소비량은 2006~2008년에 비해 크게 증
가할 것이다. 하지만 옥수수 가격이 안정되면서 사료용 밀 소비량은
큰 변동이 없을 것이다.

■ 2008년 이후 옥수수 재배에 따른 수익이 증가하면서 콩 재배 면
적은 줄어들 것이다. 국내 사료용으로 쓰이는 대두박soybean meal***의
수요가 증가하면서 채유용 대두soybean crush 생산도 장기적으로 증
가할 것이다. 한편 바이오디젤유 생산을 위한 대두유soybean oil 수요

---

* 주정박은 알코올 생산 후 남는 곡물 찌꺼기를 분리하여 말린 것이다. 소나 양의 주요 단백질원
이 된다 — 옮긴이.
** 곡물, 과실 따위의 무게를 나타내는 단위로, 60파운드, 즉 27.216킬로그램을 1부셸로 한다 —
옮긴이.
*** 대두박은 두과 작물인 대두로부터 기름을 짠 후 생기는 산물로 현재 가장 많이 사용되는 식물성
단백질 사료다. 미국이 세계 총생산량의 약 50퍼센트를 재배하고 있으며, 중국이 약 30퍼센트를
재배하고 있다 — 옮긴이.

가 증가하면서 채유용 대두 생산은 더욱 증가할 것이다.

■ 예측 기간 동안 국내 쌀 소비량은 약간 증가하겠지만 쌀은 수입될 것이다. 쌀 소비량의 증가율은 인구증가율을 약간 상회하겠지만 1인당 쌀 소비량이 크게 증가했던 1980년대와 1990년대에 비해서는 증가율이 낮을 것이다.

■ 의류 수입이 늘면서 목화 소비량은 감소할 것이다. 또한 국내 의류생산이 감소하면서 의류 산업이 사양길을 걷게 되고 국내 직물과 방적사에 대한 수요도 감소할 것이다.

■ 2008년 1월 1일 미국과 멕시코 간에 체결되었던 설탕과 고과당 콘시럽high fructose corn syrup에 대한 관세 및 수입 제한이 종료됨에 따라 멕시코 음료 산업 부문에서 고과당 콘시럽의 사용량이 증가할 것이고 결과적으로 멕시코에서 미국으로의 설탕 수출이 늘어날 것이다.

■ 원예 작물은 소비량이 증가하면서 생산량이 매년 3퍼센트 이상 증가할 것이다. 특히 겨울에는 내수용으로 원예 작물 수입이 크게 증가할 것이다. 국내 소비자들은 겨울 외에 다른 계절에도 다양한 원예 작물을 선택할 수 있게 될 것이다.

■ 육류 생산은 예측 기간의 전반기에는 감소할 것이다. 이는 에탄올 생산을 위해 옥수수를 다량 사용하면서 사료비가 오르고 이에 따라 수익이 감소하기 때문이다. 이런 조정 과정을 거친 후 육류에 대한 국내외의 수요가 늘면서 육류 가격이 인상되고, 이에 따라 수익이 증대되면서 다시 육류 생산이 증가할 것이다.

■ 2012년부터 2014년까지 육류 생산의 감소와 육류 가격의 인상으로 1인당 육류 소비량은 줄어들 것이다. 하지만 예측 기간이 종료될

시점이면 국내 소비자의 소득 증가로 1인당 육류소비량은 다시 증가할 것이다. 하지만 가처분소득에서 육류 소비가 차지하는 금액은 줄어들 것이다.

■ 2007년에는 미국산 낙농 제품에 대한 국내외의 수요가 증가하면서 낙농 제품의 가격이 인상되었다. 2009년까지는 사료 가격이 오르더라도 우유 가격이 상승한 덕분에 젖소 수는 증가할 것이다. 2008년과 2009년에는 젖소 1마리당 우유 생산량이 증가하면서 전체 우유 생산량도 크게 증가할 것이다. 하지만 2009년이 지나면서 우유가격은 하락할 것으로 보인다. 우유 가격이 하락하면 젖소 수가 줄면서 우유 생산량의 증가추세도 점점 사라질 것이고, 이에 따라 우유 가격은 다시 오를 것이다.

농산물 무역

■ 과거 수년간 곡물, 오일시드, 육류 가공 제품의 소비량은 생산량을 웃돌았다. 따라서 세계 농산물 비축량도 줄어들었다. 비축량 대 소비량의 비율이 떨어지면 농산물 가격은 상승하게 된다. 향후 10년간 농산물 시장의 여건이 더욱 까다로워지면서 농산물 가격은 전반적으로 상승할 것이다.

■ 세계경제가 성장함에 따라 농산물에 대한 해외 수요도 전반적으로 증가할 것으로 보인다. 특히 개발도상국가들의 식료품과 사료 소비량은 소득 수준에 민감하게 반응하기 때문에 이런 국가들의 경제 성장은 매우 중요한 요인이 된다. 또한 이런 국가들은 소득이 증가하면서 식료품 소비 패턴도 바뀌게 된다. 기본 식료품만 소비하다가 다양한 식품으로 소비를 넓혀가는 것이다. 한편 에탄올과 바이오디젤유 생산이 급격히 증가하는 국가들이 나오면서 이는 농산물에 대

한 해외 수요를 증가시키는 또 다른 요인이 될 것이다.

■ 대부분의 국가에서 인구 증가율은 낮아지겠지만 개발도상국가들의 인구 증가율은 선진국의 2배에 가까울 것이다. 또한 개발도상국가들은 가파른 경제 성장을 보일 것이다.

■ 미국은 치열한 무역 경쟁 속에서도 세계 농산물 시장에서 여전히 경쟁력을 유지할 것이다. 브라질, 아르헨티나, 캐나다, 우크라이나, 러시아 등에서 농산물 생산이 증가하면서 미국 농산물과의 경쟁이 치열해질 것이다. 예측 기간의 초반부에 미국 달러화가 평가절하되면서 국제경쟁력을 갖춘 미국 농산물의 수출이 증가할 것이다. 예측 기간의 후반부에 미국 달러화가 평가절상되더라도 수출은 여전히 증가하여 농가의 소득 증가에 기여할 것이다.

■ 아시아, 라틴아메리카, 북아프리카, 중동 지역의 개발도상국가들은 향후 10년간 축산 부문의 생산량이 증가하면서 사료용 곡물 수입이 늘어날 것이다. 미국은 사료용 곡물의 주요 수출 국가다. 하지만 에탄올 생산으로 옥수수 소비량이 증가하면서 미국의 옥수수 수출량은 2013년까지 증가하지 못할 것이다. 결과적으로 아르헨티나, 우크라이나, 남아프리카공화국, 브라질의 옥수수 생산량과 수출량이 증가할 것으로 예상된다. 중국의 옥수수 생산량도 증가할 것이고, 이에 따라 중국의 옥수수 수출량은 증가하고 수입량은 감소할 것이다. 하지만 중국은 축산 부문이 성장하면서 사료용 곡물 비축량이 줄어들 것이고, 이에 따라 사료용 곡물에 대한 수요가 늘면서 장기적으로는 옥수수 수입국이 될 것이다.

■ 소득이 낮거나 중간 정도인 국가에서 식료품 수요가 급격하게 증가하면서 식물성 오일 가격이 상승할 것이다. 바이오디젤유의 생산

이 증가하는 국가에서 식물성 오일 가격은 오일시드 가격 및 고단백 식품 가격과 함께 동반 상승할 것이다. 브라질은 콩 재배 면적이 늘어나면서 세계 콩 생산량의 상당 부분을 점유할 것이다. 특히 사료용 콩 소비량이 계속 증가하는 가운데 콩 식품의 수출량도 상당히 늘어날 것이다. 아르헨티나는 콩 식품과 콩 오일의 주요 수출국이 될 것이다. 아르헨티나가 이런 제품들의 주요 수출국이 될 수 있는 요인으로는 다음과 같은 것을 들 수 있다. 우선 아르헨티나는 대형 대두 가공 시설을 갖추고 있으나 콩 제품에 대한 국내 수요는 얼마 되지 않고 콩에 비해 콩 제품과 바이오디젤유 수출에 유리한 조세 제도를 갖추고 있다. 동유럽 국가들과 동남아 국가들은 바이오디젤유의 원료가 되는 평지씨와 팜오일 생산량이 늘어날 것이다.

■ 지난 10년간 흑해 지역 국가들의 밀 수출량이 늘어나기는 했지만 미국, 오스트레일리아, EU, 캐나다, 아르헨티나는 전통적인 밀 수출국이었다. 향후 10년간 러시아와 우크라이나가 농업 부문의 저렴한 생산비와 꾸준한 투자로 세계 밀 시장에서 중요한 위치를 차지할 것으로 보인다. 하지만 국가마다 기상 여건에 따라 밀 생산량은 매년 크게 변동할 것이고, 밀의 수출입도 이런 변동에 따라 움직일 것이다.

■ 목화 소비량과 직물 생산량은 중국, 인도, 파키스탄같이 인건비를 비롯한 기타 비용이 낮은 국가에서 증가할 것으로 예상된다. 중국은 세계 최대의 목화 수입국이 될 것이다. 2001년 이후의 목화 수입량에 비하면 예측 기간 동안 중국의 목화 수입 증가 속도는 크게 떨어질 것이다. 그러나 중국의 목화 수입 증가는 세계 목화 무역 증가의 상당 부분을 차지할 것이다. 미국은 대규모의 목화 생산 시설과 목

화 소비 감소(의류 수입으로 인한 것이다)로 여전히 주요 목화 수출국으로 남을 것이다.

■ 향후 10년간 세계 쌀 시장의 4분의 3 정도를 차지하게 될 장립쌀 long-grain rice*의 무역량으로 세계 쌀 시장을 전망해볼 수 있다. 인도네시아, 필리핀, 방글라데시는 주요 쌀 수입국으로 향후 10년간 쌀 무역량 증가분의 약 30퍼센트를 차지할 것이다. 사하라 지역의 아프리카 국가들과 중동 지역의 국가들도 주요 쌀 수입국들로서 쌀 무역량 증가분의 약 4분의 1이상을 차지할 것이다. 태국, 베트남, 미국, 인도, 파키스탄은 여전히 세계 주요 쌀 수출국으로 남을 것이다.

■ 다른 국가들의 경제 성장으로 미국의 육류 수출은 호조를 보일 것이다. 하지만 한국과 일본에 대한 쇠고기 수출이 조금씩 정상화되더라도 2003년 수준을 회복하지 못할 것이다.

■ 태평양 연안 국가들과 멕시코는 미국의 주요 돈육 수출 시장이 될 것이다. 동아시아 국가들의 경우 국민소득이 늘어나고 환경 문제로 돼지 사육 여건이 악화되면서 돈육 수입량이 증가할 것이다. 멕시코는 소득 증가와 인구 성장으로 돈육 수입이 급증할 것이다. 브라질은 현재 구제역 때문에 돈육수출에 타격을 받고 있지만 곧 러시아, 아르헨티나, 그리고 아시아 국가들(한국, 일본 제외)을 대상으로 주요 돈육 수출국으로 자리 잡을 것이다.

■ 브라질은 현재 가금류 생산 부문에서 낮은 생산비 덕분에 높은 경쟁력을 갖추고 있으며, 앞으로도 세계 주요 가금류 수출국으로 남을

---

* 쌀은 낟알의 길이에 따라 short, medium, long-grain으로 구분된다. 한국인이 흔히 먹는 쌀은 short medium grain에 해당되고 long-grain은 중국 일부와 동남아에서 많이 재배된다 ─ 옮긴이.

것이다. 조류독감으로 가금류 수출에 차질을 빚고 있는 태국과 중국은 국민소득이 높은 국가들을 대상으로 가공 제품을 수출할 것이다.

예측 결과 분석

이 보고서는 미국 농무부가 기업, 정책 담당자, 그 외 다양한 이해관계자들이 미래에 대비할 수 있도록 도움을 주려는 목적으로 발간한 미래대비 예측 보고서다. 이 예측 결과는 객관성을 지니고 있어서 상당 기간 효력을 지닐 것으로 판단된다. 미국 농무부는 예측 결과가 바이어스에 빠지지 않도록 정부의 견해를 배제하고 공평한 입장을 취할 의무가 있다. 이 보고서는 농업 부문이 환경 문제, 지속 가능성 문제, 유전자변형 농산물 문제, 살충제 문제 등 정책 이데올로기의 열띤 토론장이 될 가능성이 많은데도 불구하고 정책 이데올로기에 치우치지 않고 공평한 입장을 유지하는 것으로 보인다. 또한 국제 무역 정책에 대해서도 논쟁이 계속되는 상황이라 농업 부문의 예측은 뜨거운 감자로 보인다.

이런 예측으로 얻는 것보다 잃는 것이 많을 가능성이 높으므로 이 보고서는 민감한 문제를 정면으로 다루지 않는다. 또한 미국 농무부는 애국심이나 국익에 흔들리지 않는 객관적인 입장을 견지하는 것으로 보인다.

이 보고서는 미래에 영향을 미치는 힘(변화촉진자와 변화방해자)을 분명하게 확인한 다음 미국 농무부의 예측 결과를 밝히고 있다. 그리고 이런 예측 결과를 이끌어내는 데 필요한 가정을 분명하게 명시하고 있다. 우선 해당 산업 부문에서 변화촉진자를 정의하고 이것이 미래에 영향력을 발휘하는 데 필요한 가정을 제시한 다음 미래를 전망하는 것이다.

변화촉진자가 상호간에, 또는 농업과 무역의 미래에 어떤 영향을 미치는지를 전망하기 전에 그 영향력에 대한 가정부터 하는 것이다. 예측 모델이 이렇게 설정된 경우 변화촉진자에 대한 가정은 높은 타당성을 지닐 수 있다. 또한 누구든 보고서를 따라가기만 하면(모델에 동의하든 동의하지 않든) 결론을 쉽게 이해할 수 있다.

이 보고서는 이런 구성하에 정량적이거나 정성적인 방법으로 예측 결과를 제시하고 있다. 여기서 예측 기간을 생각하면 정량적 분석 방법이 타당하다는 사실을 알 수 있다. 이 보고서는 풍부한 예측 결과들을 구체적이고 명료하게 설명하고 있어서 예측 결과물의 소비자들이 향후 미래를 계획할 때 손쉽게 활용할 수 있을 것으로 보인다. 또한 이 보고서는 변화의 속도에 대해서도 분명하게 설명하고 있고 예측 기간 전체에 걸친 변수의 움직임도 설명하고 있다(예를 들어 2009년까지 상승하던 유가는 다시 하락하다가 2013년 이후 계속 상승할 것이다). 이 보고서의 예측 결과가 옳든 옳지 않든 예측 기간 전체에 걸쳐 변수들의 움직임을 담고 있는 것은 미래에 대비한 계획을 세워야 하는 의사결정자에게는 상당한 가치를 지닌다.

이 보고서의 작성자들은 가정이 변하면 예측 결과가 달라진다는 사실을 정확히 인식하고 있다. 그들은 지금의 농업 법안이 지속되는 상황에서 구체적인 외부 여건에 따라 미래에 나타날 결과를 명확하게 설명하고 있다. 또한 보고서 작성자들은 가장 일반적인 예측 결과를 제시해주는 기준 시나리오를 따라 농산물과 농산물 무역의 미래를 설명하고 있다. 이런 면에서 이 보고서는 단편적인 예측을 하고 있다는 생각도 든다.

변화촉진자, 변화조력자, 변화방해자의 영향력과 상호작용에 대해 잘못된 판단을 할 가능성도 많다. 이런 오류를 범하지 않으려면 다양한 변수들에 대해 다른 가정을 함으로써 다양한 결과를 관찰할 수 있어야 한다. 다시 말해 경제 성장, 달러화 가치, 유가, 바이오 연료의 등장, 무역 정책, 신기술 등에 대해 다양한 대안을 검토함으로써 원래의 예측 결과와는 다른, 대안적인 시나리오도 제시해야 한다. 이런 시나리오 계획법은 급속한 변화가 일어나는 세상에서 미래에 대한 사고의 폭을 넓히고 다양한 시각을 갖게 해준다.

FUTURE

11장

미래 예측에 대해 궁금한 것들

SAVVY

미래 예측은 필요 불가결하면서도 쉽지 않은 일이다. 미래의 여건을 정확히 판단하는 것은 성공적인 예측을 위해 반드시 필요하다. 하지만 이것 역시 쉽지 않은 일이다. 예측 결과가 과연 타당한지를 판단할 때 처음부터 위축될 필요는 없다. 예측 결과를 평가하기 위해 몇 가지 간단하지만 까다로운 질문들을 해보면 예측 결과물의 가치를 알 수 있다. 이렇게 하면 우리는 예측 결과가 갖는 바이어스를 쉽게 읽어낼 수 있고, 전문가들의 권위에 넘어가지 않으며, 컴퓨터 소프트웨어의 화려함에 현혹되지 않는다.

여기서는 이 책의 내용을 주제별로 요약하고 쉽게 활용할 수 있도록 예측에 관한 질의응답을 싣는다.

예측의 목적

Q 예측의 목적은 무엇인가? 왜 예측을 하고 누가 어떤 의도로 예측을 하는가? 예측 보고서는 예측의 목적을 전면에 부각시키는가?

A 모든 예측은 공익이나 수익을 목적으로 한다. 예측 보고서의 이면에 숨어 있는 이해관계나 예측 보고서 작성을 후원하는 기관 또는 개인에 대해 알면 예측이 무엇을 목적으로 하는가를 알 수 있다. 또한 예측 결과의 장점과 약점도 정확히 파악할 수 있다. 이제 우리는 예측 결과로 다음과 같은 질문을 해보아야 한다. 예측이 의도하는 효과나 이해관계는 무엇인가? 미래를 예측하는 개인이나 기관은 예측 결과에 대해 타당한 해석을 하고 있는가? 또는 이런 개인이나 기관이 향후 시행하거나 방지하려는 행위는 타당한가? 그리고 미래를 변화시키기 위해 무엇을 해야 하며, 이것은 타당성을 갖는가?

Q 미래대비 예측과 미래영향 예측은 무엇인가?

A 미래를 예측하는 이유는 다음 두 가지로 나눌 수 있다. 미래대비 예측은 미래를 예측하는 사람이 미래의 변화를 예상하고 이런 변화에 성공적으로 대비하기 위해 미리 계획을 세우는 것이다. 반면 미래영향 예측은 미래를 예측하는 사람이 미래에 영향력을 발휘하기 위해서 실시하는 것이다.

성공적인 미래대비 예측이 되려면 가장 가능성이 높은 결과를 파악해야 하며 이를 위해서는 최대한 객관성을 유지해야 한다. 여기에 어떤 의도가 개입되면 성공적인 예측은 어려워진다. 따라서 정확한 예측 결과를 내놓기 위해서는 균형 감각을 갖는 것이 중요하다. 반면 미래영향 예측은 대중들을 일깨워 여론을 형성하고, 대중들의 생각을 바꾸며, 대중들이 그 생각을 실천에 옮기게 하는 것을 목표로 한다.

우리는 미래의 바람직한 결과와 발생 가능한 결과를 분명히 구분할 줄 알아야 한다. 하지만 예측 결과물에는 미래에 대비하기 위한 내용과 미래에 영향을 미치기 위한 내용이 같이 들어 있기 때문에 인위적으로 둘을 구분하는 것은 아무 의미가 없어 보이기도 한다. 또한 미래영향 예측이 주된 목적이지만 중립적으로 보이기 위해 의도적으로 미래대비 예측처럼 위장할 수도 있다. 그럼에도 미래에 영향을 미치려는 의도를 갖고 있는가를 확인하기 위해 다음과 같은 질문을 해볼 수 있다.

: 예측 결과물이 널리 공표되는가?

미래를 예측하는 사람이 자신의 예측 결과물을 다른 사람들에게 널리 알리려는 의도를 갖고 있다면 이런 예측은 미래영향 예측일 가능성이 높다. 미래대비 예측 보고서는 타인 또는 타조직과 경쟁관계에 있는 개인이나 조직이 작성하는 경우가 많다. 따라서 예측 보고서의 작성자나 그를 후원하는 개인(또는 조직)의 보안을 위해 예측 기간 동안 대외비로 다루어지는 경우가 많다.

: 개인이나 조직이 취해야 할 행동을 구체적으로 기술하고 있나?

미래대비 예측 보고서를 보면 몇 가지 행동이 권장되기도 한다. 하지만 이런 내용은 주로 예상되는 미래의 변화에 조직이 내부적으로 어떻게 대비할 것인가를 다룬 것이다. 반면 미래영향 예측은 미래를 변화시키기 위해 조직 구성원들에게 대외적으로 어떤 행동을 취할 것을 강력하게 촉구하는 내용이 많다.

: 예측 결과가 극단적인가?

미래영향 예측은 미래에 나타날 결과에 대해 극단적인 낙관주의나 극단적인 비관주의를 취한다. 즉 유토피아적인 상황이 펼쳐지는 미래나 반유토피아적인 상황이 펼쳐지는 미래가 자주 제시된다. 이는 사람들에게 미래를 변화시킬 행동 준칙을 주입하기 위한 것이다. 명심할 것은 미래가 과거나 현재처럼 선과 악이 혼재되어 펼쳐진다는 사실이다.

예측 결과와 대안   Future Savvy

Q 미래에 발생할 결과를 예측만 하는가? 아니면 발생 가능한 대안을 제시하는가?

A 미래 예측은 미래를 정확하게 예측하려는 것과 미래에 발생할 수도 있는 대안을 제시하려는 것으로 구분할 수 있다. 미래를 정확하게 예측하려는 것은 앞으로 어떤 일이 벌어질지를 미리 알려주지만 실제로는 틀린 경우도 많다. 한편 발생 가능한 대안을 제시하려는 것은 어떤 결과들이 일어날 수 있는지를 살펴볼 수 있게 해주지만(흔히 시나리오라고도 한다) 정확한 예측은 하지 못하는 경우가 많다.

Q 미래 예측은 확실성을 보장하는가?

A 예측 결과의 확실성을 내세운다면 신중하게 받아들여야 한다. 단기적인 미래나 변수가 몇 개 되지 않는 폐쇄적인 시스템을 대상으로 한다면 예측 결과는 확실할 수도 있다. 하지만 예측 결과물의 소비자들은

예측가가 내놓는 중장기적인 미래 예측 결과를 회의적인 시각으로 봐야한다. 확실성이 보장되지 않는, 먼 미래를 정확하게 예측한다는 말은 틀릴 가능성이 많다.

Q 예측 결과는 어느 정도나 확실한 것이 바람직한가? 예측 결과에 대해 변명의 여지를 만들려는 것은 아닌가?

A 미래 예측가가 예측 결과가 확실하다는 말을 한다면 오히려 그의 말을 조심스럽게 받아들여야 한다. 하지만 반대의 경우도 바람직하지 않기는 마찬가지다. 때로는 예측가들이 언제 무슨 일이 일어날지에 대해 애매한 말로 얼버무리는 경우도 있다. 이런 경우라면 예측이 아무 쓸모도 없게 된다.

미래의 결과를 예측하든 발생 가능한 대안을 제시하든 훌륭한 예측이란 세부적으로 충실한 내용을 담아야 한다. 예측가가 확실한 입장을 취하면서 앞으로 나타날 변화를 정확하게 정의하고, 그런 변화가 왜 그리고 어떻게 나타날지를 분명히 설명해야 한다. 그러면 예측 결과를 읽는 사람들은 새로운 미래가 어떤 모습인지를 분명하게 이해하고 이런 미래를 실현시키기 위해 청사진을 그려볼 수 있게 된다. 대안적 예측은 발생 가능한 다양한 대안들을 제시한다. 이런 예측도 훌륭한 예측이 되려면 제시된 모든 대안들이 세부적으로 충실해야 한다.

Q 예측 결과물이 변화의 속도를 분명하게 설명하고 있는가? 명확한 일정표를 보여주는가? 아니면 그러지 못하는가?

A 미래에 변화가 발생할 조건을 제시하는 것과 변화의 속도를 예측하는 것은 다른 문제다. 특히 변화의 속도를 예측하는 것은 더욱 어려운

문제다. 따라서 예측 보고서를 작성하는 사람은 무엇을 예측하는가와 함께 언제 이런 결과가 발생할지에 대해서도 분명하게 설명해야 한다. 물론 대안을 제시하는 시나리오도 어떤 상황이 언제 발생할지를 분명하게 설명해야 한다. 발생 시기를 언급하지 않는 예측 보고서는 가치가 덜하다.

'앞으로 어떤 일이 벌어질 것입니다'라는 식의 표현을 써가며 예측 결과가 언제 발생할지에 대해 애매하게 언급한다면 훌륭한 예측 보고서라고 할 수 없다. 훌륭한 예측이란 얼마나 먼 미래를 예측하고 있는지뿐만 아니라 예측 결과에 대한 명확한 일정표와 이정표도 제시해야 한다. 그런데 예측가가 결과에 대한 자세한 일정표를 제시하려면 변화촉진자와 변화방해자의 영향력에 대해 많은 생각을 해야 한다. 이런 과정에서 그는 변화방해자의 영향력을 왜 그리고 어떻게 극복해야 하는가에 대해 많은 고민을 할 것이다.

데이터의 품질 Future Savvy

Q 기본 데이터의 품질과 범위는?

A 데이터는 우리가 생각하는 만큼 충실하지 않다. 미래뿐만 아니라 현재 이 세상에서 벌어지는 현상을 정확하게 반영하는 수치를 얻는 것도 쉬운 일이 아니다. 무엇보다도 데이터에 대한 정의와 표본 추출 과정에서 데이터의 품질 문제가 발생한다. 또한 미래 예측은 연구 방법과 설문 구성 때문에 편향된 결과가 발생할 수 있고 정보에 대한 판단과 수집

과정에서도 편향된 결과가 발생할 수 있다.

홀륭한 예측이 되려면 데이터는 독립적이고 확인된 것이어야 하며 데이터 처리 방법에 대해서도 충분한 설명이 있어야 한다. 즉 데이터 처리 방법의 장단점을 자세히 설명하고, 보고서를 작성하는 사람에게 유리한 결과만 선별하여 제시하는 대신 모든 결과를 제시해야 한다.

미래 예측에서 데이터와 관련해 자주 하는 질문은 다음과 같다.

: 최근의 데이터인가?

10년 전의 데이터로 미래를 예측하면 10년 전의 여건이 현재뿐만 아니라 미래에도 계속될 것이라는 가정을 하게 된다.

: 2차 데이터를 사용하고 있는가?

미래에 대한 큰 그림을 그리는 경우 다른 기관이나 개인이 작성한 데이터를 사용하는 경우가 많다. 또한 다양한 출처에서 숫자와 사실을 모아서 정리하는 경우도 매우 흔하다. 이렇게 되면 예측 결과를 이끌어 내는 핵심 과정인 통계 분석에서 일관성이 결여되면서 예측 결과에도 일관성이 결여된다. 또한 2차 데이터는 전달 과정에서 많은 사람들이 개입할 여지가 있어 잘못 전달되거나 고의로 조작될 가능성이 많다. 특히 언론이 2차 데이터를 사용할 경우 데이터의 본래 의미가 변질될 가능성이 많다.

: 실질 데이터인가, 투영 데이터인가?

주어진 데이터가 실질 데이터가 아니라 과거 데이터가 투영된 데이터인 경우도 있다. 이때는 투영 방법과 투영 과정이 문제가 된다. 홀륭한 예측 결과를 제시하려면 실질 데이터와 투영 데이터를 정확하게 구분해서 설명해야 한다.

예측 결과에 대한 해석과 바이어스

Future Savvy

Q 예측 결과에 내재된 바이어스는 예측가의 중립적인 입장에서 나온 것인가?

A 미래를 완벽하게 객관적이고 중립적인 시각으로 볼 수는 없다. 모든 예측 결과는 예측가의 주관적인 해석과 바이어스를 담게 된다. 우리는 예측가가 숫자를 수정하거나 발생 가능한 결과를 빠뜨리는 과정에서 나타나는 바이어스가 중립적이기를 기대하며, 이런 바이어스와 고의적인 바이어스를 구분할 수 있어야 한다.

데이터를 선별하고 가공하며 평가하는 과정에서 바이어스가 발생할 수밖에 없다. 이렇게 발생한 바이어스가 과연 고의적인 것인지를 판단하는 기준으로는 다음과 같은 것들을 들 수 있다.

: 데이터 선별. 또는 예측 결과를 거스르거나 목적에 부합되지 않는 데이터 생략

: 보고서의 편파적인 구성이나 강조

: 감정적 단어의 사용

: 최악의 사례가 전체를 상징하는 것으로 표현

Q 예측 전문가나 기관의 명성이 예측 결과물에 힘을 실어주는가? 예측 결과가 잘못된 것으로 판명나면 예측 전문가나 기관이 손실을 입는가? 예측 보고서 작성자가 예측 결과에 개인적이고 직접적인 이해관계를

갖는가?

A 예측가가 미래에 영향을 미치려다 보면 주로 바이어스가 나타난다. 그리고 예측 전문가나 기관의 평판이 좋지 않다면 그 평판이 항상 그들을 따라다니게 된다. 하지만 예측 전문가나 기관의 명성이 바이어스가 없으리라고 보장해주는 것도 아니다. 평판이 좋은 예측 전문가나 기관도 바이어스가 있는 예측을 한다면 평판에 흠집이 생길 수 있다. 예측 전문가나 기관이 잘못된 예측을 내놓아서 손실을 입는다면 정말 뼈아픈 일이다. 특히 예측 결과를 믿고 투자를 했을 경우 이런 손실은 더욱더 뼈저리다. 예측 결과물만 작성하는 입장과 자신의 직접적인 이해관계가 걸려 있는 입장은 확연히 다르다.

바이어스의 원인 Future Savvy

예측 결과를 필터링하려면 예측 결과에 바이어스가 있는지를 확인해야 한다. 이를 위해 다음과 같은 질문을 해보는 것이 좋다.

Q 타인이나 타기관의 후원을 받았는가?

A 예측 보고서 작성을 후원한 기관은 어디인가? 왜 후원을 했는가? 후원을 받고 예측 보고서를 작성한 기관(또는 개인)은 누구인가? 이런 예측을 하게 된 의도는 무엇이고 어떤 사안들을 다루고 있나? 훌륭한 예측을 하려면 그 이면에 있는 환경이나 조건을 알리는 것이 좋다.

Q 이해관계가 뚜렷한가?

A 미래를 예측하는 사람 역시 이해관계를 갖지 않을 수 없다. 이 때문에 발생하는 바이어스를 피하기는 사실상 어렵다고 보아야 한다. 예측 결과물의 소비자는 이런 이해관계가 예측 결과물에 어느 정도나 영향을 미치는지 생각해야 한다. 바이어스는 세상을 변화시키려는 폭넓은 주제에만 국한되지 않는다. 기업이나 비영리기관은 자신의 이해관계를 위해 데이터를 해석하거나 조작할 수 있고, 정부투자 기관은 장밋빛 미래를 제시하면서 어려운 문제를 피해가거나 문제 해결을 미룰 수도 있다. 이런 상황에서 이해관계가 나타난다. 또한 미래 예측 기관이 예산을 따내야 하는 경우에도 이해관계가 작용한다.

Q 이데올로기 혹은 이상주의가 스며들어 있는가?

A 예측의 이면에 정치적이거나 사상적인 이데올로기가 스며 있다면 바이어스가 나타날 가능성이 높다. 그런데 예측 결과물의 소비자들이 예측 결과에 스며 있는 이데올로기에 동조한다면 바이어스가 있는 예측이라는 생각을 하지 못할 것이다. 어쨌든 정치나 사상으로부터 자유로운 예측이 바이어스로부터도 자유로울 가능성이 많다.

Q 한 가지 문제만 다루고 있는가?

A 생화학 테러bio-terror, 재생 가능한 에너지, 고령화 추세같이 미래 사회에 큰 영향을 미칠 문제들 가운데 하나를 다루는 예측 결과는 현실적인 견해보다는 극단적인 견해를 제시하기 쉽다. 이런 과정에서 바이어스가 나타날 가능성이 커진다.

Q 편집자들의 검토를 거쳤는가?

A 편집자나 동료 연구자들의 검토를 거치면 극단적인 예측 결과는 예측 보고서가 발간되기 전에 걸러질 가능성이 높다. 인터넷에 떠도는 이야기처럼 편집자나 동료 연구자의 검토를 거치지 않은 예측이라면 바이어스가 있을 가능성이 매우 크다.

예측 방법과 예측 모델 Future Savvy

Q 예측 방법에 대해 구체적으로 설명하고 있는가?

A 예측이란 현재의 상황에서 미래의 결과를 제시하는 것이다. 이렇게 현재의 상황에서 미래의 결과를 제시하려면 아무리 단순한 직관이라도 나름의 방법이 있게 마련이다. 훌륭한 예측 보고서가 되려면 예측 결과를 도출해낸 예측 방법론과 그 한계, 그리고 발생 가능한 바이어스에 관한 충분한 설명이 있어야 한다. 보고서 작성자는 예측 결과와 관련된 다양한 방법론에 대해 자신의 선호도와는 상관없이 자세히 설명해야 한다. 전문성이 떨어지는 사람은 자신의 예측 방법론에 대해 자세히 알지 못하고 이를 설명할 능력이나 의지도 없다.

그렇다고 난이도가 높은 예측 방법을 써야 한다는 의미는 아니다. 어려운 예측 방법을 적용하다 보면 많은 어려움을 겪기도 한다. 또한 예측 방법론에만 몰두하다 보면 기본적인 직관이나 상식에서 벗어난 예측 결과를 내놓기도 한다.

Q 예측 방법이 지나치게 복잡하거나 난해하여 예측가만의 전유물이 되는 것은 아닌가?

A 예측 방법에 대해 구체적으로 설명하지 않는 이유로는 예측 방법이 수학적으로 지나치게 복잡하여 일반인이 이해하기 어렵거나 예측 기관이 비공개를 원칙으로 한다는 변명이 있을 수 있다. 예측 방법론에 대한 자세한 설명이 어렵더라도 예측 결과물의 소비자가 예측 프로세스를 판단할 수 있을 만큼의 설명은 있어야 한다. 예측 결과물에 나와 있는 방법론이 명료하지 않다면 이 결과물을 내놓은 사람은 정확한 프로세스를 따르지 않았거나 주먹구구식으로 예측했을 가능성이 높다.

복잡한 방법론을 써서 멋있어 보이는 분석을 했다는 것은 잘못된 예측을 했다는 의미일 수도 있다. 예측 전문가들은 화려한 그래프와 수식에 빠져들어 예측 모델의 취약성을 잊기도 한다.

Q 예측가는 사람들의 이목을 집중시키는 최신의 방법론을 신봉하는가?

A 예측 결과물의 품질은 그 방법론에 달려 있다고 생각하는 사람들이 많다. 예측 방법론은 예측 결과물의 품질을 보증하는 마법의 탄환이 아니다. 때로는 과거의 방법론에 비해 더욱 정확하고 신뢰할 만한 새로운 방법론을 적용해서 사람들의 이목을 집중시킬 수 있다. 과거의 예측 결과에 실망한 사람들은 새로운 방법론을 적용한 예측 결과에 많은 기대를 건다. 하지만 이런 방법론은 예측 결과물에 관심을 집중시키려는 목적으로 의도적으로 쓰이는 경우가 많다.

정량적 방법의 한계 Future Savvy

Q 정량적 방법을 적용하는 것이 타당한 상황인가?

A 정량적 방법을 적용한 예측 결과물을 접하게 되면 먼저 정량적 방법을 적용한 것이 타당한지를 생각해야 한다. 예측 기간이 짧아서 미래에 대한 불확실성이 낮다면 정량적 방법을 적용하는 것이 좋다. 예측 기간이 짧다면 예측에 필요한 기본 가정들이 예측 기간 동안 계속 효력을 가질 것이고, 따라서 미래에 대한 불확실성은 그만큼 줄어들기 때문이다. 예측 기간이 길어지면 정량적 방법이 타당하지 않다. 아무리 세련된 수학을 구사하고 성능이 뛰어난 컴퓨터를 사용하더라도 잘못된 가정 하나 때문에 분석 결과가 쓸모없어진다.

인식하든 못하든 우리는 불확실성이 큰 상황에서 미래를 예측하는 경우가 많다. 모든 요소를 고려하더라도 어떤 요소가 언제 어디서 어떻게 다른 요소에 영향을 미칠지를 알아내는 것은 불가능에 가까운 일이다. 우리는 카오스적이거나 불명확한 상황에서 벌어지는 결과를 예측해야 하는 것이다. 정량적 방법은 예측 전문가가 이런 상황에 관해 생각하는 데 도움은 주지만 정확한 예측을 하는 데는 도움을 주지 못한다.

Q 생각하는 컴퓨터 프로그램이 있는가?

A 예측 전문가들은 정량적 혹은 통계적 방법을 적용하면서 컴퓨터가 그들 대신 미래를 예측하게 한다. 이때 컴퓨터는 사람들의 기본 상식과는 어긋나는 결과를 내놓기도 한다. 그런데 예측은 변화촉진자와 변화방해자에 대해 기본적인 질문을 몇 가지 던진 다음 상식적인 결과를

보여주어야 한다. 정상적으로 사고하는 사람이라면 잘못된 질문에 대해 복잡한 대답을 하는 컴퓨터 프로그램보다 더 정확한 예측을 할 수 있을 것이다. 미래 예측에 있어서는 컴퓨터 프로그램이 일반 상식보다 정확성이 떨어지는 것 같다.

복잡성과 변화 속도　　Future Savvy

Q 예측을 위해 세상을 지나치게 단순화하지는 않는가?

A 무한히 많은 변수들이 상호작용하면서 미래의 결과를 만들어낸다. 모든 것이 지금의 모습을 유지하고 있으리라는 가정을 하면서 한 가지 쟁점이 미래에 어떻게 전개될지를 예측하면 옳은 결과를 내놓기 어렵다. 훌륭한 예측이란 복잡성을 능숙하게 다루면서 불확실성을 조금씩 제거하는 것이다. 하지만 다양한 요소들의 상호작용으로 나타날 복잡한 미래의 불확실성을 지나치게 단순화해서는 안 된다. 이렇게 복잡한 상황에서는 예상치 못한 결과들과 대안적 결과들을 제시하는 것이 좋다.

Q 시스템 내의 피드백을 인식하고 있는가?

A 이런 복잡성의 문제를 제대로 다룰 수 있는 방법으로는 시스템 다이내믹스를 들 수 있다. 이것은 변수들이 인과관계 체인, 피드백 루프 속에서 어떻게 연결되어 있는가를 보여주는 것으로 세상을 단순한 인과관계 모델로 보지 않게 해준다.

훌륭한 예측을 하려면 시스템이 어떻게 작동하는가를 자세히 살펴야 한다. 무엇이 무엇에 영향을 미치는지, 어떤 순서로 영향을 미치는지, 잠재되어 있는 피드백은 무엇인지와 같은 문제들을 정확히 살펴서 초기의 변화가 시스템에 미치는 순효과를 파악해야 하는 것이다. 여기서 순효과를 파악하려면 역효과와 부작용도 함께 파악해야 한다. 한편 시스템 내에서 발생하는 피드백은 변화를 촉진하거나 강화해주는 현상을 설명할 뿐만 아니라 변화를 억제하거나 무력화시키는 현상도 설명해준다.

Q 변화를 촉진하는 요소와 억제하는 요소를 설명해주는가? 임계 상황과 티핑포인트를 예측하고 있는가?

A 현재 상황 또는 일정 속도로 서서히 변해가는 상황을 가정하면 훌륭한 예측을 할 수 없다. 강화 루프가 균형 루프의 영향력을 초과하면서 나타나는 임계 상황을 예측할 수 있어야 하고, 이를 바탕으로 변화 속도가 빨라지거나 느려지는 것을 예측하는 동시에 변화의 방향이 이전의 추세에서 이탈하는 현상도 예측할 수 있어야 한다.

Q 급격한 변화가 지속되리라는 예측을 할 수 있는가?

A 급격한 변화는 우리 주변에서 자주 일어난다. 하지만 이런 변화는 구체적이고 특별한 상황에서만 일어난다. 급격한 변화만을 가정한 채 미래를 예측하는 것은 좋지 않다. 급격한 변화가 나타나는 이유와 기간에 대해 구체적인 설명이 있어야 한다. 급격한 변화가 자주 일어난다면 예측 결과가 변화의 크기를 과소 추정하지는 않았는지 의심해보아야 한다. 그런데 변화는 과다 추정되는 경우가 더 많다(특히 단기 예측에서 그렇다).

단순한 시스템 다이내믹스에서도 우리는 균형을 향해가는 움직임이 더 강해지면서 변화를 향한 움직임이 힘을 잃는 경우를 볼 수 있다. 변화의 흐름을 나타내는 곡선이 S자이거나 균형점 주변에서 진동하는 것은 급격한 변화가 무한정 지속되지는 않는다는 의미다.

예측의 기초가 되는 가정   Future Savvy

미래를 예측하려면 가정을 해야 한다. 가정이란 현재의 상황이 미래에 어떻게 전개될지에 대한 판단에 근거한다. 예측 결과물의 소비자라면 예측을 위한 가정에 대해 다음과 같은 질문을 해야 한다.

Q 수평스캐닝을 제대로 하고 있나?

A 예측가가 미래에 영향을 미칠 다양한 요소와 추세를 제대로 인식하고 있다면 그는 자신의 인식 프레임워크 너머까지 생각하는 것이다. 외부 세계를 폭넓게 스캐닝한 다음 세운 가정들은 별문제가 없다(물론 확실히 보장할 수 있는 것은 아니다).

Q 가정을 정확히 설명하고 있나? 예측가가 자신의 가정을 제대로 인식하고 있나? 대안이 될 가정을 제시하는 데 거부감을 갖지는 않나?

A 훌륭한 예측을 하려면 사회, 기술, 인간성, 법률 등에 대한 가정의 필요성을 인식하고 이런 가정을 정확하게 설명할 수 있어야 한다. 이런 가정은 예측 결과의 적절성을 주장할 근거가 된다. 즉 가정에서 예측이

도출되는 과정이 분명해야 한다는 뜻이다. 그리고 가정이 달라지면 예측 결과도 달라지게 된다. 만약 예측가가 가정을 제시하지 않는다면 현재의 추세가 미래에도 지속될 것이라는 가정을 암묵적으로 하는 것이다. 그런데 이것은 잘못된 가정이 될 가능성이 많다.

Q 가정이 합리적이고 타당한가?

A 가정이 탁월해야 예측 결과도 탁월한 법이다. 가정이 잘못되면 예측 모델이나 기술이 아무리 훌륭해도 틀린 결과를 내놓게 된다. 그런데 실제로 우리 앞에 미래가 펼쳐지기 전까지는 어떤 가정이 옳고 어떤 가정이 틀린지 알 수 없다. 하지만 현명한 소비자라면 가정에 의문을 제기해보아야 하고 다른 가정들을 받아들였을 때 예측 결과가 어떻게 달라지는지도 생각해보아야 한다.

시대정신과 군중심리　　　　　Future Savvy

Q 미래를 예측하는 사람이 시대정신에 영향을 받는 것은 아닌가?

A 현재 많은 사람들의 의식을 지배하고 있는 인식, 욕구, 요구, 관심사, 희망이 미래에도 지속될 것이라고 가정하면 잘못된 예측을 할 가능성이 높다. 즉 시대정신에 빠져들면 옳은 예측을 하지 못하게 된다. 우리는 과거와 현재에 사람들의 인식 프레임워크를 지배하던 것이 미래에는 사라지거나 다른 것으로 대체되는 경우를 많이 경험했다. 바로 이런 시대정신의 변화를 내다볼 수 있어야 훌륭한 예측을 할 수 있다.

Q 예측 결과가 밴드왜건 효과에 빠져든 것은 아닌가?

A 다양한 개인이나 기관이 같은 예측을 한다면 이 예측은 옳은 것일 가능성이 높다. 한 사람이 혼자서 외롭게 외치는 목소리를 신뢰하기보다 많은 사람이 하나로 내는 목소리를 신뢰하는 것이 나아 보인다. 하지만 많은 사람이 공유하는 생각이라고 해서 반드시 옳은 것은 아니다. 많은 사람의 생각을 따라가게 되면 군중심리나 밴드왜건 효과에 빠져들 가능성이 많다. 많은 사람이 어떤 결과를 예측하므로 자신도 그 결과가 발생하리라고 생각하는 것이다. 정확한 예측을 하려면 많은 사람의 생각을 무조건 받아들이지 말고 여기에 의문을 제기해보아야 한다.

Q 전문가의 평판에 의존하는 것은 아닌가?

A 특정 분야에 대해 많이 아는 사람을 전문가라 한다. 미래를 예측할 때 전문가들의 전문성과 평판이 중요한 역할을 하는 것은 사실이다. 하지만 전문가들도 일반인들과 마찬가지로 잘못된 예측을 할 가능성이 없지는 않다. 한 분야에 대해 많은 지식을 갖게 되면 현재의 절차, 사고방식, 선입견 등에 빠져들어 현재의 상태가 그대로 유지되기를 바랄 수도 있다. 변화는 외부에서 몰려올 가능성이 얼마든지 있다. 이 경우 그 분야의 전문가는 이런 변화를 마지막에야 알아차릴 가능성도 높다.

Q 미래 예측은 사고의 범위를 넓혀주는가? 그래서 사람들이 공식적인 미래로부터 자유로워지게 하는가?

A 예측 결과를 철저하게 검토하고 여기 의문을 제기하는 것은 바람직하다. 새로운 기회나 위협이 예상되는 상황에서 발생 가능성이 낮아 보이는 결과를 무시하거나 주류에서 벗어난 창의적인 생각을 배척하려

는 태도는 바람직하지 못하다. 미래 예측은 새로운 기회나 위협을 바라볼 수 있게 해야 가치가 있다. 그런데 많은 사람들은 이런 가치를 깨닫지 못한다. 미래의 변화를 지나치게 강조하면 잘못된 예측을 하기 쉽다. 또한 지나치게 소심하거나 보수적인 사람들은 변화의 의미를 애써 축소시키려 한다. 특히 혁신적인 사건의 의미와 영향력에 대해서 말할 때 이런 경향은 더욱 심해진다.

때로는 세상이 믿기 힘든 방향으로 흘러가기도 한다. 공식적인 미래로부터 멀리 벗어난 방향으로 갈 수도 있다는 말이다. 훌륭한 예측이 되려면 사람들을 그곳으로 안내해야 한다. 훌륭한 예측이란 사람들의 사고를 넓혀주어야 한다. 훌륭한 예측을 하려면 새로운 변화가 일어났을 때 앞으로 벌어질 상황을 자세히 설명하고 이런 변화의 영향력과 이로 인해 나타날 새로운 가능성과 문제를 검토해보아야 한다. 아이작 아시모프Isaac Asimov는 이런 말을 했다.

"예측하기 힘든 것은 자동차가 아니라 주차장이다."

변화촉진자와 변화방해자 Future Savvy

변화는 변화를 일으키려는 변화촉진자와 변화조력자 그리고 변화를 거부하는 변화방해자와 변화마찰자 간의 세력 다툼에서 누가 승리하는가에 달려 있다. 이와 관련하여 다음과 같은 질문을 해보아야 한다.

Q 누가 변화촉진자인가? 트렌드는 과거의 자료를 단순히 투영한 것인가?

A 트렌드는 변화촉진자가 힘을 발휘하고 있다는 증거다. 이런 트렌드를 그대로 받아들이고 이것이 미래에도 지속될 것이라는 가정을 하면 잘못된 예측을 내놓기 쉽다. 훌륭한 예측을 하려면 트렌드를 이끄는 힘이 무엇이고, 이 힘이 얼마나 지속되며, 어느 정도의 취약성을 갖는지를 정확히 판단해야 한다. 이런 트렌드가 고정된 변화율을 가지므로 미래도 점진적으로 변해갈 것이라고 간단하게 생각해서는 안 된다.

변화촉진자는 우호적인 국제 관계, 연구 개발에 대한 투자, 변화에 유리한 법률의 제정 등 변화에 도움이 되는 다양한 조건을 통해 영향력을 발휘한다. 따라서 훌륭한 예측을 하려면 변화에 유리한 조건이 무엇이고 이런 변화를 위해 선행되어야 할 것이 무엇인지를 정확히 알아야 한다. 변화조력자가 언제 영향력을 발휘할지를 알아야 한다는 뜻이다.

Q 누가 변화방해자인가? 그가 무슨 역할을 하는지 충분히 설명하는가? 변화마찰자의 역할도 감안하고 있는가?

A 변화를 일으키려는 사람은 변화를 싫어하고 현상을 유지하려는 사람의 저항을 받게 마련이다. 현재에 만족하고 이를 유지하려는 사람들은 변화방해자의 역할을 한다. 따라서 변화를 일으키려는 사람은 현재 기득권을 갖고 변화를 기피하는 사람 또는 다른 형태로의 변화에 관심을 갖는 사람의 직접적인 저항에 부딪히게 된다.

훌륭한 예측을 하려면 변화에 저항하는 힘을 정확히 평가할 수 있어야 하고, 이런 저항을 어떻게 극복할지를 분명히 설명해야 한다. 미래를 정확히 내다보는 사람이 되려면 새로운 변화 앞에서 놀란 표정만 지을 것이 아니라 변화를 제약하는 요인들을 찾아내 그 힘을 정확히 측정하고 실용적인 예측 결과를 제시해야 한다. 이런 예측 결과에는 변화의 방향과 타이밍도 포함되어야 한다.

변화방해자와 변화촉진자에 관해서는 다음과 같은 질문을 던져야
한다.

: 미래의 효용과 관련된 질문에 충분히 대답해주는가?

기술 개발의 성과가 아무리 뛰어나고 새롭더라도 비용 편익 분석을
통해 사람들의 편익을 증가시킨다는 결론이 나오지 않으면 실용화되기
어렵다(여기서 비용이란 과거의 시스템을 극복하는 데 들어가는 비용과 기술
도입을 위해 새로 보완해야 할 것들에 들어가는 비용을 포함한다). 소비자들
의 편익이 증가하지 않고는 아무런 변화도 없게 된다.

사람들이 선호하는 제품이 바뀌리라는 예측을 하려면 신제품이 소
비자들의 효용을 크게 증가시킨다는 사실을 보여주어야 한다. 신제품이
시장에서 채택되면 소비자들의 효용이 크게 증가한다는 점을 보여주어
야 하는 것이다. 예측 전문가가 예측하는 변화와 혁신이 많은 사람의 효
용을 증가시킨다는 사실을 보여주지 못하면 이런 예측은 실패로 끝날
가능성이 많다.

: 권력을 가진 개인이나 조직의 이해관계를 반영하는가?

신제품, 새로운 법안, 새로운 산업 표준안 등은 어떤 이해관계자에
게는 유리하지만 다른 이해관계자에게는 불리할 수 있다. 새로운 변화
로부터 잃을 것이 많은 사람이라면 이런 변화를 반대할 것이다. 결국 미
래는 변화에 반대하는 세력이 이런 변화에 맞서서 얼마나 오랜 기간 버
티는가에 달려 있다. 신기술은 산업과 사회에서 힘의 균형을 깨뜨리기
도 한다. 훌륭한 예측을 하려면 이해관계자들의 입장을 분석해야 한다.
그러려면 누가 이해관계자이고, 그들의 이해관계는 무엇이며, 자신의

이해관계를 위해 어떤 미래를 원하거나 반대하는지를 분석해야 한다. 현재의 이권을 옹호하기 위해 새로운 이해관계자나 압력단체가 출현할 가능성도 얼마든지 있다.

　: 사회문화적, 도덕적 규범에 반하는가?

어떤 변화가 현재의 규범과 가치관에 반한다면 이런 변화의 움직임은 벽에 부딪히게 된다. 현대 사회는 서로 다른 의견을 존중하고 다양한 문화와 전통을 인정하려 한다. 과거에 비해 허용의 폭이 어느 정도는 있는 사회다. 현대 사회의 규범과 가치관에는 반드시 지켜야 하는 최소한의 기준이 있다. 그런데 이런 기준도 시간이 지나면서 서서히 변해간다. 예를 들어 의학 기술이나 유전자 혁명은 현대 사회의 규범과 가치관에 부딪힐 수밖에 없다. 이런 분야의 미래는 기술 수준에 달려 있는 것이 아니라 도덕적 규범이나 가치관이 허용의 폭을 어느 정도나 넓히는가에 달려 있다.

　: 법이 누구의 편을 드나?

특정 집단의 이권은 법의 보호를 받는다. 그런데 법은 대부분의 경우 변화에 방해가 될 가능성이 높다. 법을 만드는 사람들과 법으로 판단하는 사람들은 서로 다른 이해관계자들의 입장을 헤아리면서 보수적으로 결정하는 경향이 있다. 따라서 법은 변화의 직접적인 방해자가 되기도 한다. 새로운 기술 개발은 가능하지만 특허법이나 제조물책임소송이 이를 방해하는 경우도 있다.

　: 예측 전문가가 신기술을 좋아하는가?

인류는 지금까지 쉬지 않고 새로운 기술을 개발해왔다. 그런데 이런 기술이 광범위하게 채택되는 경우와 높은 수익을 가져다주는 경우를 제외하면 시장에 보급되는 경우는 그다지 많지 않았다. 따라서 아무리 뛰어난 기술이라도 앞으로 펼쳐질 미래의 수수께끼 앞에서는 작은 조각에 불과하다. 미래를 예측하는 사람이 신기술을 좋아한다면 그는 신기술이 널리 보급될 것이라는 편향된 시각을 가질 가능성이 높다. 신기술을 좋아하는 사람은 아무런 변화가 예상되지 않는 상황인데도 이것을 대단한 기회로 생각하고, 천천히 변화하는 상황을 급변하는 상황으로 생각한다.

트렌드를 근거로 미래를 예측하려면 이런 트렌드를 그대로 유지하려는 힘을 파악할 수 있어야 한다. 또한 트렌드를 변화시키거나 없애거나 그 방향을 바꾸려는 힘도 파악할 수 있어야 한다. 트렌드를 유지하려는 힘과 이런 트렌드를 중단시키거나 반전시키려는 힘이 상호작용하면서 미래가 결정되기 때문이다. 이때 트렌드가 그대로 유지되리라는 예측을 하려면 트렌드를 유지하려는 힘이 이것을 중단시키거나 반전시키려는 힘보다 강한 이유를 설명해야 한다.

Q 신기술이 시장에 출시되는 시간을 너무 짧게 예상하는 것은 아닌가? 변화의 속도를 지나치게 빠르게 보고 있는 것은 아닌가?

A 과거를 돌이켜보면 새로운 기술이 실험실에서 나와 시장에 출시되기까지는 평균 20년이 걸렸다. 그리고 이 시간은 앞으로 길어졌으면 길어졌지 짧아질 것 같지는 않다. 또한 법적인 기준과 라이선스 기준은 더욱 까다로워질 것이다. 따라서 신기술이 몇 달 또는 몇 년 안에 시장에 출시된다는 가정하에 미래를 예측한다면 잘못된 예측이 될 가능성이 매우 높다. 기술의 채택과 전파에 걸리는 시간이 과거보다 짧아지리라고 생각하는 예측 전문가가 있다면 그 생각을 입증할 자료를 제시해야

한다. 그리고 예측 결과물의 소비자는 이런 자료를 회의적인 시각으로 바라보고 판단해야 한다.

예측 전문가가 '새로운 변화가 빠르게 전개될 것'이라고 판단하는 이유로는 사람들의 변화 지향성을 과다하게 추정함으로써 변화율을 지나치게 높게 잡는 것을 들 수 있다. 새로운 변화 덕분에 소비자들이 새로운 기술을 배우고, 새로운 제품을 사며, 이전과는 다른 일을 하게 되더라도 이런 변화가 자리 잡는 데는 오랜 시간이 걸린다. 이런 경우라면 사람들은 과거의 방식을 그대로 유지하려 할 것이고 새로운 방식이 소개되더라도 이것을 그대로 채택하기보다는 과거의 방식에 접목하려 할 것이다.

Q 미래 예측가가 변화를 가정하고 있는가? 변화를 이끄는 힘이 변화를 방해하는 힘보다 강하다는 것을 보여주는가? 그리고 변하지 않는 것을 알아볼 줄 아는가?

A 미래 예측가가 새로운 변화의 흐름을 찾지 못한다면 현재의 상태가 지속되리라는 가정을 하게 된다. 미래가 지금과는 다르게 전개되리라는 예측을 하려면 변화를 이끌어내는 힘이 변화를 방해하는 힘보다 세다는 것을 보여주어야 한다. 훌륭한 예측을 하려면 변화촉진자와 변화방해자 사이의 균형이 무너지면서 변화가 일어나는 과정을 충분히 설명할 수 있어야 한다.

훌륭한 예측을 하려면 미래에 변하지 않는 것도 볼 줄 알아야 한다. 급격하게 변하는 상황에서도 변하지 않는 것이 있다. 인간과 사회의 욕망과 욕구는 시대를 초월하는 것이다. 그리스 신화에서 성경과 초서 Geoffrey Chaucer를 거쳐 현재에 이르기까지 인간이 자신의 모습을 바라보는 방법이나 살아가는 방법은 변하지 않았다. 신기한 예측 결과에 놀라기만 한다면 바이오기술, 인터넷, 9.11테러, 중국의 부상 같은 사건이 모든 것을 변화시킬 것이라고 생각하기 쉽다. 신문이나 잡지는 사람들을 많이 놀라게 하면 많이 팔린다. 하지만 현명한 예측을 하려면 인간에게는 변하지 않는 영역이 많다는 사실을 기억해야 할 것이다.

참고문헌

들어가면서

1. C. 더브런C. Thubron, 《시베리아에서*In Siberia*》(뉴욕: 펭귄 북스*Penguin Books*, 1999년), p.131.

1장

1. 토머스 맬서스Thomas Malthus, 《인구론*An Essay on the Principle of Population*》(1798). 이 책은 3,000만 부 이상 판매되었다.
2. B. 더런트B. Durrant, "원자재 예언: 불확실한 미래Commodity Predictions: The Future Is Uncertain", 〈데일리 레커닝*The Daily Reckoning*〉(2007년 7월). 다음 사이트도 참조하라. www. dailyreckoning.co.kr/commodities-trading/commodity-predictions-the-future-is-uncertain.html

2장

1. J. 베스트J. Best, 《통계라는 이름의 거짓말*Damned Lies and Statistics*》(캘리포니아 버클리: UC 프레스UC Press, 2001).
2. 와인협회The Wine Institute: www.wineinstitute.org, 2008년 2월.
3. J. 베스트, 위의 책, p.36.
4. 데이비드 A. 패런솔드David A. Farenthold, "통계상 미국의 강간 사건은

줄어들고 있다. 많은 사람들은 여전히 범죄가 은폐되는 경우가 많다고 말한다Statistics Show Drop in U.S. Rape Cases. Many Say Crime is Still Often Unreported", 〈워싱턴 포스트〉(2006년 6월 19일).

5. J. A. 파울로스J. A. Paulos, 《수학자 신문을 읽다*A Mathematician Reads the Newspaper*》(뉴욕: 베이직북스Basic Books, 1996년).

6. J. 베스트, 위의 책, p.2

7. 위의 책, p.169.

3장

1. B. 사이덴스티커B. Seidensticker, 《왜곡되는 미래*FutureHype*》(샌프란시스코: BK북스BK Books, 2006년).

2. G. 하멜G. Hamel, C. K. 프라할라드C. K. Prahalad, 《미래를 위한 경쟁 *Competing for the Future*》(보스턴: HBS프레스HBS Press, 1994년).

4장

1. M. 푸코M. Foucault, 《사물의 질서*The Order of Things*》(런던: 루틀리지 Routledge, 1966년); 《지식의 고고학*The Archeology of Knowledge*》(런던: 트래비스탁Tavistock, 1969년).

2. T. 쿤T. Khun, 《과학 혁명의 구조*The Structure of Scientific Revolutions*》(시카고: 시카고 대학교 출판부University of Chicago Press, 1962).

3. V. 라마찬드란V. Ramachandran, "우리는 얼마나 맹목적인가?How Blind Are We?", D. 사이먼과 C. 샤브리스D. Simons and C. Chabris.가 인용한

연구. 2007년 1월 ScientificAmerican.com에서 검색(2005년 5월 18일).

4. K. 풀턴K. Fulton, E. 에이디노E. Eidinow, "와일드 카드Wild Cards", GBN(1996년). 2007년 4월 www.gbn.org에서 검색.

5. D. 카너먼D. Kahneman, P. 슬로빅P. Slovic, A. 트버스키A. Tversky(편집), 《불확실한 상황에서의 판단*Judgment under Uncertainty*》(영국 케임브리지: 케임브리지 대학교 출판부*Cambridge University Press*, 1982).

6. N. 탈렙N. Taleb, 《능력과 운의 절묘한 조화*Fooled by Randomness*》(뉴욕: 랜덤 하우스Random House, 2005년).

7. D. 월터D. Walter(편집), 《당시의 오늘: 1893년 만국박람회에서 미국 최고의 지성들이 100년 후 미래를 보다*Today Then: America's Best Minds Look 100 Years into the Future on the Occasion of the 1893 World's Columbian Exposition*》(몬태나 헬레나: 미국 세계지리 출판American World Geographic Publishing, 1992년).

8. S. 슈나스S. Schaars, 《메가미스테이크*Megamistakes*》(뉴욕: 프리프레스Free Press, 1989).

9. P. 슈워츠 등등P. Schwartz et al., 《장기 호황*The Long Boom*》(뉴욕: 퍼수스북스Perseus Books, 1999년).

10. E. 와이너E. Weiner, A. 브라운A. Brown, 《퓨처싱크*Futurethink*》(뉴저지 어퍼새들리버: 피어슨-프렌티스 홀Upper Saddle River, NJ: Pearson-Prentice Hall, 2006년).

5장

1. 시카고 공립 도서관Chicago Public Library, 2006년 11월 www.
chipublib.org/004chicago/timeline/skyscraper1.html에서 검색

2. 2007년 11월 www.infoplease.com/spot/skyscraperhistory.html
에서 검색.

3. B. 사이덴스티커B. Seidensticker, 《왜곡되는 미래Future Hype》(샌프란시
스코: BK, 2006).

4. 위의 책.

5. E. 로저스E. Rogers, 《혁신 확산Diffusion of Innovations》(뉴욕: 프리프레
스, 1962).

6장

1. "값싼 석유의 종말: 백 투 더 퓨처The End of Cheap Oil: Back to the Future",
〈사이언티픽 아메리칸Scientific American〉(1998년 3월).

2. 2008년 3월 www.gravmag.com/oil.html에서 검색.

7장

1. 2007년 3월 www.forecastpro.com에서 검색.

2. P. 라푸앵트P. LaPointe, 《더 나은 예언을 위한 5가지 방법5 Ways to
Better Forecasts》(2006년). 2008년 5월 www.dashboardcompany.com
에서 검색.

3. W. 서든W. Sherden, 《미래를 알고 싶은 욕망을 파는 사람들The Fortune

Sellers》(뉴욕: 와일리&선스Wiley & Sons), pp.197~198.

4. H. 리텔H. Rittel, M. 웨버M. Webber, "일반 기획론의 딜레마Dilemmas in a General Theory of Planning", 〈폴리시 사이언스*Policy Sciences*〉, 4(1973).

5. M. 글래드웰M. Gladwell, "공공연한 비밀들Open Secrets", 〈뉴요커*The New Yorker*〉(2007년 1월 8일).

6. 《전투: 미국 해병대 전략서*Warfighting: The U.S. Marine Corps Books of Strategy*》(뉴욕: 커런시 더블데이Currency Doubleday, 1994년).

7. N. 던컨N. Duncan, "왜 우리는 미래를 정확하게 예측하지 못하는가?Why Can't We Predict?", 〈뉴 사이언티스트〉, 136(1841) (1992년 10월 3일), 47.

8. H. 커트니H. Courtney, J. 커클런드J. Kirkland, 비거리Viguerie, "불확실성하의 전략Strategy Under Uncertainty", 〈하버드 비즈니스 리뷰*Harvard Business Review*〉(1997년 11~12월).

9. S. 슈나스S. Schnaars, 《메가미스테이크*Megamistakes*》(뉴욕: 프리프레스, 1989년), p. 158.

8장

1. S. 월트S. Walt, "시스템의 숨겨진 특성The Hidden Nature of Systems", 〈애틀랜틱 먼슬리*The Atlantic Monthly*〉(1998년 9월).

2. E. 로저스, 《혁신 확산》(뉴욕: 프리프레스, 1962).

9장

1. P. 왁P. Wack, "시나리오: 미지의 물결Scenarios: Uncharted Waters Ahead", 〈하버드 비즈니스 리뷰〉(1985년 9~10월), 73-89; "시나리오: 급류 타기Scenarios: Shooting the Rapids", 〈하버드 비즈니스 리뷰〉(1985년 11~12월), pp.139~150.

2. A. 드 호이스A. De Geus, 《살아 있는 기업The Living Company》(보스턴: HBS 프레스, 1997).

3. 피에르 왁Pierre Wack, A. 클라이너A. Kleiner의 《이단자의 시대: 영웅, 범법자, 그리고 기업 변화의 선구자들The Age of Heretics: Heroes, Outlaws, and the Forerunners of Corporate Change》(뉴욕: 더블데이Doubleday, 1996년).

4. www.stevedenning.com.

5. K. 반 데르 하이덴K. van der Heijden, 《시나리오: 전략적 대화의 기술Scenarios: The Art of Strategic Conversation》(영국 치체스터: 존 와일리&선스, 2005년).

6. "몽플뢰르 시나리오The Mont Fleur Scenarios", 〈디퍼 뉴스Deeper News〉, 7(1).

10장

1. 알츠하이머 소사이어티Alzheimer's Society, 《영국의 치매, 주요 발견 요약Dementia UK, Summary of Key Findings》(런던: 아서, 2007년), p.9.

2. 위의 책, p.3.

정확한 트렌드를 읽어내기 위해 알아야 할 모든 것

왜 트렌드의 절반은 빗나가는가

초판 1쇄 인쇄   2011년 3월 02일
초판 1쇄 발행   2011년 3월 09일

지은이   애덤 고든
옮긴이   안세민
펴낸이   유정연

책임편집   김은영   본문디자인 손은숙

기획편집   하선정 김미경
디자인   신묘정
마케팅   유경민 김지영
제작부   문정윤
경영지원   박승남

펴낸곳   흐름출판
출판등록   제313-2003-199호(2003년 5월 28일)
주소   서울시 마포구 서교동 464-41번지 미진빌딩 3층(121-842)
전화   (02)325-4944   팩스 (02)325-4945
이메일   book@hbooks.co.kr
홈페이지   http://www.hbooks.co.kr   블로그 blog.naver.com/nextwave7
인쇄·제본   (주)현문   용지 월드페이퍼(주)

ISBN 978-89-6596-003-4 (03320)

살아가는 힘이 되는 책 흐름출판은 막히지 않고 두루 소통하는 삶의 이치를 책 속에 담겠습니다.